Die Eingrenzung des Haftungsrisikos für den ehrenamtlichen Betreuer

Schriften zum

STAATSKIRCHENRECHT

Herausgegeben von
Axel Frhr. von Campenhausen
und Christoph Link

Band 27

PETER LANG
Frankfurt am Main · Berlin · Bern · Bruxelles · New York · Oxford · Wien

Uta Kleine

Die Eingrenzung des Haftungsrisikos für den ehrenamtlichen Betreuer

PETER LANG
Europäischer Verlag der Wissenschaften

Bibliografische Information Der Deutschen Bibliothek
Die Deutsche Bibliothek verzeichnet diese Publikation in der Deutschen Nationalbibliografie; detaillierte bibliografische Daten sind im Internet über <http://dnb.ddb.de> abrufbar.

Zugl.: Göttingen, Univ., Diss., 2004

D 7
ISSN 1437-3149
ISBN 3-631-53364-0

www.peterlang.de

Für Jörg

Vorwort

Die vorliegende Arbeit zeigt das Haftungsrisiko für Betreuer auf. Vor dem Hintergrund der Prinzipien des Betreuungs- und des Haftungsrechts wendet sie sich der Möglichkeit der Eingrenzung des Haftungsrisikos für den ehrenamtlichen Betreuer zu und begründet, warum diese mittels der Begrenzung des Haftungsmaßstabs der *diligentia quam in suis* geboten ist.

Die Furcht vor einer möglichen Haftung bei der Übernahme einer rechtlichen Betreuung ist bei den Betreuern stark ausgeprägt. Diese Furcht ist bei näherer Betrachtung der Haftungssituation für den Betreuer begründet und verständlich. Danach muss sich die Vorstellung aufdrängen, es gäbe kaum eine haftungsträchtigere Tätigkeit als diejenige der Betreuung. Unter Berücksichtigung dessen wundert es nicht, dass die meisten Menschen gar nicht, und niemand gerne, Betreuer werden will.

Jedoch ist die Übernahme von Betreuungen in der heutigen Zeit unerlässlich und – wenn sie ehrenamtlich allen Widrigkeiten zum Trotz geführt wird – nicht hoch genug zu würdigen. Die Führung von Betreuungen stellt, insbesondere durch ehrenamtliche Betreuer, einen beachtlichen Teil kirchlich-sozialer Arbeit dar, vor allem im diakonischen und karitativen Bereich. Betreuungsvereine bieten einen Rahmen für die Ausübung dieser ehrenamtlichen Arbeit von Betreuern. In den verschiedenen Arbeitsfeldern der Fürsorge für Kranke und Behinderte sind – neben der Tätigkeit des Staates auf diesem Gebiet – stets freie Träger aktiv. Eine besondere Stellung unter diesen nehmen traditionsgemäß die kirchlich orientierten ein.

Die Arbeit lag im Sommersemester 2004 der Juristischen Fakultät der Georg-August-Universität Göttingen als Dissertation vor. Mein ganz besonderer Dank gilt meinem Doktorvater Herrn Prof. Dr. Uwe Diederichsen für die Überlassung des Themas sowie die stetige Begleitung der Arbeit. Herrn Prof. Dr. Volker Lipp danke ich für die Erstellung des Zweitgutachtens.

Außerdem gebührt mein besonderer Dank Herrn Prof. Dr. Dr. h.c. Axel Frhr. v. Campenhausen sowie Herrn Prof. Dr. Dr. h.c. Christoph Link für die Aufnahme der Arbeit in die Reihe „Schriften zum Staatskirchenrecht".

Mein herzlicher Dank gilt den geliebten Menschen, die durch ihre Unterstützung ganz wesentlich zum Gelingen der Arbeit beigetragen haben. Diese sind insbesondere mein Ehemann Jörg, dem diese Arbeit gewidmet ist, sowie meine Eltern Elke und Dr. F.-Im. Buchholz und meine Schwestern Eva und Christine.

Göttingen, Januar 2005 Uta Kleine

Inhaltsverzeichnis

Einleitung

Am 1.1.1992 ist das Betreuungsgesetz[1] in Kraft getreten. Die Einführung des Rechtsinstituts der Betreuung durch das Betreuungsgesetz gilt als eine der wichtigsten und tiefgreifendsten Reformen unseres Rechtssystems im 20. Jahrhundert.[2] Das Betreuungsgesetz reformierte das Fürsorgerecht grundlegend. Mit dieser Reform wurden nicht nur die Rechtsinstitute der Vormundschaft über Volljährige und der Gebrechlichkeitspflegschaft durch die Betreuung ersetzt, sondern mit der ersatzlosen Abschaffung der Entmündigung gingen auch zentrale Änderungen im Personenrecht einher. Das Betreuungsgesetz enthält Folgeänderungen in über fünfzig Gesetzen.

Innerhalb weniger Jahre – in der Zeit zwischen 1992 bis 1999 – stieg die Zahl der Betreuungen auf mehr als das Doppelte an. In der Bundesrepublik Deutschland haben mittlerweile nahezu eine Million Menschen einen Betreuer.[3] Dementsprechend nahm die Belastung der öffentlichen Haushalte durch die Kosten der Betreuungen zu.[4] Es hat sich ein Betreuungsmarkt gebildet, der jährlich mehr als eine Milliarde Euro umsetzt und Eigengesetzlichkeiten entwickelt, mit denen niemand gerechnet hatte. Das Ganze droht, unbezahlbar zu werden.[5]

Das Betreuungsrecht ist seit Inkrafttreten des Betreuungsgesetzes vielfach kritisiert worden.[6] Es leidet auch nach der Nachbesserung aus dem Jahr 1998 mit dem Betreuungsrechtsänderungsgesetz[7] nach wie vor an Mängeln. Gegenstände der Kritik sind insbesondere, dass sich der Gesetzgeber mit dem Betreuungsrecht vielfach in Wertungswidersprüche gesetzt hat, seine auf die Fahne geschriebenen Prinzipien nicht nur in einzelnen Fällen aufgegeben hat[8] und bei alledem den Anschein erwecken will, es handele sich um eine persönliche Betreuung im herkömmlichen Wortsinn, wobei verschleiert wird, dass die rechtliche Betreuung

---

1 Gesetz zur Reform des Rechts der Vormundschaft und der Pflegschaft für Volljährige (Betreuungsgesetz – BtG) vom 12.9.1990, BGBl. 1990 I, 2002 ff.

2 Vgl. Leutheusser-Schnarrenberger, BtPrax 1992, 3.

3 Vgl. epd-Wochenspiegel 35/2003, S. 14.

4 Vgl. Bienwald, KuR 2000, 23, 30.

5 Vgl. Pardey, ZRP 2003, 14; Coeppicus, BtPrax 2003, 164.

6 Statt aller: Coeppicus, S. 20 ff.

7 Gesetz zur Änderung des Betreuungsrechts sowie weiterer Vorschriften (Betreuungsrechtsänderungsgesetz – BtÄndG) vom 25.6.1998, BGBl. 1998 I, 1580.

8 Vgl. dazu Diederichsen, Deutsch-FS, S. 131, 134.

eine rechtliche Vertretungsbefugnis mit rechtsbeschneidendem Charakter beinhaltet.

Eine Erscheinung lässt erkennen, wie inkonsistent das Ganze ist: das Haftungsrecht.[9] Die derzeitige Rechtslage führt zu wenig befriedigenden Konsequenzen. Die folgenden zwei Fallbeispiele verdeutlichen die haftungsrechtliche Situation des Betreuers:

Gegeben sei ein Fall, in dem ein Behördenbetreuer für einen Betreuten im Rahmen seiner Berufsausübung tätig ist. Nach der geltenden Rechtslage ist davon auszugehen, dass die Staatshaftung für den Behördenbetreuer eingreift, falls dieser dem Betreuten fahrlässig einen Schaden zufügt und die sonstigen Voraussetzungen der Haftungsnorm erfüllt sind. Wenn dieser Behördenbetreuer durch einen gerichtlichen Ausspruch – etwa, weil seine Beschäftigung im öffentlichen Dienst der Betreuungsbehörde endet – zum Betreuer als Privatperson wird und er die Betreuung ehrenamtlich (!) fortführt, wird zwar seine Bestallung umgeschrieben, seine Kompetenzen bleiben aber gleich. Nach der geltenden Rechtslage ist davon auszugehen, dass nunmehr in dem Fall, falls der Betreuer dem Betreuten fahrlässig einen Schaden zufügt, dieser alleine persönlich haftet, ohne dass die Staatshaftung eingreift oder sonst eine Haftungsprivilegierung besteht.[10]

Gegeben sei des Weiteren der Fall, in dem die Eltern für ein behindertes minderjähriges Kind sorgen. Angenommen, die Eltern fügen ihrem Kind dabei fahrlässig einen Schaden zu, steht diesem Kind ein Schadensersatzanspruch gegen seine Eltern dann nicht zu, wenn die Eltern bei der Ausübung der elterlichen Sorge dem Kind gegenüber die Sorgfalt angewandt hatten, die sie in eigenen Angelegenheiten anzuwenden pflegen (§ 1664 Abs. 1 BGB). Sobald das behinderte Kind volljährig wird, werden die Eltern zu Betreuern des Kindes bestellt; an der Situation zwischen den Eltern und dem Kind ändert sich jedoch nichts. Nach der geltenden Rechtslage ist davon auszugehen, dass die Eltern für den Fall, dass sie ihrem Kind bei der Ausübung ihrer Fürsorgepflichten (nunmehr in der Eigenschaft als Betreuer) fahrlässig einen Schaden zufügen, dem Kind gegenüber persönlich haften, ohne dass ihnen das vorgenannte Haftungsprivileg zusteht.

Ziel der vorliegenden Arbeit ist die Untersuchung, ob und wie sich das Haftungsrisiko des ehrenamtlichen Betreuers eingrenzen lässt. Gleichzeitig stellt sie einen Beitrag zur Einordnung der Haftung des Betreuers in das zivilrechtliche System der Haftungsprinzipien dar.

9 So auch Diederichsen, Deutsch-FS, S. 131, 132.
10 Vgl. dazu Pardey, FamRZ 1989, 1030 f.

Die Furcht der Betreuer vor einer möglichen Haftung bei der Übernahme und Führung einer Betreuung ist stark ausgeprägt.[11] Es wird untersucht, ob die Tätigkeit des Betreuers tatsächlich so haftungsträchtig ist, dass diese Furcht begründet ist. Dazu muss zunächst das Haftungsrisiko des Betreuers bestimmt werden. Im ersten Teil der vorliegenden Arbeit werden dafür mit den Prinzipien des Betreuungsrechts und den Prinzipien des allgemeinen Haftungsrechts des BGB die Grundlagen gelegt.

Im zweiten Teil der vorliegenden Arbeit wird sodann die haftungsrechtliche Situation des Betreuers untersucht und an den allgemeinen Haftungsprinzipien des BGB gemessen. Dabei wird die Frage beantwortet, ob sich die unbefriedigende und inkonsistente Haftungssituation des Betreuers bestätigt.

Nach dem Kriterium der Beruflichkeit der Betreuertätigkeit wird die für die vorliegende Arbeit bedeutsame Unterteilung der Betreuertypen vorgenommen: Es sind einerseits der ehrenamtliche Betreuer und andererseits der Berufsbetreuer wegen ihrer unterschiedlichen gesetzlichen Ausgestaltung sowie dem unterschiedlichen Beweggrund ihres Tätigwerdens zu unterscheiden. Es wird untersucht, ob für die unterschiedlichen Betreuertypen eine unterschiedliche Haftungssituation besteht und für wen die gegebenenfalls bestehende unterschiedliche Haftungssituation vorteilhaft ist. Dabei spielt eine Rolle, dass der ehrenamtliche Betreuer für den Gesetzgeber den Idealtypus eines Betreuers darstellt. Das Ehrenamt ist zunehmend Gegenstand öffentlicher Debatten.[12] Seine Förderung hat sich u.a. der Deutsche Bundestag zur Aufgabe gemacht und eine Enquête-Kommission mit dem Namen „Zukunft des bürgerschaftlichen Engagements“ eingesetzt, deren Ergebnisse im Jahr 2002 vorgelegt wurden.[13] Es wird untersucht, ob sich die beabsichtigte Förderung der Ehrenamtlichkeit im Betreuungsrecht niedergeschlagen hat.

Nachdem das Haftungsrisiko sowohl des ehrenamtlichen als auch des Berufsbetreuers im zweiten Teil der vorliegenden Arbeit herausgearbeitet wurde, wird im dritten Teil untersucht, ob und warum es geboten ist, das Haftungsrisiko für den ehrenamtlichen Betreuer oder aber den Berufsbetreuer oder aber für beide Betreuertypen einzugrenzen. Schließlich wird die Frage beantwortet, wie eine solche Eingrenzung rechtstechnisch möglich ist.

---

11 Vgl. Klie, S. 29; Bienwald, FamRZ 1987, 533, 534.

12 Vgl. Schilberg, KuR 2003, 49 m.w.N.

13 Vgl. dazu BT-Drucks. 14/8900.

1. Teil: Die rechtlichen und tatsächlichen Grundlagen des Betreuungs- und Haftungsrechts

Um die Haftungsrisiken des Betreuers eingrenzen zu können, ist zunächst erforderlich zu klären, worin die Haftungsrisiken bestehen, denen dieser ausgesetzt ist. Dafür werden im ersten Teil dieser Arbeit mit den Prinzipien des Betreuungsrechts und den Prinzipien des Haftungsrechts die Grundlagen für die folgenden Erörterungen gelegt. Mit beiden Rechtsgebieten ist der Betreuer im Falle einer Haftung konfrontiert.

1. Kapitel: Das Betreuungsrecht

Die Einführung des Rechtsinstituts[14] der Betreuung durch das Betreuungsgesetz gilt als eine der wichtigsten und tiefgreifendsten Reformen unseres Rechtssystems im 20. Jahrhundert.[15]

Es bestand weitverbreiteter Konsens darüber, dass das bis zum Ende des Jahres 1991 geltende Recht des BGB in Fürsorgesachen reformbedürftig war.[16] Das

---

14 Zum Begriff des Rechtsinstituts vgl. von Tuhr, S. XI f.; Medicus, Rn. 60; Köhler, § 5 I 1.

15 Vgl. MüKo/ Schwab, Vor § 1896, Rn. 1; ders., FamRZ 1990, 681; ders., FS Mikat, S. 881; Coester, Jura 1991, 1; Leutheusser-Schnarrenberger, BtPrax 1992, 3.

16 Die Thematik ist spätestens seit der sogenannten „Psychiatrie-Enquête" von 1975 in den Vordergrund des öffentlichen und gesetzgeberischen Interesses getreten (vgl. BT-Drucks. 7/ 4200; 7/ 4201; 8/ 2565). Die Kommission für das Recht der freiwilligen Gerichtsbarkeit hatte 1977 einen Vorschlag zur Vereinheitlichung des Verfahrens vorgelegt. Auch kirchliche Stellen und Träger der Wohlfahrtspflege forderten in der Folgezeit Reformen ein (so beispielsweise der Vorschlag des Vorstands des Verbandes evangelischer Einrichtungen für geistig und seelisch Behinderte e.V., vgl. Bienwald, FamRZ 1987, 533). Seit 1986 liefen konkrete Vorbereitungen für ein Reformgesetz, unterstützt durch eine vom BJM eingesetzte interdisziplinäre Arbeitsgruppe (vgl. Zenz u.a., S. 1 ff.), die im Dezember 1987 einen ersten Diskussionsentwurf mit Vorschlägen zum materiellen Recht und zum Verfahrensrecht veröffentlichte und das nahezu einhellige Votum des 57. DJT aus dem Jahr 1988 zugunsten einer Neuordnung (Gutachten B und C von Holzhauer und Bruder). Diese Diskussionsteilentwürfe waren wesentliche Grundlage des im November 1988 vorgelegten Referentenentwurfs und des am 01.02.1989 beschlossenen Regierungsentwurfs, mit dem das förmliche Gesetzgebungsverfahren begann. Schon im Entwurfsstadium hatte das BMJ eine Verbands- und Expertenanhörung durchgeführt. Auch der Bundestagsrechtsausschuss

Vormundschafts-, Pflegschafts- und Entmündigungsrecht[17] des BGB wurde mit der Zeit immer stärker kritisiert.[18] Es wurde auch die Verfassungsmäßigkeit einzelner Vorschriften bezweifelt.[19] Vormundschaft und Entmündigung bedeuteten umfassende und einschneidende Eingriffe in die Sphäre des Fürsorgebedürftigen mit diskriminierenden Effekten.[20]

Das bis zum Ende des Jahres 1991 geltende Recht des BGB kannte – seit seinem Inkrafttreten am 1.1.1900 fast unverändert – zwei Rechtsinstitute, die der Wahrnehmung von Angelegenheiten dienten, die der volljährige Betroffene selbst nicht mehr besorgen konnte: die Vormundschaft über Volljährige (§ 1906 BGB a.F.) und die sogenannte Gebrechlichkeitspflegschaft (nichtamtliche Überschrift des § 1910 BGB a.F.). Voraussetzung für die Anordnung einer Vormundschaft über einen Volljährigen war dessen Entmündigung. Je nach Entmündigungsgrund (Geisteskrankheit einerseits; Geistesschwäche, Trunksucht, Verschwendung, Drogenabhängigkeit andererseits) wurde der Betroffene entweder geschäftsunfähig oder beschränkt geschäftsfähig.[21] Die Pflegschaft kam dort in Betracht, wo der Pflegling seine Angelegenheiten nicht selbst zu besorgen in der Lage war und etwa schon vorhandene Drittfürsorge ausfiel oder der Ergänzung bedurfte.[22] Für behinderte Volljährige stand die sogenannte Gebrechlichkeitspflegschaft gemäß § 1910 BGB a.F. im Vordergrund. Sie kam zur Anwendung, wenn der Volljährige nicht unter Vormundschaft stand und infolge körperlicher Gebrechen alle Angelegenheiten oder infolge geistiger oder körperlicher Gebrechen einzelne seiner Angelegenheiten oder einen bestimmten Kreis seiner

---

führte im Herbst 1989 eine öffentliche Anhörung durch. Das Gesetz wurde im April 1990 auf der Grundlage der Beschlussempfehlung des Rechtsausschusses nach Änderungen, die im wesentlichen auf Initiativen des Bundesrates beruhten, verabschiedet. Nach Zustimmung durch den Bundesrat erfolgte die Veröffentlichung der Verkündung am 21.9.1990 im Bundesgesetzblatt.

Vgl. zu weiteren Einzelheiten aus der Vorgeschichte des Betreuungsgesetzes BT-Drucks. 11/4528, S. 48 ff.; Diederichsen, Keller-FS, S. 3 ff.; Schwab, FamRZ 1990, 681; Coester, Jura 1991, 1, 3; Stöcker, DAVorm 1982, 719 ff.; Jürgens u.a., Rn. 10 ff.; Bienwald, Einführung, Rn. 47; Holzhauer, ZRP 1989, 451; Pardey, S. 4 ff.

17 Vgl. zum Entmündigungsrecht in seiner historischen Ausgestaltung Schmidt, S. 31 ff.

18 Eine Zusammenstellung der Kritikpunkte im einzelnen und der Reformvorschläge: Palandt/ Diederichsen, 47. Auflage 1988, Einl. 9 vor § 1773; Diederichsen, Keller-FS, S. 3 ff.; Bienwald, FamRZ 1987, 533; Zenz u.a., S. 1 ff. Zur Gleichstellung volljähriger Fürsorgebedürftiger mit Minderjährigen vgl. Stöcker, DAVorm 1982, 719 ff.

19 Vgl. dazu Bienwald, KuR 2000, 23, 24.

20 Vgl. Coester, Jura 1991, 1, 2.

21 Die Entmündigung eines Volljährigen wurde in weiten Kreisen der Bevölkerung als diskriminierend empfunden, vgl. dazu Stöcker, DAVorm 1982, 719 ff.; Oberloskamp, S. 4; Vgl. auch Arnold, FamRZ 1971, 289 ff.; Erhardt, Stutte-FS, S. 15 ff.

22 Vgl. Coester, Jura 1991, 1, 2.

Angelegenheiten nicht zu besorgen vermochte. Geschäftsfähigkeit und Pflegschaft waren grundsätzlich voneinander unabhängig.[23] Die sogenannte Gebrechlichkeitspflegschaft war gemäß §§ 1910 Abs. 3, 1920 BGB a.F. grundsätzlich von der Einwilligung des Betroffenen abhängig, es sei denn, dass eine Verständigung mit ihm darüber nicht möglich war. Jedoch waren die Gebrechlichkeitspflegschaften überwiegend sogenannte Zwangspflegschaften, d. h. solche, die ohne Einwilligung des Betroffenen angeordnet wurden.

Das Ziel des Betreuungsgesetzes war in erster Linie die Verwirklichung des Selbstbestimmungsrechts des Betreuten und seiner Grundrechte.[24] Damit sollten auch die mit den u.a. technischen Ausdrücken des Vormundschaftsrechts verbundenen Diskriminierungen abgebaut werden.[25] Durch das Betreuungsgesetz wird dem Willen des Betroffenen eine weitaus größer Bedeutung als im vorigen Recht zugemessen. Der Reform durch das Betreuungsgesetz ging es um die Beseitigung von diskriminierenden und stigmatisierenden Regelungen, um die Aufwertung und Ernstnahme des Behinderten als Person und – als Ausfluss des verfassungsrechtlichen Verhältnismäßigkeitsprinzips – um die Begrenzung beschränkender Drittfürsorge auf das tatsächlich erforderliche Ausmaß.[26] Die grundlegenden Mängel des bis dahin geltenden Vormundschafts-, Pflegschafts- und Entmündigungsrechts für Volljährige sollten beseitigt werden.

Nach § 1896 BGB kann ein Volljähriger, der aufgrund einer psychischen Krankheit oder einer körperlichen, geistigen oder seelischen Behinderung seine Angelegenheiten ganz oder teilweise nicht besorgen kann, einen Betreuer erhalten. Der Betreuer darf jedoch nur für diejenigen Aufgabenkreise bestellt werden, in denen eine Betreuung erforderlich ist. Das ist dann nicht der Fall, soweit die Angelegenheiten des Volljährigen durch einen Bevollmächtigten oder durch andere Hilfen, bei denen kein gesetzlicher Vertreter bestellt wird, ebenso gut wie durch einen Betreuer besorgt werden können. Eigenvorsorge – durch Bevollmächtigung einer Vertrauensperson (Vorsorgevollmacht) – hat Vorrang vor staatlich angeordneter und kontrollierter Betreuung.[27] Die rechtliche Handlungsfähigkeit des Betroffenen wird durch die Betreuung nicht berührt; lediglich kann sie durch einen Einwilligungsvorbehalt gemäß § 1903 BGB eingeschränkt werden. Geschäftsunfähig sind Volljährige nur noch aus dem in § 104 Nr. 2 BGB genannten Grund der sogenannten natürlichen Geschäftsunfähigkeit.

23 Vgl. Coester, Jura 1991, 1, 2.
24 Vgl. Jürgens u.a., Rn. 39.
25 Vgl. Zenz u.a., S. 31; Diederichsen, Keller-FS, S. 11.
26 Vgl. Coester, Jura 1991, 1, 3.
27 Zu alledem vgl. Bienwald, KuR 2000, 23, 25.

Das Betreuungsrecht ist seit Inkrafttreten des Betreuungsgesetzes vielfach kritisiert worden.[28] Es leidet nach wie vor an Mängeln. Schwierigkeiten der Handhabung des Betreuungsrechts stellten sich alsbald ein. Schon aus der Formulierung der Ziele des Betreuungsrechts sowie aus der Formulierung des Gesetzestextes[29] – ganz zu schweigen von dem Umstand, das besagte Rechtsinstitut „Betreuung" zu nennen[30] – heraus ist erkennbar, dass das Betreuungsrecht von einem Harmonisierungspathos getragen wird, welches bisweilen utopisch erscheint und zur bloßen Ideologie verflacht.[31]

In der Sache selbst sind Gegenstände der Kritik, dass sich der Gesetzgeber mit dem Betreuungsrecht in Wertungswidersprüche gesetzt hat,[32] seine auf die Fahne geschriebenen Prinzipien nicht nur in einzelnen Fällen aufgegeben hat[33], Missbräuche in Abrechnungsfragen praktisch provoziert[34] und bei alledem den Anschein erwecken will, es handele sich um eine persönliche Betreuung im herkömmlichen Wortsinn, wobei verschleiert wird, dass es sich bei der rechtlichen Betreuung um rechtliche Vertretungsbefugnis mit rechtsbeschneidendem Charakter handelt.

1993 gab es erste Überlegungen, auf zahlreiche Streitigkeiten, insbesondere aus dem Bereich der Vergütungsbewilligung[35], gesetzgeberisch zu reagieren.[36] Außerdem wurden aus der gerichtlichen Praxis Forderungen nach einer Vereinfachung des als überaus kompliziert empfundenen Verfahrens laut. Das förmliche Gesetzgebungsverfahren wurde im November 1996 eingeleitet und führte zur Einschaltung des Vermittlungsausschusses.[37] Das überwiegend seit 1.1.1999 in Kraft befindliche Betreuungsrechtsänderungsgesetz hat indes das Betreuungsgesetz nicht grundsätzlich geändert, sondern wird als eine Überarbeitung des seit 1992 geltenden Rechts angesehen.[38] Im Wesentlichen sollte es zur Stärkung der ehrenamtlichen Betreuung, der Vereinfachung der Vergütungsregelungen und

28 Statt aller: Coeppicus, S. 20 ff.
29 So beispielsweise § 1901 Abs. 3, S. 1 BGB: „Der Betreuer hat den Wünschen des Betreuten zu entsprechen, soweit dies [...] dem Betreuer zuzumuten ist."
30 Dazu insbesondere Coeppicus, S. 20 ff.
31 Vgl. Diederichsen, Deutsch-FS, S. 131.
32 Vgl. dazu Diederichsen, Deutsch-FS, S. 131, 134.
33 Vgl. dazu Diederichsen, Deutsch-FS, S. 131, 134.
34 Vgl. dazu Coeppicus, BtPrax 2003, 164 ff.
35 Vgl. Bienwald, KuR 2000, 23, 30.
36 Vgl. dazu Jürgens u.a., Rn. 22.
37 Zum Gesetzgebungsverfahren und zur Kritik am Betreuungsrechtsänderungsgesetz siehe Jürgens u.a., Rn. 22 ff., 33 ff.
38 Vgl. dazu Wagenitz/ Engers, FamRZ 1998, 1273 ff.

der Förderung des Instituts der Vorsorgevollmacht beitragen.[39] Diese Ziele wurden jedoch mitnichten erreicht.[40]

Die nächste große Reform wird als dringlich diskutiert.[41] Es wurde eine Bund-Länder-Kommission eingesetzt[42], die zahlreiche Verbesserungsvorschläge der derzeitigen Rechtslage empfiehlt. Diese Verbesserungsvorschläge hingegen sahen sich schon der Kritik ausgeliefert, das ehrenamtliche Engagement sei dadurch gefährdet, ebenso wie die Existenz von Betreuungsvereinen.[43]

Ein aus der Sicht effektiver Betreuung eher nebensächlich anmutendes Phänomen[44] zeigt auch heute noch deutlich die Schwächen des Betreuungsgesetzes: Das Haftungsrecht. Auch zwölf Jahre nach Inkrafttreten des Betreuungsgesetzes kann von einem konsistenten Haftungssystem im Betreuungsrecht nicht gesprochen werden.[45]

A. Der Begriff der Betreuung

Die Vorschriften der §§ 1896 ff. BGB sind mit der Überschrift „Rechtliche Betreuung“ versehen. Der Begriff der Betreuung ist sprachlich vom Verb „betreuen“ gebildet. Etymologisch betrachtet kommt „betreuen“ vom Mittelhochdeutschen „betriuwen“, d.h. „in Treue schützen“.[46] Unter dem Wort „betreuen“ wird verstanden „pflegen“, „in Obhut haben“, „für jemanden sorgen“ sowie „die Verantwortung für den Ablauf von etwas haben“.[47]

Betreuung im herkömmlichen Sinn bezeichnet eine fürsorgende Zuwendung, eine Unterstützung des Betreuungsbedürftigen bei der Bewältigung alltäglicher oder außergewöhnlicher praktischer Probleme im weitesten Sinn:[48] Eltern betreuen ihre Kinder, der Arzt betreut den Patienten, der Rechtsanwalt seinen Mandanten, der Trainer seine Mannschaft.

Die genannten Erklärungen geben einen ersten Eindruck dessen, was allgemein unter dem Ausdruck „Betreuung“ verstanden werden kann. Der Gesetzgeber hat diesen weitreichenden Begriff der Betreuung für eine Form der Hilfe

---

39 Vgl. Martin, S. 15.
40 Vgl. dazu Coeppicus, S. 1 ff.
41 Vgl. Pardey, ZRP 2003, 14.
42 Vgl. dazu den Abschlussbericht der Bund-Länder-Arbeitsgruppe „Betreuungsrecht“.
43 So der Paritätische Wohlfahrtsverband, epd-Wochenspiegel 35/2003, S. 14 sowie der Bundesverband der Berufsbetreuer, epd-Wochenspiegel 36/2003, S. 16.
44 Vgl. Diederichsen, Deutsch-FS, S. 131, 132.
45 Vgl. Diederichsen, Deutsch-FS, S. 131, 132.
46 Vgl. Grimm, Deutsches Wörterbuch, Bd. 1, Sp. 1714.
47 Vgl. Grimm, Deutsches Wörterbuch, Bd. 1, Sp. 1714.
48 Vgl. Jürgens, BtPrax 1998, 129, 130.

verwendet, die von den genannten Bedeutungen Elemente zwar enthalten kann, die aber auch und vor allem Zwang und hoheitlich legitimierte Machtausübung beinhaltet.[49] Als juristischer Begriff wird unter Betreuung die verantwortliche, aufgrund gerichtlicher Beauftragung und unter staatlicher (gerichtlicher) Aufsicht vorgenommene Besorgung fremder (Rechts-) Angelegenheiten für einen volljährigen Menschen verstanden, der krankheits- oder behinderungsbedingt außerstande ist, die besorgungsbedürftigen Angelegenheiten selbst zu besorgen und durch von ihm selbst bestellte und beaufsichtigte (kontrollierte) Helfer besorgen zu lassen.[50] Betreuung ist folglich bürgerlichrechtlich geregelte gesetzliche Vertretung[51] bzw. staatlicher Beistand in Form der Rechtsfürsorge[52]. Durch das Ausfüllen des Begriffs „Betreuung"[53] mit anders lautenden Inhalten

49 Vgl. Jürgens, BtPrax 1998, 129, 130.

50 Vgl. Staudinger/ Bienwald, § 1896, Rn. 1.

51 Vgl. die Stellungnahme des Deutschen Vereins für öffentliche und private Fürsorge zum Entwurf eines Betreuungsgesetzes, NDV 1989, 361, 362.

52 Vgl. Palandt/ Diederichsen, Einf v § 1896, Rn. 1.

53 Gegen den Begriff der Betreuung: Coeppicus, S. 20 ff.; Beschluss des 57. Deutschen Juristentages 1988, NJW 1988, 2998, 2999; Pardey, Rpfleger 1987, 402; Bienwald, FamRZ 1988, 902, 904; Wesche, Rpfleger 1988, 227; Dieckmann, JZ 1988, 789, 792; Deutscher Verein für öffentliche und private Fürsorge, NDV 1989, 361, 362; Pankoke-Schenk, NDV 1989, 49, 50.
Um die Benennung dieses Rechtsinstituts konkurrierten bei seiner Einführung im BGB im Jahr 1992 neben „Betreuung" auch andere Begriffe (wie „Sachwalterschaft" oder „Beistandschaft", vgl. BT-Drucks. 11/4528 S. 114), die allerdings zugunsten der Betreuung zurücktreten mussten. Die bisherige Bevormundung und anonyme Verwaltung sollte – nicht nur, aber auch – durch eine schonendere Wortwahl – überwunden werden, vgl. BT-Drucks. 11/4528, S. 114 f. Der Begriff der Betreuung sollte für das Bemühen stehen, veraltete und negativ besetzte Termini wie beispielsweise „Entmündigung" oder „be*vormund*en" durch neue, nicht verbrauchte zu ersetzen und damit gewissermaßen einen „neuen Geist" zu beschwören, der die Praxis beseelen sollte. Vgl. dazu Zenz u.a., S. 38; Holzhauer, S. 60.
Die Qualität des Rechtsinstituts hängt jedoch nicht von einem Begriff, sondern von der Umsetzbarkeit und der Umsetzung der neuen Rechtsvorschriften in die Lebenswirklichkeit ab, insbesondere von der Zahl und Qualifizierung der an der Betreuung beteiligten Personen. Qualitativ verbesserte Betreuungsarbeit wird aber auch nur vor dem Hintergrund eines gesamtgesellschaftlichen Einstellungswandels hinsichtlich Alter und Behinderter möglich sein. Vgl. dazu Coester, Jura 1991, 1, 9. Das Argument, durch die Ersetzung diskriminierender Begriffe werde das Rechtsinstitut, das dahintersteht, ebenfalls von diskriminierenden Wirkungen in der Bevölkerung befreit, verkennt, dass sich der diskriminierende Charakter erst bildet, nachdem ein Begriff vorhanden ist, der mit einem diskriminierenden Inhalt gefüllt wird. Jede Rechtsbeziehung kann sich pejorativ abnutzen (vgl. Holzhauer, B 58) und zu Diskriminierungen führen, wenn die entsprechenden Voraussetzungen vorliegen. Vgl. auch Pardey,

als allgemein darunter verstandenen, sind Missverständnisse vorprogrammiert gewesen.[54] Der Gesetzgeber konnte so jedoch unterschwellig sein soziales Engagement mitverkaufen, auch wenn es im Kern nicht darauf, sondern auf die rechtliche Vertretung ankommt.[55] Die Betreuung besteht nicht in medizinischen tatsächlichen Pflegeleistungen, was der Gesetzgeber ausdrücklich erklärt hat.[56] Sie besteht auch nicht in der täglichen Versorgung des Betroffenen in der Form ambulanter Hilfe, sozialpädagogischen Bemühungen oder therapeutischen Dienstleistung.[57] Dies wird aber immer wieder verkannt[58], zumal der Begriff der Betreuung sprachlich vom Verb gebildet ist und dieses eine Tätigkeit wiedergibt, aber kein Rechtsinstitut[59]. Das Betreuungsrechtsänderungsgesetz hat die Titelüberschrift der §§ 1896 ff. BGB von ursprünglich „Betreuung“ in „rechtliche Betreuung“ modifiziert. Das zeigt, dass sich der Gesetzgeber jedenfalls teilweise seiner unglücklichen Wortwahl bewusst geworden war.

B. Die Prinzipien des Betreuungsrechts

I. Die Anforderungen an ein Prinzip

Der Begriff „Prinzip“ leitet sich von dem lateinischen Begriff *principium* ab, welcher „der Anfang“ bzw. „das Erste“ bedeutet. Von einem Prinzip werden Erkenntnisse abgeleitet oder bestimmt; jede Erkenntnisfindung ist auf das Vorhandensein von Prinzipien angewiesen. Unter einem Prinzip werden insofern Ausgangspunkte und Grundregeln des Denkens und Erkennens verstanden

Datenschutzdefizite im Betreuungsverfahren, Vormundschaftsgerichtstag 1991, S. 57, 59 ff.

54 Zu den Missverständnissen und Verwechslungen, die durch die Doppelbesetzung des Wortes Betreuung entstanden sind: Vgl. Coeppicus, S. 4 ff.; vgl. außerdem: Jürgens, BtPrax 1998, 129, 130; Klüsener, Rpfleger, 1989, 217, 219; Deutscher Verein für öffentliche und private Fürsorge, NDV 1989, 361; Wesche, Rpfleger 1988, 227; Bienwald, § 1897, Rn. 28; ders., BtPrax 1993, 79, 80; Harm, Rpfleger 1998, 89, 90; Giese, RsDE 1988, 25, 37.

55 Vgl. Coeppicus, S. 17.

56 BT-Drucks 11/4528 S. 115: „Persönliche Betreuung darf nicht mit Ausübung der Personensorge gleichgesetzt werden.“

57 Vgl. Coeppicus, S. 4 ff.; Bienwald, BtPrax 1993, 79, 80.
Auch ist die persönliche Betreuung des Betreuungsrechts nicht identisch mit der persönlichen Betreuung im Sinne des § 72 Abs. 2 BSHG oder der persönlichen Hilfe des § 8 Abs. 2 BSHG.

58 Vgl. Bienwald, BtPrax 1993, 79, 80.

59 Vgl. Diederichsen, Keller-FS, S. 3, 12.

(Erkenntnisprinzip).[60] Es handelt sich um bewährte Sätze von großer Allgemeinheit, welche Werte konkretisieren, die noch nicht zu einem rechtstechnischen Begriff verfestigt sind, und die sich als erste Sätze für den Aufbau eines Wissensgebietes eignen, um Ziele, die methodisch am Anfang eines theoretischen Systems von Handlungsorientierungen stehen, zu konkretisieren und damit die Grundlage der Zusammenhänge zu legen.[61] Ein Prinzip muss konkret bzw. bestimmt genug sein, damit es nicht lediglich einen künstlich konstruierten Oberbegriff darstellt, unter den heterogene Erscheinungen subsumiert werden können.[62]

Bei einem Prinzip handelt es sich um den leitenden Gedanken einer Regelung oder eines Gebietes.[63] Den ersten Schritt zum Nachweis eines Prinzips bildet die Ausarbeitung ihrer übergeordneten Idee.[64] Dabei darf ein abstraktes Prinzip nicht vorausgesetzt und an dieser Elle dann die Gesetzesbestimmungen gemessen werden; ein Prinzip ist vielmehr aus dem Zusammenspiel verschiedener Gesetzesbestimmungen, die das Verständnis des jeweiligen Rechtsgebietes berühren, zu erheben.[65]

Regelmäßig[66] sind Prinzipien nicht in Rechtssätze gefasst; vielmehr bilden sie die materiellen Grundlagen der Rechtssätze des positiven Rechts. Definitorisch notwendig ist die fehlende Rechtssatzqualität jedoch nicht. Die Funktion von Prinzipien liegt darin, Einheit und Ordnung zu stiften und dadurch das Verständnis der Tatbestände, denen sie zugrunde liegen, zu fördern.[67]

II. Die Prinzipien des Betreuungsrechts im einzelnen

Die Normen des Betreuungsrechts sowie die in der Praxis verschiedenartigen Ausprägungen der Betreuung fügen sich zu einem System zusammen. Es ist möglich, aus den Normen und Erscheinungsformen der Betreuung Leitlinien zu

---

60 Vgl. dazu Meyers Konversations-Lexikon, S. 392.

61 Vgl. Canaris, Systemdenken S. 50 ff.; Larenz, Methodenlehre, S. 456 f; 461 f.

62 Vgl. Rümelin, S. 29.

63 Vgl. Larenz, Richtiges Recht, S. 23; ders., Methodenlehre, S. 456; Bydlinski, Methodenlehre, S. 132 f.

64 Vgl. Larenz, Richtiges Recht, S. 26; ders., Methodenlehre, S. 406, 456.

65 Vgl. dazu auch v. Mangoldt/ Klein/ Starck/ v. Campenhausen, Art. 140 GG, Rn. 19 (zum Verfassungsgrundsatz der religiös-weltanschaulichen Neutralität).

66 Zu den Ausnahmen, in welchen Prinzipien in Rechtssätzen formuliert sind (sogenannte rechtssatzförmige Prinzipien) vgl. Larenz, Methodenlehre, S. 461; Esser, Grundsatz und Norm, S. 95 f. Zu den Charakteristika eines Prinzips im Unterschied zu einem Rechtssatz vgl. Esser, Grundsatz und Norm, S. 47 ff., 87 ff., 90 ff., 107 f., 156.

67 Vgl. Larenz, JuS 1965, 373, 374.

abstrahieren, d.h. normative Aussagen, welche die Verbindungslinien zwischen den einzelnen Normen aufzeigen und hierzu ungeschriebene Voraussetzungen berücksichtigen. Dieser Versuch, normative Aussagen unterschiedlicher Abstraktionshöhe zu gewinnen, ist in Gestalt einer Rezeption des Prinzipienmodells des Rechtssystems möglich.[68]

Für die Interpretation unbestimmter Rechtsbegriffe, die das Betreuungsrecht zuhauf bietet[69], erscheint es hilfreich, das System des Betreuungsrechts mit charakteristischen Grundsätzen zu umschreiben. Maßgeblich sind dabei der Gesetzestext des Betreuungsrechts sowie eine systematische und teleologische Interpretation des Normenbestandes.[70]

Die das Betreuungsrecht bestimmenden Prinzipien greifen ineinander; dies wird im folgenden gezeigt. Obwohl oft eine klare Trennlinie nicht oder nur schwer gezogen werden kann, kristallisieren sich folgende Prinzipien des Betreuungsrechts heraus:

1. Das Autonomieprinzip

Oberstes Prinzip im Betreuungsrecht ist die Erhaltung der Autonomie des Betreuten.[71] Das Rechtsinstitut der Betreuung ist, ebenso wie die Fürsorgeverhältnisse in der älteren[72] und jüngeren[73] Geschichte, geprägt vom Spannungsverhältnis zwischen Fürsorge einerseits und Entrechtung andererseits. Das Selbstbestimmungsrecht des Fürsorgebedürftigen befand sich schon immer in einem Abwägungsverhältnis mit der Rechtssicherheit. In den Zeiten der Entmündigung lautete die Argumentation, dass dem Fürsorgedenken die leidige Konsequenz zu eigen sei, die Selbstbestimmung dessen, für den gesorgt werden soll, aus dem Blickfeld zu rücken.[74] Heutzutage gilt dieser Satz andersherum: Die Betonung des Selbstbestimmungsrechts führt dazu, dass die Rechtssicherheit immer mehr in den Hintergrund gedrängt wird. Die Abwägung zwischen der Sicherheit des Rechtsverkehrs auf der einen Seite und dem Selbstbestimmungsrecht des

68 Vgl. Sieckmann, Regelmodelle, S. 141 ff.
69 Vgl. Diederichsen, Deutsch-FS, S. 131.
70 Vgl. Köhler, BGB AT, § 16.
71 Vgl. dazu Diederichsen, Psychiatrische Begutachtung, S. 489; ders., Deutsch-FS, S. 131; Kollmer, Rpfleger 1995, 45; Schwab, FamRZ 1990, 681, 683; Soergel/ Zimmermann, vor § 1896, Rn. 11; Klüsener, Rpfleger 1989, 223 ff.
72 Vgl. zum historischen Hintergrund der Fürsorgeverhältnisse Oberloskamp, S. 1 ff.; speziell zum römischen Recht vgl. Sohm, S. 657; Rudorff, S. 1 ff.; speziell zum deutschen Recht vgl. Haff, S. 22; speziell zur Preußischen Vormundschaftsordnung vgl. Dernburg, S. 249 ff.; König, S. 48 ff.
73 Zur jüngeren Geschichte seit Inkrafttreten des BGB vgl. unter 1. Teil, 1. Kapitel.
74 Vgl. Neumann, NJW 1982, 2590.

Betroffenen auf der anderen Seite fiel – so die Kritik vor dem Zustandekommen des Betreuungsgesetzes – zu Lasten des Selbstbestimmungsrechts aus.[75] Heute gilt dies genau andersherum. Dieses Verhältnis ist durch das Betreuungsgesetz zu Gunsten der Autonomie des Betreuten neu entschieden worden.

a) Die Ausprägungen im Betreuungsrecht

Das Autonomieprinzip soll die mit der Reform des Betreuungsgesetzes erreichte weitestgehende Unabhängigkeit des Betreuten gegenüber seinem Betreuer und auch gegenüber dem Vormundschaftsgericht deutlich machen. Das besondere Anliegen des Gesetzgebers, die Fähigkeit des Betreuten zur Selbstbestimmung soweit als möglich zu achten, zeigt sich u.a. bei der Frage, ob es überhaupt zur Bestellung eines Betreuers kommt (§ 1896 Abs. 1 und 2 BGB)[76], bei der Auswahl des Betreuers (§ 1897 Abs. 4 BGB), bei der Aufhebung der Betreuung (§ 1908 d Abs. 2 BGB), bei einem Betreuerwechsel (§ 1908 b Abs. 3 BGB) und bei der Durchführung der Betreuung.[77] Das Betreuungsrecht verfolgt den Zweck, bei der Betreuung den Wünschen des Betreuten soweit wie möglich den Vorrang zu lassen (vgl. §§ 1896 Abs. 1 und 2, 1897 Abs. 4[78], 1901 Abs. 2, S. 2, 1908 b Abs. 3, 1908 d Abs. 3 BGB).[79] Zum „Wohl des Betreuten", welchem der Betreuer gemäß § 1901 Abs. 1, S. 1 BGB verpflichtet ist, gehört auch die Möglichkeit, im Rahmen seiner Fähigkeiten sein Leben nach seinen eigenen Wünschen und Vorstellungen zu gestalten (vgl. § 1901 Abs. 1, S. 2 BGB).[80] Konsequenz dessen ist, dass die Wünsche des Betreuten besondere Bedeutung haben. Außerdem ist dem Betreuer die Einbeziehung des Betreuten in wichtige Entscheidungen im Wege des Gesprächs auferlegt worden (§ 1901 Abs. 2, S. 3 BGB)[81], was der Sicherung des Selbstbestimmungsrechts dient[82].

Nicht nur der Betreuer, sondern auch das Vormundschaftsgericht ist grundsätzlich an die Wünsche und Vorstellungen des Betreuten gebunden.[83] Konkret bedeutet dies: Eine vormundschaftsgerichtliche Genehmigung zu einer

75 Vgl. Stöcker, DAVorm 1982, 719 ff.

76 Dem Ziel der Erhaltung der Autonomie des Betreuten dient auch die Anerkennung von Vorsorgevollmachten, vgl. Palandt/ Diederichsen, Einf v § 1896, Rn. 5.

77 Vgl. Schwab, FamRZ 1990, 681, 683; Soergel/ Zimmermann, vor § 1896, Rn. 11.

78 Vgl. BayObLG, FamRZ 1996, 1374 f.

79 Vgl. Palandt/ Diederichsen, Einf v § 1896, Rn. 5.
Zum absoluten Vorrang des Willens des einsichtsfähigen Betreuten im Bereich von Heilbehandlungen vgl. LG Kassel, FamRZ 1996, 1501 f.

80 Vgl. Schwab, FamRZ 1990, 681, 683.

81 Vgl. Schwab, FamRZ 1990, 681, 683.

82 Vgl. HK-BUR/ Bauer, vor § 1896, Rn. 17.

83 Vgl. Kollmer, Rpfleger 1995, 45, 46.

personensorgerischen Eingriffsmaßnahme darf nur dann gegen den erkennbaren Wunsch eines Betreuten erteilt werden, wenn die tatbestandlichen Voraussetzungen eines entsprechenden Eingriffstatbestandes erfüllt sind und die Nichtvornahme der in Betracht gezogenen Maßnahme dem Wohl des Betreuten zuwider laufen würde oder dem Betreuer nicht zuzumuten wäre.[84]

Die stärkste Ausprägung der Betonung der Selbstbestimmung zeigt sich darin, dass, obwohl der Betreuer in seinem Aufgabenkreis als gesetzlicher Vertreter des Betreuten fungiert, die Bestellung eines Betreuers die Geschäftsfähigkeit des Betreuten unberührt lässt und die Entmündigung abgeschafft wurde. Zwar wird mit der durch die gesetzliche Vertretung verbundenen einschneidenden Rechtsmacht des Betreuers über den Betreuten eine Fremdbestimmung durch den Betreuer ermöglicht[85], und im Außenverhältnis wird der Betreute aus Rechtsgeschäften des Betreuers berechtigt und verpflichtet. Im Innenverhältnis ergibt die gesetzliche Wertung jedoch, dass den Wünschen des Betreuten auch insoweit immer ein Vorrang eingeräumt werden muss mit der Folge der Haftung des Betreuers im Innenverhältnis, wenn den Wünschen des Betreuten rechtswidrig nicht entsprochen wurde.

Das Autonomieprinzip wird zum einen damit begründet, dass in der heutigen Zeit dem Selbstbestimmungsrecht eines Menschen überragende Bedeutung zukommt. Zum anderen besteht die Erkenntnis, dass eine vom Betreuer ausgeübte oder organisierte Bevormundung bzw. Versorgung auch in den Bereichen, die der Betroffene noch eigenverantwortlich regeln kann, die Gesundung des Betreuten hemmt, bzw. den Betreuten erst recht bedürftig werden lässt.[86] Eine Überversorgung im Heim schwächt durch „Überbetreuung" bzw. „Unterforderung" die belebende Eigenmotivation. Durch die Ersetzung aller lebensnotwendigen Aufgaben – wie Einkaufen, Essenszubereitung, Versorgung der Wohnung[87] – durch andere Personen wird dem Betroffenen klar (gemacht), dass ihm nichts mehr zugetraut wird und sein Wille, etwas zu leisten, überflüssig ist. Deshalb und mangels des Erlebens der Erfolge eigenen Handelns traut sich der Betroffene schließlich selbst nichts mehr zu, wodurch die noch vorhandenen Fähigkeiten erlöschen.[88]

---

84 Vgl. Holzhauer, S. 82.

85 Daraus ergibt sich die Problematik der sogenannten Doppelverpflichtung, vgl. unter 2. Teil, 4. Kapitel, A I 2 b aa.

86 Vgl. Diederichsen, Keller-FS, S. 131, 132 f.

87 Vgl. Döhring, S. 32, 36.

88 Vgl. Coeppicus, FamRZ 1992, 741, 743.

b) Die Möglichkeit der Erteilung einer Vollmacht durch den Betreuten

Das Bestehenbleiben der Möglichkeit einer Vollmachterteilung des Betreuten macht eine besondere Problematik deutlich.[89] Diese betrifft den Bereich, in dem der geschäftsfähige Betreute seinem Betreuer zusätzlich zu seiner gesetzlichen Vertretungsmacht eine rechtsgeschäftliche Vollmacht erteilt für eine Angelegenheit, die über den gesetzlich bestimmten Aufgabenkreis hinausgeht.[90] Der Betreuer wäre dann bezüglich der rechtsgeschäftlichen Vertretungsmacht (mit Ausnahme des § 1904 Abs. 2 BGB) nicht an die Einschränkungen durch eine vormundschaftsgerichtliche Genehmigung gebunden.[91]

c) Der Wertungswiderspruch des Gesetzgebers

Was die Problematik der Möglichkeit zur Doppelverpflichtung – bzw. die fehlende Klärung der Geschäftsfähigkeit des Betreuten – noch brisanter macht, ist der rechtsdogmatische Wertungswiderspruch, der zwischen dem materiellen Recht und dem Verfahrensrecht besteht.[92] Der Gesetzgeber war sich des Problems einander widersprechender Rechtshandlungen (durch den Betreuer sowie durch den Betreuten) durchaus bewusst. Das zeigt sich darin, dass er im Bereich des Zivilprozesses, wo die Möglichkeit einander widersprechender Prozesshandlungen lähmend wirkte, den prozessfähigen Betreuten einer nicht prozessfähigen Person gleichstellte, § 53 ZPO. In dem Bereich, in dem der Staat selber „Leidtragender" der Doppelkompetenzen ist (durch eine Verschleppung des Zivilprozesses), hat er durch eine gesetzliche Regelung Abhilfe geschaffen. Im Rahmen des Verfahrensrechts hat das Betreuungsgesetz de facto an der Entmündigungslösung festgehalten und sein Autonomieprinzip damit ein Stück weit aufgegeben.[93] In dem Bereich, in dem der Betreuer „Leidtragender" der Doppelkompetenzen ist, hat er keine Abhilfe geschaffen, sondern sehenden Auges die für den Betreuer – und auch den Betreuten – damit verbundenen Komplikationen in Kauf genommen. Die Wertungsgesichtspunkte des Gesetzgebers sind also im Rahmen der Reform durch das Betreuungsgesetz nicht einheitlich: Das Autonomieprinzip wird im Rahmen des Prozessrechts deutlich weniger wertgeschätzt als es im materiellen Bereich durch den Gesetzgeber propagiert wurde. Vielmehr überwiegt im Rahmen des Prozessrechts die Haftungsentlastung für den Staat

89 Vgl. dazu Schwab, FamRZ 1990, 681 ff.
90 Vgl. Schwab, FamRZ 1990, 681 ff.
91 So auch Schwab, FamRZ 1990, 681, 683 f.
92 Vgl. Diederichsen, Deutsch-FS, S. 131, 134.
93 Vgl. zu alledem Diederichsen, Deutsch-FS, S. 131, 134.

sowie die Wertschätzung der Rechtssicherheit, also der Klarheit und der Eindeutigkeit.

d) Zwischenergebnis

Bei der Betonung der Autonomie des Betreuten darf nicht vergessen werden, dass es sich bei der Betreuung um ein Rechtsinstitut mit rechtsbeschneidendem Charakter handelt, das dementsprechend gekennzeichnet werden muss. Der Betreute ist tatsächlich gerade nicht unabhängig, sondern abhängig von der Hilfe, die ihm im Rahmen der Betreuung zuteil kommen soll. Die im Betreuungsgesetz verwendeten Begriffe der „persönlichen Betreuung" und die Betonung der Selbstbestimmung des Betreuten sollen harmonisch und harmlos wirken und sind in Abkehr von den angeblich diskriminierenden Begriffen des alten Rechts entstanden. Damit wird aber eine Unklarheit geschaffen, die nicht im Sinne der Betroffenen sein kann. Mit der Bestellung des Betreuers, welcher gesetzlicher Vertreter des Betreuten damit wird, ist grundsätzlich eine einschneidende Rechtsmacht gegeben, welche eine Fremdbestimmung des Betreuten ermöglicht.[94] Auch wenn die gerichtliche Maßnahme auf Antrag des Betroffenen erfolgt und im Einzelfall gegebenenfalls nur auf einzelne Bereich beschränkt ist, ist mit der Betreuerbestellung grundsätzlich eine Einschränkung der Handlungsfähigkeit des Betreuten verbunden.[95] Eine gewisse Fremdbestimmung wird daher immer bleiben, sonst hätte kein Betreuer bestellt zu werden brauchen und dürfen. Fremdbestimmung bedeutet insofern das Ausgeliefertsein einem staatlichen Zwang, der aber nicht diskriminierend, sondern neutral, wenn nicht sogar positiv[96] aufgefasst werden sollte. Jeder wünscht dem Betreuten natürlich ein Höchstmaß an zuwendender Betreuung und die Erhaltung eines möglichst großen Handlungsspielraums.[97] Trotzdem ist erforderlich – und das zuerst im Interesse des Betreuten – dass soziale Hilfe, soweit sie Eingriffscharakter hat, entsprechend gekennzeichnet wird.[98] Dass das Vorhandensein einer medizinischen Voraussetzung für die Einrichtung der Betreuung – wie eine psychische Krankheit oder eine körperliche, geistige oder seelische Behinderung – eine Einschränkung der autonomen Kräfte des Menschen bedeutet, kann auch eine noch

94 Vgl. Schwab, FamRZ 1990, 681, 683.
95 Vgl. HK-BUR/ Bauer, vor § 1896, Rn. 47.
96 Vgl. dazu Lipp, der darauf aufmerksam macht, dass die Bestellung eines Betreuers nicht primär als Beschränkung der Freiheit des Betreuten zu begreifen ist, sondern als Fürsorgeakt mit der Betonung der Ermöglichung rechtlichen Handelns des Betreuten durch seinen Betreuer (vgl. Lipp, S. 118 ff, 194 ff.).
97 Vgl. Diederichsen, Keller-FS, S. 3, 18.
98 Vgl. Diederichsen, Keller-FS, S. 3, 18.

so gut gemeinte Hilfsbereitschaft nicht wegreformieren.[99] So wichtig die Autonomie des Betreuten auch ist, darf trotzdem nicht aus den Augen verloren werden, dass ein Gesetz auch der Rechtssicherheit dienen muss.[100] Es gilt, einen Ausgleich zu finden zwischen der Gewährung nötiger Hilfe einerseits und der Vermeidung übermäßiger Fremdbestimmung andererseits.[101]

2. Das Prinzip der persönlichen Betreuung

Der Begriff der persönlichen Betreuung wird ausschließlich in § 1897 Abs. 1 BGB verwendet. Diese Vorschrift bestimmt, dass das Vormundschaftsgericht eine natürliche Person nur dann zum Betreuer bestellen darf, wenn diese geeignet ist, den Betreuten im erforderlichen Umfang persönlich zu betreuen. Dieser unbestimmte Rechtsbegriff[102] der persönlichen Betreuung bringt Unsicherheiten in der Abgrenzung dessen mit sich, was im Spannungsverhältnis zwischen dem Rechtsinstitut der rechtlichen Betreuung auf der einen Seite – insbesondere der rechtlichen Vertretung gemäß § 1902 BGB – und dem Aspekt der persönlichen Betreuung auf der anderen Seite von Seiten des Betreuers zur Pflichterfüllung erwartet werden darf und muss[103].

Die persönliche Betreuung war eines der wichtigsten Ziele des Betreuungsgesetzes.[104] Der Gesetzgeber bestimmt nicht genau, was unter persönlicher Betreuung zu verstehen ist. Aus der amtlichen Begründung geht jedoch hervor, dass die bisherige Bevormundung und anonyme Verwaltung im Vormundschaftswesen überwunden werden sollte.[105] Hauptmerkmal der persönlichen Betreuung sollte der individualisierte Kontakt, das Gespräch zwischen Betreuer und Betreutem und die emotionale Zuwendung sein.[106] Dabei gehört die eigentliche Pflegeleistung nicht dazu.[107] Schon das legt die innere Widersprüchlichkeit der Konzeption des Betreuungsrechts bloß: Einerseits beinhaltet der Ausdruck „Betreuung“ nicht nur tatsächliche Pflegeleistung; das Gesetz selbst fordert die engagierte Betreuerpersönlichkeit.[108] Andererseits wird die persönliche Betreuung

99 Vgl. Diederichsen, Keller-FS, S. 3, 18.
100 Vgl. Diederichsen, Keller-FS, S. 3, 18.
101 Vgl. von Sachsen-Gessaphe, S. 505.
102 Vgl. Diercks, S. 20.
103 Vgl. Jürgens, BtPrax 1998, 129, 130; Harm, Rpfleger 1998, 89.
104 Vgl. Jürgens u.a., Rn. 156.
105 Vgl. BT-Drucks. 11/4528, S. 114; Bienwald, BtPrax 1996, 198.
106 Vgl. BT-Drucks. 11/4528, S. 68.
107 Vgl. Bienwald, BtPrax 1993, 80; Diederichsen, Deutsch-FS, S. 131, 135. Vgl. auch Diercks, S. 21 ff., der im Einzelfall auch tatsächliche Hilfeleistung vom Aufgabenkreis umfasst sein lassen will.
108 Vgl. Diederichsen, Deutsch-FS, S. 131, 135 f.

durch eine Fülle verfahrensrechtlicher Komplikationen behindert,[109] die mehr Ausdruck eines institutionellen Misstrauens als von wirklichem Vertrauen sind.[110]

Bei der Untersuchung, ob es sich bei der persönlichen Betreuung um ein Prinzip handelt, ist die Vorschrift des § 1897 Abs. 1 BGB heranzuziehen.[111] Diese fordert von Personen, die zum Betreuer bestellt werden sollen, die Eignung zur persönlichen Betreuung. Wenn das Gesetz dem Betreuer die Befähigung abverlangt, den Betreuten persönlich zu betreuen, liegt maßgeblich der Gedanke zugrunde, dass ein Betreuer die Angelegenheiten des Betreuten im Rahmen einer persönlichen Beziehung, die sich durch persönliche Kontakte, insbesondere durch persönliche Kommunikation auszeichnet, erledigen soll.[112] Aus § 1897 Abs. 1 BGB folgt, dass die Pflichten des Betreuers in ebendieser Weise zu erfüllen sind, d.h. persönlich ist die Art und Weise der Aufgabenerfüllung. Dies hebt den Bezug zur ehrenamtlichen Betreuung hervor, weil ehrenamtliche Betreuer eher aus dem persönliche Umfeld des Betroffenen rekrutiert werden können als Berufsbetreuer. Die persönliche Betreuung stellt einen leitenden Rechtsgedanken und somit auch ein Prinzip dar, welches das gesamte Betreuungsrecht durchzieht. Bestätigt wird dieses Ergebnis damit, dass viele einzelne Bestimmungen des Betreuungsrechts – mögen sie auch noch so kontraproduktiv und kritikfähig sein – derart auf die persönliche Betreuung zurückzuführen sind, dass sie sich unter diesem Aspekt als sinnvolle Einheit darstellen.[113] Dabei ist insbesondere an die Vorschriften zur Wunschbeachtung des Betreuten, an die Besprechungspflicht mit dem Betreuten und den Vorrang der Betreuungsperson zu denken.[114] Eine eigenständige Aufgabe ist die persönliche Betreuung jedoch nicht: Die Verpflichtung, den Betreuten persönlich zu betreuen, kann nicht dazu führen, andere als die vom Vormundschaftsgericht festgelegten Aufgaben wahrzunehmen.[115] Würde eine so verstandene „persönliche Betreuung" den Betreuten mehr als erforderlich einengen, stünde diesem Vorgehen das Grundgesetz entgegen.[116] Der Anspruch, den hilfsbedürftigen Menschen in seiner Ganzheit zu

---

109 Vgl. dazu Diercks, S. 107 ff., der die Unvereinbarkeiten zwischen dem Vereinsbetreuer und der Rolle der Betreuungsvereine und der persönlichen Betreuung aufzeigt.

110 Vgl. Diederichsen, Deutsch-FS, S. 131, 135 f.

111 Für einen „Rechtsgrundsatz" der persönlichen Betreuung: Jürgens u.a., Rn. 156 ff.; Schlüter, Familienrecht, S. 232; Peters, S. 199 f.

112 Vgl. Diercks, S. 73.

113 Vgl. auch Bienwald, KuR 2000, 29.

114 Vgl. dazu ausführlich Diercks, S. 73 ff.; Jürgens u.a., Rn. 156 f.; HK-BUR/ Bauer, vor § 1896, Rn. 17.

115 Vgl. Jürgens, BtPrax 1998, 129, 130.

116 Vgl. Bienwald, § 1897, Rn. 31.

sehen, seine Stärken nicht zu übersehen, aber auch seine Hilfebedürftigkeit vollständig wahrzunehmen, kann dazu verleiten, persönliche Betreuung über den erforderlichen Umfang hinaus zu leisten.[117]

Die Beantwortung der Frage, ob bestimmte „persönliche" Tätigkeiten[118] von der Betreuung umfasst sind, hat erhebliche rechtliche Auswirkungen.[119] Liegt die Tätigkeit des Betreuers im Rahmen der Betreuung und verursacht er einen Schaden, haftet er unter Umständen gemäß §§ 1833 Abs. 1, S. 1, 1908 i Abs. 1, S. 1 BGB; liegt sie nicht in diesem Rahmen, kommt lediglich eine Haftung gemäß § 823 Abs. 1 BGB in Betracht. Liegt die Tätigkeit des Betreuers im Rahmen der Betreuung, kann der Berufsbetreuer die so verbrachte Zeit als zu vergütende Arbeitsstunden abrechnen, fällt die genannte Tätigkeit dagegen nicht in den Bereich der Betreuung, bekommt der Betreuer sie auch nicht vergütet. Liegt die Tätigkeit des Betreuers im Rahmen der Betreuung, kann er Aufwendungsersatz geltend machen, fällt die genannte Tätigkeit dagegen nicht in den Bereich der Betreuung, bekommt der Betreuer keinen Aufwendungsersatz. Liegt die Tätigkeit des Betreuers im Rahmen der Betreuung und erleidet der Betreuer selbst einen Unfall, kommt für den Schaden unter Umständen eine Unfallversicherung auf; fällt die genannte Tätigkeit dagegen nicht in den Bereich der Betreuung, steht eine Unfallversicherung unter Umständen nicht ein.[120]

Der Aspekt der persönlichen Betreuung bringt zahlreiche problematische Auswirkungen mit sich:[121] Das Erfordernis der persönlichen Betreuung stellt einen wesentlichen Grund für den ungeheuren Anstieg der Ausgaben des Staates für Aufwendungsersatz und Vergütung dar.[122] Das Hauptmerkmal der persönlichen Betreuung ist die Pflicht des Betreuers zum persönlichen Kontakt zum Betreuten. Der Betreuer hat sich um ein persönliches Vertrauensverhältnis zu bemühen.[123] Besuche des Betreuers beim Betreuten brauchen deshalb keinen

---

117 Vgl. Bienwald, § 1897, Rn. 31 sowie oben unter 1. Teil, 1. Kapitel, B II 2.

118 Wie beispielsweise Spazierengehen, Kaffeetrinken, Geburtstagfeiern.

119 Vgl. auch Bienwald, § 1897, Rn. 30.

120 Vgl. dazu einerseits LSG Rheinland-Pfalz, BtPrax 1998, 187 ff., welches den inneren Zusammenhang eines Spaziergangs mit den Aufgabenkreisen des Betreuers verneint, und andererseits BSG, SozR 3-2200 § 539 Nr. 46. Vgl. außerdem Hellmann, RdLH 2000, 86; Deinert, BtPrax 1996, 42 ff.; Damrau/ Stolle, Rpfleger 1994, 289 ff.

121 Vgl. dazu Coeppicus, BtPrax 2003, 164 ff.

122 Die Zahlungen je anhängiger Betreuung haben im Verhältnis zum Umfang der Vertretungstätigkeit unverhältnismäßig zugenommen. So war von 1994 bis 1998 ein Anstieg von 245 % zu verzeichnen. Vgl. dazu Coeppicus, BtPrax 2003, 164 f.

123 Vgl. BayObLG, FamRZ 2001, 306.

konkreten Anlass zu haben.[124] Als vergütungs- und aufwendungsersatzfähige Tätigkeit reicht der Aufbau und die Pflege eines Vertrauensverhältnisses aus.[125] Das führt zu obskuren Verhältnissen: Das LG Mainz bestätigte mit dem Beschluss vom 11.12.2001, dass ein ehrenamtlicher Betreuer Aufwendungsersatz für Fahrten zum im Heim lebenden Betreuten auch dann geltend machen kann, wenn er ein naher Angehöriger des Betreuten ist und auch dann, wenn keine besonderen Entscheidungen anstehen.[126] Unter Zugrundelegung des Umstandes, dass zur Erfüllung der Aufgaben des Betreuers 21 Fahrten im Jahr zum Betreuten angezeigt sind,[127] darf dann auch der in München wohnende Angehörige als Betreuer jährlich 21 Betreuungsfahrten zu seinem in Hamburg lebenden Vater machen, so dass diesem Angehörigen aus der Staatskasse jährlich ca. 8.900,- Euro zuerkannt werden müssten.[128] Denjenigen, der innerfamiliäre Fürsorge und Kontakte für selbstverständlich hält, stösst ab, dass ein Sohn für Fahrten zu seinem im Heim lebenden Vater, mag er auch dessen Betreuer sein, aus der Staatskasse nicht unwesentlich hohe Beträge erhält. Unter nahen Angehörigen sollte diese „Betreuung" im ursprünglichen Wortsinn eine selbstverständliche Leistung[129], zumindest aber die Pflichterfüllung des § 1618 a BGB sein, der vorsieht, dass Eltern und Kinder einander Beistand und Rücksicht schuldig sind.

124 Erst recht ist dann der Zeitaufwand abrechenbar, der die Teilnahme des Betreuers an Weihnachts-, Familien-, Geburtstagsfeiern (vgl. LG Koblenz, BtPrax 1997, 242 f.) oder Jubiläumsfeiern oder Sommerfesten der Einrichtung, in der der Betreute untergebracht ist (vgl. LG Koblenz 1998, 195), betrifft. Vgl. dazu Coeppicus, BtPrax 2003, 164, 165; Knittel, BtG, § 1836, Rn. 28.

125 Vgl. Coeppicus, BtPrax 2003, 164 ff. m.w.N.

126 Vgl. LG Mainz, BtPrax 2002, 174: Es handelte sich hierbei um einen Betrag von 5.460,- DM für 21 Betreuerfahrten bei einem Satz von 0,52 DM pro Kilometer. Vgl. dazu Damrau/ Zimmermann, § 1835, Rn. 12; Coeppicus, BtPrax 2003, 164.
Bei diesem Fall wird außerdem deutlich, wie Unsinnigkeiten und Missbräuche durch die persönliche Betreuung gefördert werden: Wäre der Vater im gegebenen Fall vermögend gewesen, hätte der Sohn die 5.460,- DM aus dem Vermögen des Vaters bekommen. Es stösst ab, dass Kinder von ihren Eltern für Besuche derartige Summen erhalten. Die Scham hört jedoch dort auf, wo andere, insbesondere der Staat, das bezahlen müssen.
Außerdem ist unverständlich, wieso bei einem Verwandtschaftsverhältnis wie Vater/ Sohn überhaupt Betreuerbesuche erforderlich sind, „um den für die Erfüllung der Aufgaben des Betreuers notwendigen Kontakt mit ihm zu halten" (so das LG Mainz, BtPrax 2002, 174). Zwischen Vater und Sohn sollte per se ein Vertrauensverhältnis auf Dauer bestehen, das durch Besuche als Betreuer gar nicht mehr beeinflusst werden kann. Zu alledem vgl. Coeppicus, BtPrax 2003, 164, 165 f.

127 So LG Mainz, BtPrax 1997, 445.

128 Vgl. Coeppicus, BtPrax 2003, 164, 165.

129 Anders BGH, BtPrax 1997, 29.

Das Prinzip der persönlichen Betreuung ermöglicht damit bestimmte Fälle des Missbrauchs beim Aufwendungsersatz.[130]

In der Pflicht des Betreuers zur Gewährung persönlicher Zuwendung wie oben beschrieben[131] liegt eine Ungleichbehandlung gegenüber denjenigen, die sich in einer gleichen persönlichen Situation wie ein Betreuter befinden, für die aber kein Betreuer bestellt ist, etwa weil sie eine Vorsorgevollmacht ausgestellt haben.[132] Es handelt sich um eine Ungleichbehandlung in dem Sinne, dass dem Betreuten eine persönliche Zuwendung zuteil wird – die er, wenn er mittellos ist, noch nicht einmal bezahlen muss, sondern der Staat für ihn – demjenigen aber, der mit dem Erstellen einer Vorsorgevollmacht vorgesorgt hat, hingegen nicht. Abgesehen von der darin liegenden Ungleichbehandlung schwindet damit der staatlicherseits gewollte und auch sinnvolle Anreiz zur Errichtung von Vorsorgevollmachten.[133]

Persönliche Zuwendung, insbesondere ein persönliches Gespräch, wird von vielen Menschen, nicht nur von Betreuten, gewünscht. Muss man ein solches aber selbst bezahlen, wird dieser Wunsch nach persönlicher Zuwendung geringer werden, wenn nicht gar schwinden. Das gleiche gilt für Betreute, welche die persönliche Zuwendung regelmäßig dann ablehnen, wenn sie erfahren, dass sie das aus ihrem Vermögen bezahlen müssen. Es kann nicht die Aufgabe des Staates sein, eine persönliche Zuwendung zu bezahlen, die der Betreute, müsste er sie aus seinem Einkommen oder Vermögen bezahlen, vehement zurückweisen würde.[134] Die persönliche Zuwendung gegenüber einem anderen Menschen – nicht nur den unter Betreuung stehenden – ist wünschenswert. Mangelnde persönliche Zuwendung ist zu bedauern, stellt jedoch insbesondere in der heutigen Zeit, in der die Zahl der betreuungsbedürftigen Personen wächst, Bereitschaft und Fähigkeit des einzelnen, für hilfsbedürftige Menschen persönliche Verantwortung zu übernehmen, aus verschiedenen Gründen schwinden,[135] ein gesellschaftliches Problem dar. Das ist nicht durch das Betreuungsrecht lösbar.[136] Falsch erscheint

130 So auch Coeppicus, BtPrax 2003, 164 f.

131 Vgl. oben unter 1. Teil, 1. Kapitel, B II 2.

132 Vgl. Coeppicus, BtPrax 2003, 164, 165.

133 Vgl. dazu insbesondere die Reformüberlegungen der Bund-Länder-Arbeitsgruppe „Betreuungsrecht“, S. 22 ff.

134 Vgl. Coeppicus, S. 28; ders., Rpfleger 1996, 425, 429; ders., BtPrax 2003, 164, 165; Pufahn, BtPrax 1992, 60, 61.

135 Vgl. Diederichsen, Deutsch-FS, S. 131, 149.

136 Teilweise wird vertreten, die „persönliche Betreuung“ sei eine soziale Maßnahme (vgl. Deutscher Verein für öffentliche und private Fürsorge, NDV 1989, 361, 362; Coeppicus, S. 29), die mit dem BGB an sich nichts zu tun habe (vgl. Coeppicus, S. 17). Es sei sachfremd, eine derartige soziale Maßnahmen im BGB zu regeln (vgl. Coeppicus, S. 17).

jedenfalls, dass die persönliche Zuwendung bei Betreuten von Staats wegen bezahlt wird.[137]

3. Das Prinzip der Ehrenamtlichkeit

Im Betreuungsrecht besteht ein Vorrang der ehrenamtlichen Betreuung vor der Berufsbetreuung.[138]

a) Die Ausprägungen im Betreuungsrecht

Dass die Ehrenamtlichkeit der Betreuung im Grundsatz anstrebenswert ist, kommt bereits im Entwurf des Betreuungsgesetzes zum Ausdruck und spiegelt sich in §§ 1836 Abs. 1, S. 1, 1908 i Abs. 1, S. 1 BGB wider, wonach die Betreuung grundsätzlich ein bürgerliches[139] Ehrenamt ist, für dessen Ausübung im Regelfall keine Vergütung gezahlt werden soll.[140] Obwohl darüber, dass die Ehrenamtlichkeit gestärkt werden sollte, Konsens bestand, brachte das Betreuungsgesetz nicht hinreichend deutlich zum Ausdruck, dass geeigneten ehrenamtlichen Betreuern grundsätzlich der Vorrang vor Berufsbetreuern gebühren sollte.[141] Dies wurde im Zuge des Betreuungsrechtsänderungsgesetzes klargestellt[142], welches die Vorschrift des § 1897 Abs. 6 BGB hervorbrachte. § 1897 Abs. 6 S. 1 BGB bestimmt, dass derjenige, der Betreuungen im Rahmen seiner Berufsausübung führt, nur dann zum Betreuer bestellt werden soll, wenn keine andere geeignete Person zur Verfügung steht, die zur ehrenamtlichen Führung der Betreuung bereit ist. Bestärkt wird der Vorrang der ehrenamtlichen Betreuung dadurch, dass ein bestellter Berufsbetreuer gegenüber dem Vormundschaftsgericht in der Pflicht steht, ihm davon Mitteilung zu machen, wenn ein geeigneter Nichtberufsbetreuer zur Verfügung steht, § 1897 Abs. 6, S. 2 BGB. Gemäß § 1908 b Abs. 1, S. 2 BGB soll das Gericht den nach § 1897 Abs. 6 BGB bestellten (Berufs-) Betreuer in einem solchen Fall entlassen.

---

137 Vgl. Coeppicus, BtPrax 2003, 164.

138 Zur Charakterisierung des ehrenamtlichen Betreuers und des Berufsbetreuers vgl. unter 1. Teil, 1. Kapitel, C I.

139 Gegen die Charakterisierung der Übernahmepflicht der Betreuung als *staatsbürgerliche* Pflicht Erman/ Holzhauer, § 1898, Rn. 1.

140 Vgl. dazu BT-Drucks. 11/ 4528 S. 50; BVerfGE 54, 251 ff.; Palandt/ Diederichsen, § 1836, Rn. 1.

141 Vgl. BT-Drucks. 13/7158, S. 50.

142 Vgl. dazu BT-Drucks. 13/7158, S. 50 und BT-Drucks. 13/10331, S. 27.

Das Prinzip der ehrenamtlichen Betreuung kann mit einem vom Betreuten eingebrachten Wunsch kollidieren.[143] In einem solchen Fall gilt der Vorrang der ehrenamtlichen Betreuung auch gegenüber einem vom Betreuten eingebrachten Vorschlag (eines Berufsbetreuers).[144] Von diesem Grundsatz ist jedoch bei enger persönlicher Bindung des Betroffenen an den von ihm vorgeschlagenen Berufsbetreuer oder wenn dies dem Wunsch eines bemittelten Betreuers entspricht, eine Abweichung nicht nur zulässig, sondern sogar geboten.[145] Dieses Ergebnis ergibt sich bereits aus dem Wortlaut des § 1897 Abs. 6, S. 1 BGB, der als Soll-Vorschrift ausgestaltet ist. Eine andere Wertung, die den absoluten und unbedingten Vorrang der ehrenamtlichen Betreuung ohne Berücksichtigung der Wünsche des Betroffenen vorsieht, ist bedenklich, da die Selbstbestimmung des Betreuten damit in Frage gestellt würde.

Das Prinzip der Ehrenamtlichkeit der Betreuung geht jedoch keinesfalls so weit, dass ein ehrenamtlicher, aber ungeeigneter Betreuer den Vorrang vor einem geeigneten Berufsbetreuer hat.[146] Gemäß § 1897 Abs. 1 BGB bestellt das Vormundschaftsgericht eine [...] Person zum Betreuer, die geeignet ist, in dem gerichtlich bestimmten Aufgabenkreis die Angelegenheiten des Betreuten rechtlich zu besorgen [...]. Die Vorordnung des Gesichtspunkts der Eignung in § 1897 Abs. 1 BGB bedeutet, dass keine ungeeignete Person zum Betreuer bestellt werden darf, auch keine ehrenamtliche.[147]

Das Prinzip des Vorrangs der ehrenamtlich vor der berufsmäßig geführten Betreuung impliziert, dass die ehrenamtlich geführte Betreuung der Grundsatz ist, während die berufsmäßig geführte Betreuung nur ausnahmsweise angeordnet werden soll. Es ist in der Tat so, dass zahlenmäßig die meisten Betreuungen ehrenamtlich geführt werden.[148] Der Grundsatz der unentgeltlichen – weil ehrenamtlichen – Führung einer Betreuung wird jedoch durch viele Ausnahmen durchbrochen.[149] Das betrifft zum einen die Tatsache, dass auch der ehrenamtliche Betreuer dann eine Vergütung erhält, wenn der Umfang und die Schwierigkeit der Amtsgeschäfte dies rechtfertigt (§§ 1836 Abs. 3, 1908 i Abs. 1, S. 1 BGB). Zum anderen wirkt sich mittelbar als Durchbrechung des Unentgeltlich-

143 Der Betroffene äußert beispielsweise den Wunsch, der Berufsbetreuer B möge sein Betreuer sein, während der ehrenamtlicher Betreuer E für dieses Betreueramt zur Verfügung steht.

144 Vgl. Thüringer OLG, FGPrax 2000, 239 f.; OLG Zweibrücken, Rpfleger 1999, 535; Staudinger/ Bienwald, § 1897, Rn. 1; 1908 b, Rn. 26.

145 Vgl. Palandt/ Diederichsen, § 1897, Rn. 23; Thüringer OLG, FGPrax 2000, 239, 240.

146 Vgl. Erman/ Holzhauer, § 1897, Rn. 2.

147 Vgl. Erman/ Holzhauer, § 1897, Rn. 2.

148 Für das Jahr 2002: 70 %, vgl. Dieckmann, ZRP 2002, 425, 426.

149 Vgl. dazu Palandt/ Diederichsen, § 1836, Rn. 1.

keitsprinzips aus, dass der Staat in Gestalt der Betreuungsbehörde bzw. der Behördenbetreuer gleich selbst die Betreuer stellt und entsprechende Betreuungsvereine subventioniert (vgl. §§ 1791 a bis c, 1908 i Abs. 1, S. 1 BGB).[150]

Die Bereitschaft zur Übernahme von Betreuungen durch private, nahestehende Personen und ehrenamtliche Betreuer soll dadurch gefördert werden, dass der Betreuer Ersatz seiner Aufwendungen oder eine pauschale Aufwandsentschädigung, notfalls aus der Staatskasse, erhält und dass ihm eine Vergütung aus dem Vermögen des Betreuten bewilligt werden kann.[151] Die Bereitschaft zur ehrenamtlichen Übernahme von Betreuungen sucht der Gesetzgeber dadurch anzuregen, dass er den Vereinen (§ 1908 f Abs. 1 Nr. 2 BGB) und auch der Betreuungsbehörde (§ 1837 Abs. 1 BGB) die Einführung, Beratung und Fortbildung ehrenamtlicher Betreuer zur Aufgabe gemacht hat.[152]

b) Der Begriff der Ehrenamtlichkeit

Das Ehrenamt ist zunehmend Gegenstand öffentlicher Debatten.[153] Der 5. Dezember ist seit 1986 Tag des Ehrenamtes.[154] Die Vereinten Nationen haben 1997 für das Jahr 2001 das „Year of Volunteers" ausgerufen.[155] In Deutschland wurde das als „Jahr des Ehrenamtes" bzw. „Internationales Jahr der Freiwilligen" begangen.[156]

Nach der etymologischen Erschließung des Begriffes des klassischen Ehrenamtes handelt es sich um ein Amt, d.h. um einen fest umrissenen Aufgabenbereich, und dieses Amt wird der Ehre halber ausgeübt, wobei der Ehre dabei ein Doppelsinn zukommt: Das Amt selber ist ehrenhaft, und anstatt einer üblichen Entgeltung für die Amtsausübung steht die Ehre.[157]

Mit fortschreitender Zeit hat der Begriff des Ehrenamts einen Bedeutungswandel erfahren und ist nicht mehr wörtlich zu verstehen.[158] Es haben sich weitere Formen des Engagements gebildet, die sich vom klassischen Ehrenamt dadurch unterscheiden, dass die darin tätigen Personen sich weniger vom Amt, als von ihrer eigenen Motivation und ihren eigenen Befindlichkeiten anregen

150 Vgl. dazu Palandt/ Diederichsen, § 1836, Rn. 1.
151 Vgl. Erman/ Holzhauer, vor § 1897, Rn. 5.
152 Vgl. Erman/ Holzhauer, vor § 1897, Rn. 5.
153 Vgl. Schilberg, KuR 2003, 49 m.w.N.
154 Vgl. dazu die Resolution 40/212 der Generalversammlung der Vereinten Nationen vom 17.12.1985, A/RES/40/212.
155 Vgl. dazu die Resolution 52/17 der Generalversammlung der Vereinten Nationen vom 20.11.1997, A/RES/52/17.
156 Vgl. dazu BT-Plenarprotokoll 14/238, S. 23789 ff.
157 Vgl. Igl u.a., S. 29.
158 Vgl. Beher u.a., S: 1 ff.; Hübner, Evangelisches Soziallexikon, Sp. 305 ff.

lassen.[159] Der Begriff des „bürgerschaftlichen Engagements“ hat in diesem Sinn Eingang gefunden, insbesondere durch den Abschlussbericht der Enquête-Kommission „Zukunft des Bürgerschaftlichen Engagements“ des Deutschen Bundestages.[160]

In Kenntnis all dessen wird bei der Beschreibung der freiwilligen unentgeltlichen Arbeit eines Betreuers an dem Begriff des Ehrenamts festgehalten. Zum einen wird er im Gesetzestext des Betreuungsrechts verwandt[161]; zum anderen ist nicht zu erwarten, dass Begriffe wie „bürgerschaftliches Engagement“ oder „freiwilliger Dienst“ eine Chance haben, in den Sprachgebrauch einzudringen und den Begriff des Ehrenamts zu verdrängen[162]. Trotzdem kann zur Charakterisierung der Ehrenamtlichkeit an die Kriterien angeknüpft werden, die zur Bestimmung des bürgerschaftlichen Engagements dienen.

Drei Kriterien sind heranzuziehen, um die ehrenamtliche Tätigkeit zu charakterisieren: Die Freiwilligkeit des Handelns, die Unentgeltlichkeit des Handelns und die diesem Handeln innewohnende Tendenz der Gemeinwohlorientierung. Eine ehrenamtliche Tätigkeit im Sinne der vorliegenden Arbeit ist die freiwillige, außerberufliche, unentgeltliche Tätigkeit zum Wohle anderer Personen und der Allgemeinheit.[163]

aa) Die Freiwilligkeit

Die Freiwilligkeit erscheint im Zusammenhang des Ehrenamtes zunächst als Gegenstück in dem Gegensatzpaar „Freiwilligkeit und Zwang“. Problematisch erscheint in diesem Zusammenhang, ob das Amt des Betreuers überhaupt ehrenamtlich – freiwillig – ausgeübt werden *kann*, denn die Übernahme der Betreuung ist eine Pflicht, die in § 1898 BGB normiert ist. Es wird vertreten, dass Ehrenämter, die als verpflichtende Tätigkeiten ausgestaltet sind, das Moment der Freiwilligkeit nicht enthalten und deshalb streng genommen nicht als Ehrenämter, sondern vielmehr als staatsbürgerliche Pflichten zu bezeichnen sind.[164] Dem ist bezüglich des Amtes des Betreuers entgegenzuhalten, dass die Pflicht zur Übernahme der Betreuung praktisch keine Bedeutung hat:[165] Die an die Betreuereignung und Zumutbarkeit geknüpfte Übernahmeverpflichtung wird von

159 Vgl. Igl u.a., S. 29; Ermert, S. 7.
160 Vgl. Enquête-Kommission „Zukunft des Bürgerschaftlichen Engagements“ des Deutschen Bundestages.
161 § 1897 Abs. 6, S. 1 BGB.
162 Schilberg, KuR 2003, 49 ff.
163 Vgl. Igl u.a., S. 225; Alff u.a., S. 13.
164 Vgl. Igl u.a., S. 33 unter Hinweis auf das „Ehrenamt” des Schöffen und § 31 GVG.
165 Vgl. dazu Diederichsen, Deutsch-FS, S. 131, 140 f.

einer entsprechenden Bereiterklärung des vom Vormundschaftsgericht Ausgewählten abhängig gemacht, womit der Staat in widersprüchlicher Weise auf die Durchsetzung der materiellrechtlichen Übernahmeverpflichtung verzichtet.[166] Das für die persönliche Betreuung erforderliche Vertrauensverhältnis wäre von vornherein gefährdet, wenn der Betreuer sein Amt nur unter Zwang übernähme.[167] Es sind deshalb – alleine schon aus praktischen Erwägungen – keine Fälle vorstellbar, in denen ein Betreuer gegen seinen Willen vom Vormundschaftsgericht zum Betreuer bestellt wurde. Derjenige, der gerne Betreuer werden möchte, wird dies den entsprechenden Stellen gegenüber kund tun und insofern im ursprünglichen Wortsinn von Freiwilligkeit, nämlich dem des frei betätigten Willens, tätig sein.

bb) Die Unentgeltlichkeit

Von ihrem Grundgedanken her ist die ehrenamtliche Tätigkeit unentgeltlich.[168] Tatsächlich stellen auch zahlreiche Menschen ihre Arbeitskraft ohne die geringste Vergütung und ohne Aufwandsentschädigung in den Dienst der Allgemeinheit.[169] Diese strenge Auffassung bildet den Bezugspunkt, von dem aus die vielfältigen Mischformen zu beurteilen sind, die in der Wirklichkeit vorgefunden werden.[170] Das Kriterium der Unentgeltlichkeit bietet Anlass für Missverständnisse: Oft ist nicht die völlige Unentgeltlichkeit des Handelnden gemeint, sondern der im Vergleich zur Entgeltlichkeit solcher Tätigkeit bei beruflicher Tätigkeit erzielbare Verdienst.[171] Ehrenamtlich tätig ist auch derjenige, der gegen ein geringes Entgelt tätig ist.[172]

In der Praxis sind dabei unterschiedliche Formen verbreitet: Unkostenerstattung auf Nachweis, pauschaler Aufwendungsersatz, unentgeltliche Verpflegung, Zahlung von Taschengeld, geringfügiges Entgelt bis hin zu einer an Tarifen orientierten Entlohnung, die deswegen noch eine soziale Komponente aufweist – und als ehrenamtliche Tätigkeit eingestuft werden kann -, weil der Mitarbeiter auf dem „freien Markt" für seine Leistung einen höheren Preis erzielen könnte.[173] Aufwandsentschädigungen nehmen der Tätigkeit den Charakter der

166 Vgl. Klüsener, Rpfleger 1989, 222; Palandt/ Diederichsen, § 1898, Rn. 1.
167 Vgl. Palandt/ Diederichsen, § 1898, Rn. 5.
168 Vgl. Alff u.a., S. 13 f.; Rolshoven, S. 3 f.; Igl u.a., S. 37 f.
169 Vgl. Alff u.a., S. 13.
170 Vgl. Alff u.a., S. 14.
171 Vgl. Igl u.a., S 37.
172 Vgl. Alff u.a., S. 14.
173 Vgl. Alff u.a., S. 14.

Unentgeltlichkeit nicht, weil sie nicht wegen der geleisteten Tätigkeit, sondern daneben zum Ausgleich des anfallenden Aufwands geleistet werden.

cc) Die Gemeinwohlorientierung

Die ehrenamtliche Tätigkeit ist an der Allgemeinheit orientiert, auch wenn sie für einen einzelnen erbracht wird.[174] Dem Kriterium der Gemeinwohlorientierung fällt als wichtigste Aufgabe die Abgrenzung zu selbstbezogenen Tätigkeiten anheim. Von der Gemeinwohlorientierung eines Handelns wird gesprochen, wenn dem Handeln nach einer objektiven Außensicht eine objektive gemeinnützig orientierte Tendenz innewohnt, wenn das Handeln altruistisch, bzw. von Nächstenliebe gekennzeichnet ist. Das Gemeinwohl muss dabei das Ziel, die Sache und das Programm im Auge haben, und darf nicht nur den Weg, das Verfahren und die Ausführung betreffen.[175]

Als ehrenamtlicher Betreuer ist deshalb auch derjenige Betreuer zu zählen, der einen Familienangehörigen, Nachbarn oder Freund betreut. Es handelt sich um eine rechtlich verbindliche, planmäßige und verantwortliche Hilfestellung für den Betreuten, die ein gewisses Maß an Organisation, Verbindlichkeit und Regelmäßigkeit voraussetzt.

4. Das Prinzip der Erforderlichkeit

Das gesamte Betreuungsrecht wird von dem Grundsatz der Erforderlichkeit[176] durchzogen, sowohl das materielle Recht[177], als auch das Verfahrensrecht[178]. Das Prinzip der Erforderlichkeit seinerseits wird auf das Rechtsstaatsprinzip zurückgeführt.[179] Soweit die Betreuung oder weitere mit ihr verbundene

---

174 Vgl. Alff u.a., S. 13.

175 Vgl. Igl u.a., S. 34.

176 So auch Bienwald, Einführung Rn. 6; § 1896, Rn. 85 ff.; MüKo/ Schwab (Erforderlichkeitsgrundsatz als eigenständiges Normelement), § 1896, Rn. 20, 24 ff.; ders., FamRZ 1992, 493, 495; ders., FamRZ 1990, 681, 682; HK-BUR/ Bauer, § 1896, Rn. 178; Kollmer, Rpfleger 1995, 45; Coester, Jura 1991, 1, 4. Vgl. auch Stolz, BtPrax 1997, 221 ff.; Dodegge, NJW 1998, 2710, 2713.

177 Im materiellen Recht wird der Begriff der Erforderlichkeit an folgenden Stellen erwähnt: §§ 1896 Abs. 2, S. 1, 1897 Abs. 1, 1903 Abs. 1, S. 1, 1906 Abs. 1, S. 4, 1908 a, 1908 b Abs. 4, 1908 d Abs. 3 und 4, 1901 Abs. 4, S. 2, 1908 d Abs. 1, 2, 4, 1901 Abs. 4; § 7 BtBG.

178 Im Verfahrensrecht wird der Begriff der Erforderlichkeit an folgenden Stellen erwähnt: §§ 67, 70 b Abs. 1, 68 Abs. 5, S. 1, 68 b Abs. 4, S. 1, 69 a Abs. 1 und 2, 70 g Abs. 1, 69 k, 70 n FGG.

179 Vgl. Staudinger/ Bienwald, § 1896, Rn. 106.

Anordnungen sich als Eingriffe in die Freiheitssphäre der Person darstellen, hat der Erforderlichkeitsgrundsatz Verfassungsrang.[180] Der Erforderlichkeitsgrundsatz findet in § 1896 Abs. 2 BGB seine besondere Ausprägung für die Entscheidung, ob überhaupt ein Betreuer zu bestellen ist und gegebenenfalls für welche Aufgabenkreise.[181] „Erforderlich" als unbestimmter Rechtsbegriff[182] meint geeignet und notwendig und zu dem angestrebten Zweck nicht außer Verhältnis stehend.[183] Es ist die konkrete Feststellung erforderlich, dass die Betreuung notwendig ist, weil der Betroffene auf diese Hilfe angewiesen ist und weniger einschneidende Maßnahmen nicht in Betracht kommen. Ein Betreuer darf nur für die Aufgabenkreise bestellt werden, in denen die Betreuung im konkreten Fall nötig ist.

Die Erforderlichkeit einer Betreuung ergibt sich aus zwei Kriterien: Einmal aus den krankheits- oder behinderungsbedingten Defiziten des Betroffenen bei der Besorgung der eigenen Angelegenheiten (subjektive Betreuungsbedürftigkeit); zum anderen aus den Angelegenheiten, die bei dem Betroffenen zur Erledigung anstehen (objektiver Betreuungsbedarf).[184] Damit eine Betreuung erforderlich ist, müssen beide Elemente erfüllt sein.[185]

Der Aufgabenkreis ist so konkret wie möglich zu formulieren .[186] Der Eingriff in die Rechtsposition des Betroffenen wird damit begrenzt, was der Selbstbestimmung des Betreuten dient.[187] Es ist Sache des Vormundschaftsgerichts,

180 Vgl. Bienwald, § 1896, Rn. 85; HK-BUR/ Bauer, § 1896, Rn. 178.

181 Vgl. HK-BUR/ Bauer, § 1896, Rn. 178.

182 Vgl. Wienand, FuR 1990, 36, 37.

183 Vgl. HK-BUR/ Bauer, § 1897, Rn. 38.

184 Vgl. HK-BUR/ Bauer, § 1896, Rn. 178.

185 Zur Problematik der Betreuerbestellung im ausschließlichen Drittinteresse (beispielsweise Anregung des Vermieters des geschäftsunfähigen Betroffenen, um das Mietverhältnis kündigen zu können, vgl. BayObLG, FamRZ 1996, 1369 f., oder Anregung des Nachbarn eines unter dem sogenannten Vermüllungssyndrom leidenden Betroffenen) vgl. Bauer, FamRZ 1994, 1562 ff.; Coeppicus, NJW 1996, 1947, 1949; Bienwald, BtR, § 1896, Rn. 164; Dröge, S. 1 ff.
Die Bewertung des Drittinteresses im Rahmen der Einrichtung eines Fürsorgeverhältnisses ist zu Recht in den letzten Jahrzehnten immer niedriger ausgefallen.
Unter Geltung des Vormundschaftsrechts für Volljährige vertrat der BGH (FamRZ 1961, 115) unter Hinweis auf das Reichsgericht (RGZ 70, 49, 50) die Meinung, der zum Vormund bestellte Ehemann könne wegen der Verletzung der allgemeinen Verkehrssicherungspflicht nach § 823 Abs. 1 BGB schadensersatzpflichtig sein, wenn seine geisteskranke Ehefrau durch fortdauernde Beschimpfungen den nachbarlichen Frieden erheblich stört und wenn er nicht die im Interesse der Unversehrtheit Dritter erforderlichen Sicherungs- und Bewachungsmaßnahmen trifft, um übrige Hausbewohner vor der Ehefrau zu schützen.

186 Vgl. BayObLG, FamRZ 1994, 1059 f.

187 Vgl. dazu unter 1. Teil, 1. Kapitel, B II 1.

klare Umschreibungen der Aufgabenkreise zu formulieren, die einerseits das Prinzip der Erforderlichkeit verwirklichen und andererseits im Rechtsverkehr verständlich sind.[188] Außerdem ist die Betreuung subsidiär gegenüber bestehenden Vollmachten oder tatsächlicher Hilfen als letztes Mittel einzusetzen.[189] Diese Forderung schlägt sich in § 1896 Abs. 2, S. 2 BGB nieder, demgemäß die Betreuung nicht erforderlich ist, soweit die Angelegenheiten des Volljährigen durch einen Bevollmächtigten oder durch andere Hilfe, bei denen kein gesetzlicher Vertreter bestellt wird, ebenso gut wie durch einen Betreuer besorgt werden können. Die Bestellung eines Betreuers ist in diesen Fällen entbehrlich, ja sogar unzulässig.[190] Allenfalls kann bei Erforderlichkeit ein Betreuer mit der Aufgabe bestellt werden, den Bevollmächtigten zu überwachen (sog. Kontroll- oder Vollmachtsüberwachungsbetreuer, § 1896 Abs. 3 BGB).

Der Erforderlichkeitsgrundsatz zwingt den Staat, dasjenige Maß an Hilfe zur Verfügung zu stellen, welches der jeweilige Betreuer benötigt, wobei eine Begrenzung der Befugnis des Betreuers gegenüber dem Betreuten auf das Erforderliche zu gewährleisten ist.[191]

C. Die Betreuertypen

Im Betreuungsrecht wird zwischen verschiedenen Betreuertypen unterschieden.

I. Die Unterscheidung nach der Beruflichkeit der Tätigkeit

Nach dem Kriterium der Beruflichkeit der Betreuertätigkeit wird die für die vorliegende Arbeit bedeutsamste Unterteilung der Betreuertypen vorgenommen: Es sind einerseits der ehrenamtliche Betreuer und andererseits der Berufsbetreuer zu unterscheiden. Beide Betreuertypen sind – ja nachdem, ob sie organisatorisch eingebunden sind oder nicht – privat oder in einem organisatorischen Rahmen tätig.

---

188 Vgl. Schwab, FamRZ 1990, 681, 682 f. Vgl. dazu unten 2. Teil, 1. Kapitel, A I 3 c.

189 Daher auch die synonyme Bezeichnung „Subsidiaritätsprinzip" (Bienwald, Einführung, Rn. 6; HK-BUR/ Bauer, § 1896, Rn. 192).
Zur Problematik des Nichterteilens einer Vollmacht durch einen Betroffenen, der dies könnte, sich aber weigert, vgl. HK-BUR/ Bauer, § 1986, Rn. 195.

190 Vgl. Schwab, FamRZ 1990, 681, 682 f.

191 Vgl. Bienwald, § 1896, Rn. 86.

1. Der ehrenamtliche Betreuer

Der ehrenamtliche Betreuer stellt den Idealtypus des Gesetzgebers dar, was § 1897 Abs. 6, S. 1 BGB ausdrücklich klarstellt.[192]

Die Beruflichkeit einer Tätigkeit ist nicht zu verwechseln mit ihrer Professionalität. Der Ehrenamtliche ist nicht mit dem Laien gleichzusetzen.[193] Auch der Arzt, der Rechtsanwalt und der Sozialarbeiter können in ihrer Eigenschaft als Experte auf einem bestimmten Gebiet ehrenamtlich tätig sein.[194] Das entscheidende Kriterium ist, dass ihr Tun dann nicht der Einkommenserzielung dient.[195] Manche Aufgabenbereiche müssen Fachkräften vorbehalten bleiben, so beispielsweise bei einer komplizierten Immobilienverwaltung sowie wenn ein ausdrücklicher Wunsch des Betreuten bezüglich der Person des Betreuers nicht besteht. Aber auch in solch einem Fall ist nicht zwangsweise ein Berufsbetreuer einzuschalten. Auch ein ehrenamtlicher Betreuer kann die dazu erforderliche Sachkunde (wegen seines Berufes) besitzen und ehrenamtlich in einem Betreuungsverein engagiert sein. Insofern ist mittels des Kriteriums der fachlichen Kompetenz eine Unterscheidung der beiden Betreuertypen „ehrenamtlicher Betreuer“ und „Berufsbetreuer“ nicht möglich.

a) Die Erscheinungsformen ehrenamtlicher Betreuer

Ehrenamtliche Betreuer sind entweder selbständig und unabhängig von einer Organisation tätig (beispielsweise solche, die Familienangehörige oder aber einen Nachbarn betreuen) oder aber sie sind in einem organisatorischen Rahmen tätig, wobei der Verein der wichtigste organisatorische Rahmen ist, in dem ehrenamtliche Arbeit ausgeübt wird.

Eine Person ist dann als Vereinsbetreuer anzusehen, wenn sie Mitarbeiter bei dem Verein ist und dort als Berufsbetreuer arbeitet. Das ist unstreitig.[196] Fraglich ist, ob auch Personen, die nicht Mitarbeiter bei dem Verein sind, sondern Mitglieder bzw. ehrenamtliche Helfer, als Vereinsbetreuer einzustufen sind.

Um diese Frage bejahen zu können, ist entscheidend, dass der Betreuer ausschließlich oder auch nur teilweise bei dem Betreuungsverein als Betreuer tätig

---

192 Vgl. oben 1. Teil, 1. Kapitel, B II 3.
193 Vgl. Alff u.a., S. 15.
194 Vgl. Alff u.a., S. 15.
195 Vgl. Alff u.a., S. 15.
196 Statt aller: Palandt/ Diederichsen, § 1897, Rn. 10.

ist.[197] Die Beschäftigung als freier Mitarbeiter reicht aus.[198] Der Vereinsbetreuer braucht nicht Mitarbeiter oder Arbeitnehmer des Betreuungsvereins zu sein.[199] Auch eine ehrenamtliche Tätigkeit bei dem Verein, insbesondere die Mitgliedschaft, reicht dafür aus, dass ehrenamtliche Betreuer als Vereinsbetreuer eingesetzt werden.[200] Dies muss dem Verein im Rahmen seiner Vereinsautonomie auch möglich sein.[201]

Außerdem ergibt sich aus dem Wortlaut des § 1897 Abs. 2 BGB, dass mit der Formulierung „Mitarbeiter [...], der teilweise als Betreuer tätig ist", auch ein ehrenamtlicher Mitarbeiter gemeint sein kann.[202]

Das Argument, Mitglieder und ehrenamtliche Helfer eines Betreuungsvereins könnten deshalb keine Vereinsbetreuer werden, weil sich dies aus der Gegenüberstellung von § 1908 f Abs. 1 Nr. 1 und Nr. 2 BGB ergebe,[203] überzeugt nicht: Auf den ersten Blick erscheint es in der Tat so, als würden sich die Personengruppen in § 1908 f Abs. 1 Nr. 1 BGB (die Mitarbeiter, die bei dem Betreuungsverein bereits tätig sind) und in § 1908 f Abs. 1 Nr. 2 BGB (die ehrenamtlichen Betreuer, um dessen Gewinnung sich der Verein zu bemühen hat) ausschließen: Nr. 1 der Vorschrift meint die Mitarbeiter im Sinne der arbeitsrechtlich angestellten Mitarbeiter, die als Berufsbetreuer tätig werden und die bei dem Betreuungsverein bereits tätig sind; Nr. 2 der Vorschrift meint die ehrenamtlichen Betreuer, um dessen Gewinnung der Verein sich zu bemühen hat. Dabei spricht Nr. 2 bewusst nicht von „Mitarbeitern", sondern von „ehrenamtlichen Betreuern". Wenn diese Deutung richtig wäre, dann würde Nr. 3 der Vorschrift nicht recht ins Bild passen: § 1908 f Abs. 1 Nr. 3 BGB nennt als Erfordernis der Anerkennung eines rechtsfähigen Vereins als Betreuungsverein den Umstand, dass ein Erfahrungsaustausch zwischen den Mitarbeitern ermöglicht wird. Unter

197 Vgl. Palandt/ Diederichsen, § 1897, Rn. 10.
198 Vgl. Palandt/ Diederichsen, § 1897, Rn. 10.
199 Vgl. Palandt/ Diederichsen, § 1897, Rn. 10; Jaschinski, NJW 1996, 1521; a.A. Schwab, FamRZ 1992, 498; MüKo/ Schwab, § 1908 f, Rn. 3; Damrau/ Zimmermann, § 1897, Rn. 13;Staudinger/ Bienwald, § 1897, Rn. 34; RGRK/ Dickescheid, § 1897, Rn. 4; OLG Hamm, FamRZ 2001, 253.
200 Vgl. Palandt/ Diederichsen, § 1897, Rn. 10 und § 1908 f, Rn. 4. Vgl. auch BayObLG, BtPrax 1998, 76.
Anders LG München I, FamRZ 2000, 321; Jürgens u.a., Rn. 289, die beiläufig angeben, dass bei der Bestellung eines Vereinsbetreuers von vornherein klar sei, dass es sich hierbei um einen Berufsbetreuer handelt. Das ist indes nicht der Fall.
201 Vgl. dazu Palandt/ Diederichsen, § 1908 f, Rn. 4; Erman/ Holzhauer, § 1908 f, Rn. 4 ff.
202 So – obwohl sie die Gegenposition vertreten – Damrau/ Zimmermann, § 1897, Rn. 13.
203 So Damrau/ Zimmermann, § 1897, Rn. 14.

Berücksichtigung der oben beschriebenen Deutung des Verhältnisses der Nrn. 1 und 2 der Vorschrift würde das bedeuten, dass nur ein Erfahrungsaustausch zwischen den Mitarbeitern, d.h. den angestellten Berufsbetreuern ermöglicht werden soll, nicht aber auch zwischen den anderen Mitgliedern und ehrenamtlichen Helfern des Vereins. Vor dem Hintergrund, dass gerade das „Miteinander-Austauschen" Erkennungszeichen eines – sozialen – Vereins ist, ist diese Interpretation nicht sachgerecht. Der Verein ist einer der wichtigsten organisatorischen Rahmen, in welchem ehrenamtliche Arbeit ausgeübt wird.

Aus dem Umstand, dass der Betreuungsverein gemäß § 1908 f Abs. 1 Nr. 1 BGB seine Mitarbeiter zu beaufsichtigen, weiterzubilden und angemessen zu versichern hat, und dass diese Merkmale typische Pflichten eines Arbeitgebers kennzeichnen, kann auch nicht geschlossen werden, dass ehrenamtliche Vereinsmitglieder keine Vereinsbetreuer sein dürfen.[204] Auch die in § 1908 f Abs. 1 Nr. 2 BGB beschriebenen Tätigkeiten wie „in die Aufgaben einführen", „beraten" und „fortbilden" beschreiben Verhaltensweisen eines Arbeitgebers. Der Umstand, dass Vereinsbetreuer, die Berufsbetreuer sind, vom Betreuungsverein zu versichern sind, während Vereinsbetreuer, die ehrenamtliche Mitglieder sind, dies selbst zu besorgen haben, ergibt sich lediglich aus dem Arbeitsverhältnis des Berufsbetreuers, ist aber auch kein Anzeichen dafür, dass ehrenamtliche Vereinsmitglieder nicht Vereinsbetreuer sein können.

Auch das Argument, Zweifelsfragen könnten nicht auftreten, weil sich eindeutig aus dem Bestellungsbeschluss nach § 69 Abs. 1 Nr. 3 FGG ergibt, ob jemand Vereinsbetreuer ist,[205] trägt nicht zur Klärung der Problematik bei. Zwar ist klar, dass derjenige, der in seiner Bestallung ausdrücklich als Vereinsbetreuer bezeichnet wird, auch ein solcher ist. Das bedeutet aber nicht automatisch, dass das ehrenamtliche Mitglied eines Betreuungsvereins als Betreuer, dessen Bestallung nicht ausdrücklich die Charakterisierung „Vereinsbetreuer" vorsieht, nicht einen Anspruch darauf haben könnte, als Vereinsbetreuer bezeichnet zu werden.

Das bloße mitgliedschaftliche Verhältnis zwischen dem Betreuungsverein und dem Betreuer kann durchaus ausreichend für die Qualifikation eines Betreuers als Vereinsbetreuer sein.[206] Zum einen existiert kein festgelegtes Berufsbild für einen Betreuer.[207] Das dürfte auch schon deshalb nicht sein, weil ansonsten bestimmten Personengruppen die Möglichkeit genommen würde,

---

204 So aber OLG Hamm, FGPrax 2000, 192, 193.
205 So Damrau/ Zimmermann, § 1897, Rn. 14.
206 Anders Damrau/ Zimmermann, § 1897, Rn. 5.
207 Vgl. dazu Deinert/Lütgens, S. 5.

beispielsweise ihre Eltern zu betreuen.[208] Zum anderen ist als Qualifikationserfordernis für das Amt des Betreuers als solches bereits festgelegt, dass nur eine solche Person als Betreuer in Frage kommt, die zur Führung der Betreuung geeignet ist, § 1897 Abs. 1, S. 1 BGB. Eine darüber hinausgehende Qualifikation darf an einen Betreuer – auch an einen Vereinsbetreuer – nicht gestellt werden und ist auch in der Vorschrift des § 1908 f BGB nicht zu erkennen, welche diejenigen Voraussetzungen zur Anerkennung eines Vereins als Betreuungsverein nennt.

b) Die Arbeitsbedingungen ehrenamtlicher Betreuer

Die ehrenamtlichen Betreuer, die nicht Familienangehörige sind, werden den Vormundschaftsgerichten durch die örtlichen Betreuungsvereine oder Kirchengemeinden gemeldet.[209] Bundesweit werden in ca. 70 % aller Betreuungsfälle ehrenamtliche Betreuer bestellt.[210] Diese führen die Betreuung unentgeltlich (§§ 1908 i Abs. 1, S. 1, 1839 Abs. 1, S. 1 BGB) und erhalten eine Aufwandsentschädigung, die pauschal jährlich geltend gemacht werden kann (§§ 1835, 1835 a, 1908 i Abs. 1, S. 1 BGB). Dem ehrenamtlichen Betreuer kann ausnahmsweise auch eine angemessene Vergütung bewilligt werden. Im Fall eines vermögenden Betreuten geschieht dies gemäß §§ 1836 Abs. 3, 1908 i Abs. 1, S. 1 BGB.

In ca. 30 % aller Betreuungen muss ein Berufsbetreuer tätig werden, weil ein ehrenamtlicher Betreuer nicht zur Verfügung steht oder die Wahrnehmung der konkreten Angelegenheiten des Betroffenen einen berufsmäßig tätigen Betreuer erfordert (§ 1897 Abs. 6, S. 2 BGB).[211]

In Deutschland sind momentan ca. 900 Betreuungsvereine aktiv.[212] Die staatlich anerkannten Betreuungsvereine sind oft einem der Verbände der freien Wohlfahrtspflege angeschlossen und finanzieren sich zum einen durch kommunale Zuschüsse, zum anderen durch die entgeltliche Führung von Betreuungen und gelegentlich auch durch Dienstleistungsentgelte.[213] Eine kleine Zahl von Vereinen arbeitet ohne Anschluss an einen Wohlfahrtsverband und erfüllt damit u.U. ein Kriterium für Leistungen aus der öffentlichen Hand nicht.[214] Die Führung von Betreuungen, insbesondere durch ehrenamtliche Betreuer stellt auch

208 Dass diese Möglichkeit grundsätzlich bestehen muss, ergibt sich bereits aus § 1897 Abs. 5 BGB.
209 Vgl. Erman/ Holzhauer, § 1897, Rn. 9.
210 Vgl. Dieckmann, ZRP 2002, 425, 426; epd-Wochenspiegel 36/2003, S. 16.
211 Vgl. Dieckmann, ZRP 2002, 425, 426.
212 Vgl. Bienwald, KuR 2000, 23.
213 Vgl. Bienwald, KuR 2000, 23.
214 Vgl. Bienwald, KuR 2000, 23.

einen beachtlichen Teil kirchlich-sozialer Arbeit dar.[215] Diese ehrenamtlichen Betreuer sind meist in einem staatlich anerkannten Betreuungsverein organisiert. Von den ca. 900 bestehenden Betreuungsvereinen in Deutschland sind mehr als 100 diakonischen Werken angeschlossen.[216]

2. *Der Berufsbetreuer*

Berufsbetreuer ist, wer die Betreuung im Sinne von § 1836 Abs. 1, S. 2 bis 4, 1908 i Abs. 1, S. 1 BGB berufsmäßig führt.[217] Danach wird die Betreuung ausnahmsweise entgeltlich geführt, wenn das Gericht bei der Bestellung des Betreuers feststellt, dass der Betreuer die Betreuung berufsmäßig führt. Das Gericht hat diese Feststellung zu treffen, wenn dem Betreuer in einem solchen Umfang Betreuungen übertragen sind, dass er sie nur im Rahmen seiner Berufsausübung führen kann, oder wenn zu erwarten ist, dass dem Betreuer in absehbarer Zeit Betreuungen in diesem Umfang übertragen sein werden. Diese Voraussetzungen liegen im Regelfall vor, wenn der Betreuer mehr als zehn Betreuungen führt oder die für die Führung der Betreuungen erforderliche Zeit von 20 Wochenstunden nicht unterschreitet.

Die Feststellung der berufsmäßigen Führung von Betreuungen führt automatisch zur Entgeltlichkeit des Amtes.[218] Die Vergütung des Berufsbetreuers ist verfassungsmäßig geboten, wenn jemand Betreuungen in so großem Umfang übernimmt, dass er ihnen nur im Rahmen seiner Berufstätigkeit ordnungsgemäß nachzukommen vermag.[219]

Der Berufsbetreuer erhält seine Vergütung grundsätzlich vom vermögenden Betreuten. Lediglich bei dessen Mittellosigkeit richtet sich der Vergütungsanspruch des Betreuers gegen die Staatskasse und in seiner Höhe nach §§ 1836 a, 1908 i Abs. 1, S. 1 BGB i.V.m. § 1 BVormVG.[220] Im BVormVG ist ein abgestuftes System enthalten, das die Höhe der Stundenvergütung von nachgewiesenen berufsqualifizierenden Ausbildungs- und Studienabschlüssen abhängig macht.[221]

215 Vgl. Bienwald, KuR 2000, 23.
216 Vgl. Bienwald, KuR 2000, 23.
217 Vgl. Palandt/ Diederichsen, § 1897, Rn. 23.
218 Vgl. Palandt/ Diederichsen, § 1836, Rn. 2.
219 Vgl. BVerfG, NJW 1980, 2179 sowie BT-Drucks. 11/4528, S. 88 f.
220 Ausführlich zur Vergütung des Berufsbetreuers Deinert/ Lütgens, S. 1 ff.; Zimmermann, FPR 2002, 431 ff.
221 Vgl. dazu Bienwald, KuR 2000, 23, 30.

Der Typus des Berufsbetreuers umfasst zum einen die in § 1897 Abs. 2 BGB angesprochenen Vereins- und Behördenbetreuer[222], zum anderen auch private Berufsbetreuer, wie selbständige oder in einer freiberuflichen Sozietät angestellte Berufsbetreuer.[223] Vereins- oder Behördenbetreuer sind gemäß § 1897 Abs. 2 BGB Mitarbeiter eines Betreuungsvereins oder einer Betreuungsbehörde. Bei den selbständigen oder in einer freiberuflichen Sozietät angestellten Berufsbetreuern kann es sich sowohl um Rechtsanwälte, als auch Angehörige wirtschafts- oder sozialwissenschaftlicher Berufe handeln, die wegen ihrer speziellen Kenntnisse und Fähigkeiten zur Wahrnehmung des Betreueramtes eingesetzt werden können.[224] Zwischen dem privaten Berufsbetreuer einerseits und dem Vereins- und Behördenbetreuer als Berufsbetreuer andererseits gilt ein Vorrang der privaten Berufsbetreuung vor den in § 1897 Abs. 2 BGB genannten Betreuungsformen.[225]

II. Sonstige Unterscheidungskriterien

Die Betreuertypen können außerdem nach weiteren Kriterien unterteilt werden. Das Kriterium der *Funktionsträgerschaft*[226] unterteilt die Betreuer einerseits in eine natürliche Person als Betreuer, wobei es sich dabei um eine Privatperson[227] oder aber einen Mitarbeiter einer Institution (Vereinsbetreuer oder Behördenbetreuer) handeln kann und andererseits in eine juristische Person als Betreuer, wie den Betreuungsverein, § 1900 Abs. 1 BGB, und die Betreuungsbehörde, § 1900 Abs. 4, S. 1 BGB.

Nach der *Anzahl* der an der Betreuung als Betreuer beteiligten Personen sind der Einzelbetreuer einerseits und einer von mehreren Betreuern andererseits zu unterscheiden. Die Betreuung, bei der mehrere Betreuer für einen Betreuten tätig sind, existiert in den Formen der geteilten Mitbetreuung, § 1899 Abs. 1, S. 2 BGB, der gemeinschaftlichen Mitbetreuung, § 1899 Abs. 3 BGB und der Ersatzbetreuung, § 1899 Abs. 4 BGB. Die Einzelbetreuung ist bereits sprachlich als Gegenstück zur Betreuung durch mehrere Personen zu verstehen. Oft wird der Begriff der Einzelbetreuung mit einer anderen Bedeutung belegt: Der Begriff der Einzelbetreuung oder der privaten Einzelbetreuung wird als Gegenstück zur

222 Insofern missverständlich Meier, BtPrax 1999, 57 ff., die die Haftung von Berufsbetreuern untersuchen möchte, dabei aber den Behörden- und Vereinsbetreuer unberücksichtigt lässt.
223 Vgl. Erman/ Holzhauer, § 1897, Rn. 10.
224 Vgl. Erman/ Holzhauer, § 1897, Rn. 10.
225 Vgl. MüKo/ Schwab, § 1897, Rn. 3; Knittel, § 1897, Rn. 4.
226 Vgl. Bienwald, BtG, § 1896, S. 122.
227 Vgl. Bienwald, BtG, § 1897, Rn. 1.

Amtsbetreuung, d.h. einer Betreuung durch die Behörde als Betreuerin oder einen Behördenbetreuer als Betreuer benutzt. Der Verein bzw. die Behörde tritt als juristische Person auf, als *eine* juristische Person, die damit auch „einzeln" betreut (wenn auch nicht als natürliche Person). Das, was die „Einzelbetreuung" in diesen Fällen meint, ist die Betreuung durch eine natürliche Person. Diese Terminologie tauchte bereits im Recht der Vormundschaft sowie den Erläuterungen zum Betreuungsgesetz auf und ist seitdem übernommen worden.[228]

Nach dem *speziellen Aufgabenkreis* sind gesetzlich benannt der Sterilisationsbetreuer, § 1899 Abs. 2 BGB und der Kontrollbetreuer, § 1896 Abs. 3 BGB.

Bezüglich des *Stands des Verfahrens* einer Betreuerbestellung sind der vorläufige Betreuer gemäß § 69 f FGG sowie nach Abschluss des Bestellungsverfahrens der Betreuer gemäß § 1896 BGB zu unterscheiden.

Der *Gegenbetreuer* ist kein Betreuer im eigentlichen Sinne, da ihm jegliche Vertretungsbefugnis des Betreuten im Sinne des § 1902 BGB fehlt. Weder besorgt er die Angelegenheiten des Betreuten in einem bestimmten Aufgabenkreis, noch zusammen mit dem Betreuer.[229] Seine Aufgabe ist die Überwachung des Betreuers und die damit verbundene Entlastung des Vormundschaftsgerichts.[230]

2. Kapitel: Das Haftungsrecht

Wohl kaum einem Rechtsgebiet kommt im Rechtsleben eine so große Bedeutung zu wie dem Haftungsrecht. Das Haftungsrecht gibt Antworten auf die Fragen, ob, aus welchem Anlass und zu welchem Zweck ein Schaden von einem anderen als der geschädigten Person ausgeglichen werden muss.[231] In diesem Kapitel wird der die Arbeit bestimmende Begriff der Haftung geklärt sowie die Prinzipien erläutert, die dem allgemeinen Haftungsrecht des BGB zugrunde liegen.

---

228 Vgl. statt vieler Schwab, Familienrecht, Rn. 820; Schreiber, AcP 178 (1978), S. 533, Fn. 1.

229 Vgl. Spanl, Rpfleger 1992, 142, 144.

230 Vgl. Palandt/ Diederichsen, § 1908 i, Rn. 10.

231 Vgl. Jauernig/ Teichmann, Vor §§ 249-253, Rn. 2.
Zu beachten ist der Unterschied zum Schadensersatzrecht, das demgegenüber Art, Inhalt und Umfang der Schadensabwicklung regelt, nachdem die Verpflichtung zum Schadensersatz im Haftungsrecht begründet wurde (vgl. Jauernig/ Teichmann, Vor §§ 249-253, Rn. 1).

A. Der Begriff der Haftung

Der Begriff der Haftung wird in der Rechtssprache des BGB nicht einheitlich gebraucht.[232] Das liegt daran, dass das bürgerliche Recht keinen genau bestimmten Begriff der Haftung kennt.[233] In der Gesetzessprache finden die beiden Termini „Haftung im engeren Sinne“ und „Haftung im weiteren Sinne“ Anwendung. Mit „Haftung im engeren Sinne“[234] wird die Unterworfenheit des Schuldners mit seinem Vermögen unter den Vollstreckungszugriff des Gläubigers bezeichnet.[235] Den Gegensatz dazu stellt die Schuld, bzw. die Schuldverpflichtung dar, die ihrem Inhalt nach auf eine bestimmte Leistungshandlung gerichtet ist.[236] Haften (im engeren Sinne) heißt danach: Zugriffsobjekt in der Zwangsvollstreckung sein; schulden heißt: leisten müssen.[237] Weder der tägliche Sprachgebrauch, noch das BGB halten sich an diese Grundbedeutungen; das Wort „haften“ wird bisweilen gleichbedeutend mit „schulden“ verwendet.[238] Von Haftung wird auch bei dinglichen Verwertungsrechten gesprochen; diese begründen eine reine Sachhaftung und sichern in der Regel eine Forderung.[239]

„Haftung im weiteren Sinne“ ist das, was die vorliegende Arbeit beschäftigt. Die in diesem Sinne verstandene Haftung ist die rechtliche Verpflichtung, für einen entstandenen Schaden aufzukommen; der Leistungsinhalt richtet sich regelmäßig auf Schadensersatz, aber auch andere Rechtsfolgen sind im Einzelfall vorgesehen.[240] Insofern bedeutet „Haftung im weiteren Sinne“ Verpflichtetsein, Einstehenmüssen.[241] Derjenige haftet, der für ein rechtlich missbilligtes Ereignis einstehen muss und deshalb seine Folgen wiedergutzumachen hat.[242]

232 Vgl. Palandt/ Heinrichs, Einl v § 241, Rn. 10.
233 Vgl. Stoll, S. 1.
234 Vgl. Creifelds, S. 556.
235 Vgl. Diederichsen, Anfängerübung, S. 184; Palandt/ Heinrichs, Einl v § 241, Rn. 10 f.
236 Vgl. Diederichsen, Anfängerübung, S. 184.
237 Vgl. Fikentscher, Rn. 26.
238 Beispielsweise §§ 276 Abs. 2, 277, 840 Abs. 1, 1108 BGB, wobei mit dem Gebrauch des Wortes „haften“ lediglich die Wiederholung des Wortes „schulden“ vermieden werden soll (vgl. Fikentscher, Rn. 26).
239 Vgl. Palandt/ Heinrichs, Einl v § 241, 3 b bb.
240 Vgl. Diederichsen, Anfängerübung, S. 184.
241 Vgl. Palandt/ Heinrichs, Einl v § 241, Rn. 11.
242 Ausführlich und m.w.N. Stoll, S. 1.

B. Die Prinzipien des allgemeinen Haftungsrechts des BGB

Die Prinzipien des allgemeinen Haftungsrechts des BGB zeigen die verschiedenen Beziehungen zwischen einem Schadensereignis und dem Träger dieses Schadens auf. Als Träger des Schadens kommen drei Personen in Frage: der Geschädigte, der Schädiger oder ein am Schädigungsvorgang nicht beteiligter Dritter. Die Beziehung des Schadensereignisses zum Träger des Schadens ist in der Literatur vielfach charakterisiert worden; verschiedene Prinzipien wurden aus dieser Beziehung entwickelt, und die Beziehung selbst[243] sowie die ihnen zugeordneten Prinzipien wurden unterschiedlich benannt. Die vorliegende Arbeit bezeichnet diese Beziehung zwischen dem Schadensereignis und dem endgültigen Träger dieses Schadens als „Haftungsprinzipien".[244]

I. Vorbemerkungen

Die Dogmatik des Haftungsrechts ist geprägt von der Lehre der Zweispurigkeit im Haftungsrecht, die auf Esser zurückgeht.[245] Es handelt sich um die Antithese von Unrecht und Unglück, welche beinhaltet, dass sich eine persönliche Verantwortlichkeit für einen Schaden lediglich aus zweierlei ergeben könne: Zum einen aus einem Unrecht (bzw. Fehlverhalten), das sich im Verschuldensprinzip niederschlage und zum anderen aus einem Unglück. Esser plädiert dafür, die zufälligen Unfallopfer von diesen Unglücksschäden zu entlasten, was durch den

243 „Zurechnungsgründe" bzw. „Prinzipien der Schadenszurechnung" (Larenz, JuS 1965, 373, 374); „Zurechnungsgesichtspunkte" bzw. „Haftungsprinzipien" bzw. „Haftungselemente" (Esser, 1. A. S. 463); (Schadens-) Zurechnungsprinzipien (Hübner, S. 55); „Verantwortungsprinzipien" (Reinecke, S. 11, 71).

244 Zeitgleich mit der Fertigstellung des Manuskripts dieses Kapitels erschien die umfangreiche Habilitationsschrift von Nils Jansen, Die Struktur des Haftungsrechts, Tübingen 2003. Diese gibt einen umfassenden Überblick über Grundfragen und Detailprobleme des Haftungsrechts. Jansen kommt im Verlauf seiner Arbeit zu dem Resümee, die dogmatische Lehre von der zweispurigen Gliederung des Haftungsrechts bilde teleologisch eine unzureichende Beschreibung des Haftungsrechts, die es dogmatisch zu überwinden gelte. Erforderlich sei eine einheitliche, integrative Konzeption, da sich das Haftungsrecht in der Rechtswirklichkeit als ein einheitliches, in sich geschlossenes Ganzes erweise.
Wenn gegenüber diesem Resümee in der vorliegenden Arbeit einige skeptische Töne angeschlagen werden, so kann die Problematik in einem Grundlagenkapitel einer Dissertation nicht mit der Akribie und der Detailfülle einer Habilitationsschrift behandelt werden. Die Problematik muss sich insofern mit einer holzschnittartigen Darstellung begnügen.

245 Vgl. Esser, JZ 1953, 129 ff.

gesetzlichen Ausbau der Gefährdungshaftung geschehen könne.[246] Alle Erscheinungsformen des Haftungsrechts, die nicht vom Verschuldensprinzip geprägt sind, seien durch das negative Merkmal des fehlenden Verschuldens verbunden.[247]

Aus jüngster Zeit ist ein Plädoyer Jansens zu verzeichnen, ein System des Haftungsrechts zu entwickeln, welches die Wertungen und Fallentscheidungen des geltenden Rechts sachgerechter zu beschreiben vermag.[248] Dabei handelt es sich um eine einheitliche, integrative Konzeption, die aufzeigt, dass das Haftungsrecht nicht mehr mittels einer Beurteilung des schädigenden Verhaltens allein erklärt werden kann; erforderlich sei eine symmetrische Perspektive, die ebenso die Situation potentiell Geschädigter in den Blick nimmt.[249]

Im folgenden wird nun ein System[250] der Haftungsprinzipien entwickelt. Es fördert das Verständnis für verschiedene Erscheinungsformen des Rechts, wie auch das Betreuungsrecht eine solche ist, und für die Einordnung eines Sachverhalts in verschiedene Wertungsgesichtspunkte, die unser Rechtssystem zur Verfügung stellt. Dieses System der Haftungsprinzipien wird eine Richtschnur bieten, an der die Haftung des Betreuers gemessen wird. Auf dieser Grundlage wird es möglich sein, die Haftungsrisiken des Betreuers zu erkennen und einen Vorschlag für deren Eingrenzung zu entwickeln.

II. Casum sentit dominus als Grundsatz

Der Ausdruck *casum sentit dominus*[251] liegt im römischen Recht begründet. Er besagt, dass der Schaden auf demjenigen Vermögen haften bleibt, welches dieser zunächst aufgrund der einmal vorhandenen Vermögensverteilung und des Naturverlaufs getroffen hat.[252] Solange keine Gründe für die Zuweisung des Schadens an andere Vermögen existieren, wird der Schaden dort belassen, wo er eingetreten ist. Sobald aber ein Haftungsgrund aufgestellt ist, tritt der Grundsatz *casum sentit dominus* zurück.[253]

---

246 Vgl. dazu, dass sich diese Meinung als herrschende Meinung für lange Zeit etablierte, Jansen, JZ 2002, 964, 966 ff.

247 Vgl. Bienenfeld, S. 94.

248 Vgl. Jansen, S. 546 ff.

249 Vgl. Jansen, S. 545 ff.

250 Im Sinne eines Systems der Erkenntnisse, vgl. Canaris, Systemdenken, S. 11 ff.

251 Vgl. Rümelin, S. 4.

252 Vgl. Rümelin, S. 13; Deutsch, Honig-FS, S. 30; Baltzer, SGb 1987, 529, 532.

253 Vgl. Rümelin, S. 14 f.
Zu den Funktionen des Ausdrucks *casum sentit dominus* im einzelnen siehe die Zusammenstellung bei Hübner, S. 58 ff.

Der Umstand, dass Haftung die Pflicht zur Abnahme eines Schadens darstellt, setzt voraus, dass der Träger des Rechtsguts für alle Verletzungen und den daraus folgenden Schaden grundsätzlich selbst zuständig ist.[254] Gewissermaßen „aus freiem Himmel" wird niemand zum (Mit-) Verantwortlichen für die Geschicke eines anderen gemacht.[255] Jeder trägt sein Lebensrisiko grundsätzlich selber.[256] Das gilt zunächst jedenfalls für den Schaden, der nicht von Menschenhand, sondern durch ein Naturereignis verursacht wird.[257] Das Entstehen von Schäden ist aber auch unausbleibliche Folge menschlichen Zusammenlebens.[258] Es gibt jedoch eine erste und grundsätzliche Zuordnung des Schadens, nämlich die zum Träger des Rechtsguts, zum Geschädigten.[259] Dies wird deutlich in den Formulierungen „allgemeines Lebensrisiko"[260], „allgemeines soziales Risiko"[261] und „Verantwortlichkeit für die eigene Rechtssphäre"[262]; nach Gernhuber ist sich der Geschädigte „selbst zum Schadensersatz verpflichtet"[263].

III. Die Schadenszurechnung an andere als die geschädigten Personen als Ausnahme

Die grundsätzliche Schadenszuständigkeit des Schadensinhabers lässt die Haftung anderer als Ausnahme erscheinen.[264] Der Geschädigte hat grundsätzlich seinen Schaden selbst zu tragen, und nur unter festgelegten Voraussetzungen hat der Geschädigte die Möglichkeit zur Weiterleitung des Schadens.[265] Ein Schadensersatzanspruch besteht nur für solche Personen, die Opfer einer *zurechenbaren* Verletzung geworden sind.[266] Im BGB existieren zahlreiche Fälle, in denen jemand einem anderen kraft Gesetzes zum Ersatz eines Schadens verpflichtet

254 Vgl. Deutsch, Rn. 1.
255 Vgl. Esser/ Schmidt, Schuldrecht AT 1, S. 129.
256 Vgl. Meder, JZ 1993, 539, 541; Mädrich, S. 29, 123 ff.; Deutsch, VersR 1993, 1041; Esser/ Schmidt, Schuldrecht AT 2, § 25 IV 1 b.
257 Vgl. Deutsch, Rn. 2.
258 Vgl. Deutsch, Rn. 2.
259 Vgl. Deutsch, Rn. 1.
260 Vgl. Mädrich, S. 29 ff. und 123 ff.
261 Vgl. Lüer, S. 124 f.
262 Vgl. Hübner, S. 57, Fn. 12.
263 Vgl. Gernhuber, AcP 152, 69, 76 f.
264 Vgl. Deutsch, Rn. 2.
265 Vgl. Baltzer, SGb 1987, 529, 532.
Voraussetzungen für den Anspruch des Geschädigten sind das Bestehen einer Rechtsnorm, die den entstandenen Schaden einem anderen zuweist sowie die Übertragbarkeit der Verluste auf einen anderen (vgl. Baltzer, SGb 1987, 529, 532).
266 Vgl. Meder, JZ 1993, 539, 541; Mädrich, S. 29, 123 ff.; Deutsch, VersR 1993, 1041; Esser/ Schmidt, Schuldrecht I 2, 7. A., § 25 IV 1 b; Deutsch, Rn. 1.

wird, den dieser infolge eines bestimmten Ereignisses an seinen Rechtsgütern erlitten hat.[267] Der Schaden ist nur dann zu ersetzen, wenn der Schädiger einen Grund der Zurechnung gesetzt hat.[268]

Der Grund dieser Zurechnung ist die Verantwortlichkeit[269] des Schädigers für den Schaden. Im Folgenden wird geklärt, warum ein Schaden, und vor allem durch welche Person, ausgeglichen werden soll. Wenn die gesetzliche Anordnung einer Schadensersatzpflicht sachlich begründet sein soll, muss es zwischen dem Schadensereignis und dem Ersatzpflichtigen eine Beziehung geben, die es rechtfertigt, ihn für dieses Ereignis und seine Folgen einstehen zu lassen.[270] Die Frage, von welcher ausgegangen wird, lautet: Welche Tatsachen bieten genügenden Anlass, um einen entstandenen Schaden mit einem bestimmten Vermögen in Verbindung zu bringen, um ihn dem Vermögen ganz oder teilweise aufzuerlegen?[271]

Die beiden Hauptmechanismen für die Präzisierung fremder Schadensabnahme sind die Haftungsprinzipien sowie die Haftungstatbestände.[272] Mit erstgenanntem Mechanismus beschäftigt sich die vorliegende Arbeit in diesem Kapitel. Zu beachten ist, dass aus diesen Prinzipien nicht ohne weiteres neue Haftungstatbestände abgeleitet werden können. Die Prinzipien bedürfen jeweils der Ausformung in einem gesetzlichen Tatbestand oder einem von der Rechtsprechung anerkannten Haftungsgrund. Sie stellen keine unmittelbar anwendbaren Normen dar.[273] Ihre Funktionen liegen – wie die aller Prinzipien – darin, Einheit und Ordnung zu stiften und dadurch das Verständnis der Tatbestände, denen sie zugrunde liegen, zu fördern.[274]

Das Haftungsrecht wird durch das Zusammenwirken mehrerer gleichberechtigt nebeneinander stehender Prinzipien bestimmt.[275] Keines schließt das andere in sich ein; es kann zu Kombinationen und Einschränkungen des einen durch das andere kommen.[276] Das sich so ergebende Haftungssystem ist kein logisch-axiomatisches System mit starren Begriffen, das aus einem einzigen Grundsatz

267 Vgl. Larenz, JuS 1965, 373.
268 Vgl. Deutsch, Rn. 2.
269 Kritisch zum Begriff der Verantwortung in der Rechtswissenschaft: Weyers, Unfallschäden, S. 547.
270 Vgl. Larenz, JuS 1965, 373.
271 Vgl. Rümelin, S. 2.
272 Vgl. Esser/ Schmidt, I 1, S. 129.
273 Vgl. auch Esser, 3. A., S. 463.
274 Vgl. Larenz, JuS 1965, 373, 374.
275 Das Zusammenwirken dieser Prinzipen wurde insbesondere von Larenz (JuS 1965, 373 ff.) und Wilburg, S. 61 f. deutlich gemacht.
276 Vgl. Larenz, JuS 1965, 373, 378 f.

abzuleiten wäre, sondern ein bewegliches, offenes System[277], es handelt sich um eine „Betrachtungsweise mit Variationsbreite“ [278]. Ein solches enthält, weil es von mehreren und bis zu einem gewissen Grade variablen Prinzipien ausgeht, eine große Fülle von Kombinationsmöglichkeiten und ist daher fähig, auch neue Erscheinungen des Rechtslebens, wie die Betreuung eine darstellt, in sich aufzunehmen.[279]

Bei der Betrachtung der unterschiedlichen Ansichten, die sich mit den Haftungsprinzipien beschäftigen, kristallisierten sich drei Bereiche heraus, auf Grund derer ein Schaden an andere Personen als die geschädigte Person zugerechnet werden kann.

Das Kriterium, das zunächst die Haftungsprinzipien ordnet, ist der Grund für die Zurechnung des Schadens an andere Personen als die geschädigte Person. Der Mensch kann einerseits durch die Äußerung seines natürlichen Willens und andererseits durch seine soziale Verantwortlichkeit – in der Form, dass er vorhandene Vorteile nutzt oder in der Form, dass er ein Vertrauen genießt – mit dem Erfolg, d. h. mit dem Ergebnis seines Verhaltens, einem Schaden, verknüpft sein.[280] Danach lassen sich die Haftungsprinzipien unterteilen in die Zurechnung aufgrund der Beherrschbarkeit des sich realisierten Risikos einerseits und das Vertrauensprinzip andererseits. Die Beherrschbarkeit des sich realisierten Risikos lässt sich wiederum unterteilen nach dem Kriterium des Maßes der Einflussnahme des Haftpflichtigen auf den Schädigungsvorgang[281]. Das Ergebnis dieser Unterteilung ist das Verschuldensprinzip einerseits und das Prinzip *cuius commodum, eius periculum* andererseits. Letzteres hat wiederum unterschiedliche Ausprägungen.

Bei den drei großen Bereichen, auf Grund derer ein Schaden an andere Personen als die geschädigte Person zugerechnet werden kann, handelt es sich somit um das Verschuldensprinzip, das Prinzip *cuius commodum, eius periculum* sowie das Vertrauens- und das Garantieprinzip.[282]

---

277 Vgl. Wilburg, S. 61 f; Larenz, JuS 1965, 373, 379; Larenz, Methodenlehre, S. 133.
278 Vgl. Larenz, JuS 1965, 373, 377.
279 Vgl. Larenz, JuS 1965, 373, 379.
280 Vgl. Reinecke, S. 143 f.
281 Vgl. auch Baltzer, SGb 1987, 529, 532.
282 Die Bezeichnung der Prinzipien mit „Willensmacht“, „Herrschaftsmacht“ und „Machtindifferente soziale Kontaktauswirkungen“, vorgenommen von Reinecke, S. 119, der die Prinzipien dort nach dem machtsoziologischen Kriterium der Sphärenzugehörigkeit unterteilt, meint inhaltlich das gleiche.

1. Das Verschuldensprinzip

Das deutsche Zivilrecht wird vom Verschuldensprinzip beherrscht.[283] Dieses Prinzip hat in der Rechtslehre und -praxis eine überragende Bedeutung und ist auf das römische Recht zurückzuführen.[284] Das Verschulden stellt als *causa* für eine Ersatzpflicht ein klares und sofort einleuchtendes Haftungsprinzip dar.[285] Ausgeprägt ist das Verschuldensprinzip beispielsweise in § 823 Abs. 1 BGB („vorsätzlich oder fahrlässig") oder in § 1833 Abs. 1, S. 1 BGB („wenn ihm ein Verschulden zur Last fällt").

Schon das römische Recht wird bei Haftungsfragen von dem leitenden Gedanken des Verschuldensprinzips beherrscht. Auch dort gewann dieses Prinzip nur in Verbindung mit dem Bedeutung, was heute dem Haftungstatbestand entspricht: eine Ersatzklage war nur begründet, wenn entweder ein bestimmtes Delikt oder die Übertretung einer bestimmten Kontrakts- oder Quasikontraktspflicht vorlag.[286]

Charakteristisches Merkmal des Verschuldensprinzips ist, dass der Schädiger zurechnungsfähig sein muss, wie sich aus den §§ 276 Abs. 1, S. 3, 827, 828 BGB ergibt.[287] Zurechnungsfähig ist nicht, wer das siebente Lebensjahr nicht vollendet hat (§ 828 Abs. 1 BGB) oder wer im Zustande der Bewusstlosigkeit oder in einem die freie Willensbildung ausschließenden Zustande krankhafter Störung der Geistestätigkeit einem anderen Schaden zufügt (§ 827 S. 1 BGB). Wer sich schuldhaft in einen solchen Zustand versetzt, ist für das darin verübte Unrecht eben kraft dieser *actio libera in causa* als von ihm mindestens fahrlässig verschuldet verantwortlich (§ 827 S. 2 BGB). Die Zurechnungsfähigkeit von Jugendlichen bis zur Vollendung des achtzehnten Lebensjahres und von Taubstummen wird individuell beurteilt nach ihrer persönlichen Fähigkeit zur Einsicht in die Verantwortlichkeit ihres Handelns zur Zeit der Begehung (§ 828 Abs. 2 BGB), d.h. danach, ob sie das Verwerfliche ihres Handelns einsehen konnten und auch die Kraft besaßen, nach dieser Einsicht zu handeln[288].

Was die Haftung für das eigene Verschulden ausmacht, ist in § 276 Abs. 1, S. 1 BGB normiert: Der Schuldner hat, sofern nicht ein anderes bestimmt ist, Vorsatz und Fahrlässigkeit zu vertreten. Vorsatz ist das Wissen um und das Wollen

283 Vgl. Esser, 3. A., S. 463; Larenz, JuS 1965, 373; Jansen, S. 620. Auch Unrechtsprinzip genannt (vgl. Esser/ Schmidt, I 1, S. 131).

284 Vgl. Rümelin, S. 4 f.

285 Vgl. Rümelin S. 5.

286 Vgl. Rümelin, S. 4 f.; vgl. zu den Hintergründen des Verschuldensprinzips im BGB: Hübner, S. 71 ff.

287 Vgl. Esser/ Schmidt, I 1, S. 131.

288 Vgl. Esser, 1. A., S. 467.

des rechtswidrigen Erfolges.[289] Fahrlässig handelt gemäß der Legaldefinition des § 276 Abs. 1, S. 2 BGB, wer die im Verkehr erforderliche Sorgfalt außer Acht lässt. Diese Begriffsbestimmung gilt für das gesamte Privatrecht innerhalb und außerhalb des BGB.[290] Die Außerachtlassung der im Verkehr erforderlichen Sorgfalt hat drei wesentliche Elemente: die Vorhersehbarkeit der Gefahr, die Vermeidbarkeit des schädigenden Erfolges sowie die Vorwerfbarkeit für den Schuldner.[291]

Mit dem Begriff der erforderlichen Sorgfalt, der die einfache Fahrlässigkeit meint[292], wird ein von den individuellen Fähigkeiten und Gewohnheiten des Schuldners losgelöster objektiver Sorgfaltsmaßstab festgelegt. Jedermann hat sich so sorgfältig zu verhalten, wie es zur Vermeidung von Schäden anderer erforderlich ist.[293] Ob der Schuldner über die zur Beachtung dieser Sorgfalt nötigen Fähigkeiten tatsächlich verfügt, ist unbeachtlich. Wer eine Tätigkeit ausführt, obwohl er dazu nicht befähigt ist, haftet wegen Übernahmeverschuldens.[294] Es gilt grundsätzlich kein individueller, sondern ein auf die allgemeinen Verkehrsbedürfnisse ausgerichteter, objektiv-abstrakter Sorgfaltsmaßstab.[295]

Bei der Fahrlässigkeit lassen sich insbesondere zwei praxisrelevante Arten unterscheiden: die einfache und die grobe Fahrlässigkeit. Grob fahrlässig handelt, wer die verkehrserforderliche Sorgfalt in besonders schwerem Maße verletzt.[296] Dies ist dann der Fall, wenn ganz naheliegende Überlegungen nicht angestellt oder beiseite geschoben worden sind und dasjenige unbeachtet geblieben ist, was im gegebenen Falle jedem hätte einleuchten müssen.[297] Während der Maßstab der einfachen Fahrlässigkeit objektiv bestimmt wird, sind bei der groben Fahrlässigkeit auch in der Person des Handelnden liegende subjektive Umstände zu berücksichtigen; den Handelnden muss auch subjektiv ein schweres Verschulden treffen.[298]

Für einige Bereiche mit gesteigerter personaler Bindung wie beispielsweise innerhalb der Ehe und Familie hat der Gesetzgeber von vornherein die Sorgfaltsanforderungen gesenkt. Die Beteiligten brauchen nur diejenige Sorgfalt

---

289 Vgl. Soergel/ Wolf, § 276, Rn. 41.
290 Vgl. Palandt/ Heinrichs, § 276, Rn. 4.
291 Vgl. Diederichsen, Anfängerübung, S. 49.
292 Vgl. Knolle, S. 24 m.w.N.
293 Vgl. Brox, Rn. 219.
294 Vgl. Fikentscher, Rn. 508.
295 Vgl. dazu BGHZ 39, 283; 80, 193; 106, 323, 330; Palandt/ Heinrichs, § 276, Rn. 15.
296 So die Legaldefinition in § 45 Abs. 2, S. 3 Nr. 3 SGB X.
297 Vgl. BGHZ 89, 153, 161; BGH NJW 1992, 3236.
298 Vgl. MüKo/ Hanau, § 277, Rn. 10; BGH NJW 1992, 2418.

anzuwenden, die sie in ihren eigenen Angelegenheiten zu beobachten pflegen, die sogenannte *diligentia quam in suis* (vgl. §§ 1359, 1664 Abs. 1, 277 BGB).[299]

2. *Das Prinzip cuius commodum, eius periculum*[300]

In bestimmten Konstellationen wird einer Person ein bestimmtes Risiko, das sich in einem Schaden verwirklicht hat, zugerechnet, ohne dass es auf deren pflichtwidriges Verhalten ankommt. Für die Frage nach einer angemessenen Verteilung der Verantwortung bei objektiven Interessenskonflikten stiftet die Suche nach dem „Schuldigen" oft mehr Verwirrung als Segen.[301] Bei Fehlen jeder „Vorwerfbarkeit", ja schon eines widerrechtlichen Verhaltens überhaupt, muss ein anderes, die Verantwortung begründendes Merkmal die Schadenszurechnung kennzeichnen.[302] Der Grundsatz *cuius commodum, eius periculum* bedeutet, dass derjenige, der aus einer Tätigkeit einen Vorteil zieht, auch den damit verbundenen Nachteil tragen muss. Genuss und Haftung werden in der Weise in Verbindung gebracht, dass die Wahrung bestimmter Interessen gegen eine entsprechende Ersatzpflicht gestattet wird.[303] Die mit der Interessenwahrung verbundenen Nachteile, für die Ersatz geleistet werden muss, werden quasi als Kosten der Vorteile bringenden Handlung bzw. des Vorteile bringenden Unternehmens angesehen.[304]

Das Haftungsprinzip *cuius commodum, eius periculum* ist – für ein wissenschaftliches Prinzip – nicht zu weitgehend oder unbestimmt. Allein die Tatsache, dass ein bestimmtes Interesse gewahrt worden ist, kann eine Ersatzpflicht des Interessenwahrnehmers jedoch nicht begründen.[305] Es besteht ein verbindlicher Zusammenhang zwischen dem angerichteten Schaden und der Interessenwahrnehmung, die es rechtfertigt, den Schaden dem Interessenwahrnehmer zuzurechnen[306]: Zum einen muss der Interessenwahrnehmer befugt sein, die Handlung vorzunehmen bzw. die Veranstaltung durchzuführen. Das Interesse muss damit ein berechtigtes sein. Zum anderen wird der verbindliche Zusammenhang zwischen *commodum* und *periculum* deutlich in der Formulierung „Derjenige,

299 Vgl. Esser/ Schmidt, I 1, S. 131 f.; Mauel, S. 11 ff.
300 Wörtlich übersetzt: „Wessen Vorteil, dessen Gefahr". Dieses Prinzip wurde unterschiedlich benannt: „Eigenes Interesse: eigene Gefahr, fremdes Interesse: fremde Gefahr" (Unger, S. 62 f.); „Zurechnung eines Schadensrisikos an den Nutznießer dieses Risikos" (Larenz, JuS 1965, 373, 374).
301 Vgl. Esser, 3. A., S. 71.
302 Vgl. Esser, 3. A., S. 71.
303 Vgl. Rümelin, S. 33.
304 Vgl. Rümelin, S. 34.
305 So auch Rümelin, S. 32.
306 So Rümelin, S. 33.

der aus einer Tätigkeit den Vorteil hat, muss auch den *damit verbundenen* Nachteil (die Haftung) tragen." Es soll lediglich derjenige haften, in dessen Wirkungs- und Einfluss-Sphäre der betroffene Schaden wurzelt. Schließlich bedarf eine Haftung, die auf das Prinzip *cuius commodum, eius periculum* baut, der Ausformung in einem Haftungstatbestand, dessen Voraussetzungen erfüllt sein müssen.

Gegen das Prinzip *cuius commodum, eius periculum* kann auch nicht angeführt werden, im Rahmen von entgeltlichen Geschäften lasse sich schwer sagen, in wessen Interesse eine Handlung vorgenommen bzw. eine Veranstaltung durchgeführt werde.[307] Gerade im Rahmen des Betreuungsrechts wird deutlich, dass der Entgeltlichkeit der Betreuertätigkeit eine besondere Bedeutung zukommt.[308] Die Frage, ob das Wahrnehmen einer Tätigkeit überhaupt vergütet wird, ob sie jedem, der sie wahrnimmt, vergütet wird und wie hoch eine Vergütung ausfällt, lassen Rückschlüsse darauf zu, wer einen Vorteil aus der betroffenen Tätigkeit ziehen kann. Im folgenden werden beispielhaft solche Rechtserscheinungen dargestellt, die sich auf das Prinzip *cuius commodum eius periculum* zurückführen lassen.

a) Die Gefährdungshaftung

Die Gefährdungshaftung ist das Einstehenmüssen für eine Gefährdung, die eigentlich verboten werden müsste, die aber erlaubt wird[309] um der damit verbundenen Vorteile willen, aber nur gegen Übernahme der Schäden, welche durch diese Gefahrenquelle einem anderen zugefügt werden.[310] Die Gefährdungshaftung greift in den Bereichen Platz, in denen sich spezifische Gefahren aus einem nicht voll beherrschbaren Bereich in einem Schaden verwirklichen.[311] Der Nutznießer hat gegebenenfalls für den Schaden des durch die Gefahrenquelle

307 Vgl. Rümelin, S. 32.

308 Siehe unten 2. Teil, 1. Kapitel, C und 4. Kapitel, A II 1.

309 Das Setzen einer erlaubten Gefährdung kann beispielsweise in Unternehmungen des Wirtschaftslebens bestehen (wie der Eisenbahnbetrieb; Atomkraftwerke; das Einsetzen gefährlicher Maschinen in Form von Autos, Luft- und Schienenfahrzeugen, aber auch in Unternehmungen riskanter Versuche (gentechnische Arbeiten), Halten von (durch die tierische Unberechenbarkeit immer latent gefährlichen) Tieren, Besitzen von Häusern.

310 Vgl. Larenz, JuS 1965, 373, 374; auch „Betriebseigentümlichkeit einer Gefahr" genannt (vgl. Esser, 1. A., S. 463) oder „Beeinträchtigung fremden Rechtsgebietes durch Gefährdung" (vgl. Wilburg, S. 56); vgl. auch Esser, Gefährdungshaftung, S. 1 ff.; Jansen, S. 621.

311 Vgl. Esser/ Schmidt, I 1, S. 135.

Geschädigten unter der Voraussetzung aufzukommen, dass dieser Schaden mit der spezifischen Sach- oder Betriebsgefahr zusammenhängt.[312]

Charakteristisch für die Gefährdungshaftung ist, dass die ihr zugrunde liegende Tätigkeit als solche nicht rechtswidrig, sondern erlaubt ist, auch wenn damit unvermeidbar gewisse Gefahren für andere verbunden sind.[313] Die Zurechnung folgt nicht aus einer (im Rahmen des Verschuldensprinzips erforderlichen) Pflichtwidrigkeit; sie beruht auf der Erkenntnis, dass die Beobachtung der im Verkehr erforderlichen Sorgfalt nicht ausreicht, um das Schadensrisiko gering zu halten bzw. ganz auszuschalten. Die Kategorie des Verschuldens gibt auf dem Gebiet der Gefährdungshaftung nichts her[314]. Es handelt sich bei der Gefährdungshaftung nicht um eine Haftung für Unrecht[315], sondern um die gerechte Verteilung von Unglücksschäden[316], um die Verantwortlichkeit für sozial unentrinnbare Risiken[317].

Indem der Gesetzgeber den Einsatz des fraglichen Risikopotentials ungeachtet von dessen nicht kompletter Beherrschbarkeit aus verschiedenen Gründen[318] zugelassen hat, musste er gleichzeitig dafür Sorge tragen, dass die daraus resultierenden Schäden nicht die zunächst Geschädigten im Rahmen des allgemeinen Lebensrisikos selber tragen, sondern durch einen besonderen Haftungsmechanismus, nämlich den der Gefährdungshaftung, aufgefangen werden. Im Rahmen der Gefährdungshaftung wird das Schadensrisiko, wenn auch erlaubterweise, geschaffen, oder es wird aufrecht erhalten.[319] Das Risiko wird demjenigen zugerechnet, dessen Interesse es vorrangig dient und der die mit dem Betrieb, der Anlage oder der Sache verbundenen Vorteile genießt. Die Belastung mit dem Schadensrisiko erscheint damit als der Preis, den der Nutznießer des Risikos dafür zu zahlen hat, dass ihm die Rechtsordnung den Betrieb oder die Anlage trotz

312 Vgl. Larenz, JuS 1965, 373, 374.

313 Vgl. Larenz, JuS 1965, 373, 374.

314 Vgl. Larenz, VersR 1963, 593, 596 f.

315 Rother ist dagegen der Ansicht, in dem Begriff „Gefährdung“ bereits einen Ton des Vorwurfs oder des Tadels im Sinne einer Pflichtwidrigkeit zu erkennen (vgl. Rother, S. 75 f.).

316 Vgl. Esser, Gefährdungshaftung, S. 5, 69 ff.

317 Vgl. Esser/ Schmidt, I 1, S. 134.

318 Es handelt sich dabei um energie-, wirtschafts-, verkehrs-, forschungs- und sozialpolitische Gründe, die zur Einrichtung und Begründung von friedlicher Nutzung von Kernenergie, Bereitstellung von Versorgungsanlagen und Massenverkehrsmitteln, Sicherung der wissenschaftlichen und ökonomischen Wettbewerbsfähigkeit und Förderung des Individualverkehrs herangezogen wurden (vgl. Esser/ Schmidt, I 1, S. 134).

319 Vgl. Larenz, JuS 1965, 373, 374.

der damit verbundenen Gefahren gestattet und es ihm so ermöglicht, den Nutzen daraus zu ziehen.[320]

Die Gefährdungshaftung ist eine Erfolgshaftung für die Schäden aus nicht voll beherrschbaren Risiken, deren Unbeherrschbarkeit den Gesetzgeber dazu hätte veranlassen können, ihre Eröffnung zu verbieten, bestünde an ihrer Zulassung nicht ein überwiegendes Allgemeininteresse. Da aber diese Zulassung zunächst doch auf der Initiative des Nutznießers beruht und in erster Linie dessen Interesse verfolgt, ist es billig, dass dieser die Schäden aus der unbeherrschbaren Gefahrenquelle trägt. Bei dieser Aufgabe einer „verteilenden Gerechtigkeit" geht es um die gerechte Risikoverteilung für Unglücksschäden.[321]

b) Die ausnahmsweise erlaubte Inanspruchnahme fremden Gutes

Der Schadensausgleich bei ausnahmsweise erlaubter Inanspruchnahme fremden Gutes[322] lässt sich in den Grundgedanken des Haftungsprinzips *cuius commodum, eius periculum* einordnen.[323] Diese Rechtserscheinung zeichnet sich dadurch aus, dass einem Eigentümer dann ein Schadensersatzanspruch zusteht, wenn er eine ausnahmsweise erfolgte Beeinträchtigung seines Eigentums in überwiegendem Interesse eines anderen oder der Allgemeinheit zu dulden hatte, wenn ihm also der sonst gegebene Abwehranspruch des § 1004 BGB im Einzelfall aus einem besonderen Grunde genommen ist.[324] In Anlehnung zum öffentlich-rechtlichen Aufopferungsanspruch wird auch von einem privatrechtlichen Aufopferungsanspruch gesprochen.[325] Seine Ausprägung hat diese Rechtserscheinung beispielsweise im Notstandsrecht, § 904 S. 2 BGB, bzw. auch in § 906 Abs. 2 S. 2 BGB gefunden.[326] Ihrer inhaltlichen Bedeutung nach ist diese Fallgruppe dem Prinzip *cuius commodum, eius periculum* zuzuschreiben: Das Fundament der Notstandshaftung ist die Abwägung kollidierender Interessen, die in der Erlaubnis des Eingreifens in eine fremde Rechtssphäre mit der Folge einer Verletzung derselben gipfelt.[327] Es gibt Interessenskollisionen, bei denen sich

320 Vgl. Larenz, JuS 1965, 373, 374.
321 Vgl. dazu Esser, 3. A., S. 71.
322 Auch benannt mit „Inanspruchnahme" oder „Beeinträchtigung fremden Rechtsgebietes durch Eingriff oder Gefährdung" (vgl. Wilburg, S. 28); „Eingriffshaftung" (Esser, 3. A., S. 56); oder „Aufopferungshaftung" (vgl. Jansen, S. 545).
323 Es hat sich im BGB beispielsweise niedergeschlagen in den §§ 904 S. 2; 867 S. 2; 962 S. 3; 1005; 912 Abs. 2; 917 Abs. 2; 906 Abs. 2, S. 2.
324 Vgl. Larenz, JuS 1965, 373, 376.
325 Vgl. Fikentscher, § 112 III; Erman/ Westermann, § 904, Rn. 6; Esser/ Schmidt, I 1, § 53 6.
326 Vgl. Larenz, JuS 1965, 373, 376.
327 Vgl. Rümelin, S. 43 f.

die Notwendigkeit ergibt, einem Interesse gegenüber einem anderen, sofern beide rechtlich anerkannt sind, zur Durchführung zu verhelfen.[328] In den Fällen, in denen eine unmittelbare Gefahr für ein wichtiges Gut existiert, die nur durch eine bestimmte, sonst unerlaubte Handlung, bzw. durch die Verletzung fremder Interessen beseitigt werden kann, besteht ein Bedürfnis für eine Ersatzpflicht. Es gibt keinen Grund, dem durch die Notstandshandlung Verletzten den Vermögensnachteil definitiv und endgültig aufzuerlegen. Er hat genug daran zu tragen, dass er wegen des überwiegenden Interesses auf der Gegenseite zu dem Opfer genötigt wird, den Schaden vorläufig auf sich zu nehmen.[329]

Zunächst würde der Schaden in Ermangelung eines Haftungsgrundes für eine dritte Person an dem vom Unfall Betroffenen nach dem Grundsatz *casum sentit dominus* hängen bleiben. Wenn sich diese Person wegen des höher geschätzten Interesses die Notstandshandlung gefallen lassen muss, kann darin ein Grund für die Zuweisung des Schadens bestehen. Anders liegt der Fall, wenn die Notstandslage in der Interessensphäre des schließlich Verletzten einsetzt, wenn beispielsweise seine Güter in eine Lage gebracht wurden, in der sie dem anderen Schaden bringen, wenn er sich nicht verteidigt. Hier ist die Abwehr schadensersatzlos.[330]

Bei der Notstandshaftung handelt es sich um eine Ersatzpflicht wegen erlaubter Verletzung. Die Ersatzverpflichtung bei der Eingriffshaftung ist der Preis für die Rechtfertigung, welcher auf Seiten des Betroffenen der Duldungspflicht entspricht.[331]

3. Das Vertrauens- und das Garantieprinzip

Die Schadenszurechnung aufgrund der Schaffung eines Vertrauenstatbestandes stellt ein weiteres Haftungsprinzip dar.[332] Der Grund der Haftung liegt darin, dass eine Partei bestimmten Eigenschaften Vertrauen schenkt und dieses Vertrauen geschützt werden soll.[333, 334]

328 Vgl. Merkel, S. 1 ff.
329 Dazu Rümelin, S. 37, 39.
330 Vgl. dazu Rümelin, S. 39.
331 Vgl. Esser, 3. A., S. 56.
332 Vgl. Larenz, JuS 1965, 373, 377; Garantie- und Vertrauenshaftung: Esser/ Schmidt, I 1, S. 132; auch als „Zurechnung wegen machtindifferenter sozialer Kontaktauswirkungen" bezeichnet (Reinecke, S. 119).
Vgl. auch Canaris, Vertrauenshaftung, S. 411 ff. und 491 ff.
333 Vgl. Larenz, JuS 1965, 373, 377.
334 Nach § 179 BGB ist derjenige, der im Namen eines anderen als dessen Vertreter, aber ohne Vertretungsmacht, einen Vertrag geschlossen hat, falls der Vertretene diesen nicht genehmigt, dem Vertragsgegner nach dessen Wahl zur Erfüllung oder

Damit im Zusammenhang steht die Konstellation, bei welcher die Rechtsordnung jemandem, der im Rechtsverkehr handelt, eine garantieähnliche Haftung auferlegt, um das Vertrauen eines anderen zu schützen.[335] Die Grenze zur rechtsgeschäftlich vereinbarten Übernahme eines Schadensrisikos, den Garantievertrag, ist dabei fließend.[336, 337] Die Reichweite dieser Garantie ist entweder gemäß dem erkennbaren oder aus dem Vertragszweck zu folgernden Parteiwillen im Wege der Auslegung des einzelnen Vertrages zu ermitteln oder aber allgemein, nämlich nach dem Schutzzweck der gesetzlichen Norm.[338]

Bei der Haftung unter Zugrundelegung des Vertrauensprinzips werden dem Handelnden die Folgen seines Verhaltens zugerechnet, ohne dass es auf einen Sorgfaltsverstoß ankäme. Die Zurechnung erfolgt vornehmlich zum Schutz des Rechtsverkehrs. Der Adressat soll darauf vertrauen dürfen, dass die Erklärungen seines Partners rechtlichen Bestand haben, und dass dieser für das von ihm gegebene Wort einstehen muss.[339] Die Haftung erfolgt aufgrund eines bestimmten Auftretens im Rechtsverkehr, welches einen Vertrauenstatbestand gesetzt hat. Sie schützt den Erklärungsgegner bezüglich solcher Nachteile, die dieser deshalb erleidet, weil er auf die Bestandskraft der Erklärungen gebaut hat.[340]

IV. Zwischenergebnis

Es handelt sich bei den Haftungsprinzipien nicht um starre Begriffe, sondern um ein „bewegliches, offenes System"[341]. Ein solches enthält, weil es von mehreren und bis zu einem gewissen Grade variablen Prinzipien ausgeht, eine große Fülle von Kombinationsmöglichkeiten und ist daher fähig, auch neue Erscheinungen des Rechtslebens (wie die Betreuung eine darstellt) in sich aufzunehmen.[342] Das Verhältnis der Haftungsprinzipien zueinander ist gekennzeichnet durch ihr

zum Schadensersatz verpflichtet. Der vertretungsmachtlose Vertreter muss einstehen, weil er durch sein Handeln den Eindruck erweckt hat, er handele unter Vertretungsmacht, und weil sich sein Vertragspartner im Interesse der Sicherheit des Rechtsverkehrs darauf verlassen können soll (Larenz, JuS 1965, 373, 377 f.).

335 Vgl. Larenz, JuS 1965, 373, 377.

336 Vgl. Larenz, JuS 1965, 373, 377.

337 Vgl. Larenz, JuS 1965, 373, 377.

338 Vgl. Diederichsen, AcP 165, 150, 167 f.; Larenz, JuS 1965, 373, 377.

339 Vgl. Esser/ Schmidt,I 1, S. 132.

340 Sogenanntes negatives oder Vertrauensinteresse; vgl. auch Esser/ Schmidt, I 1, S. 132.

341 Vgl. Larenz, Methodenlehre, S. 133 f.; Wilburg, S. 61 f.

342 Vgl. Larenz, JuS 1965, 373, 379.

Zusammenwirken[343]; Haftungsprinzipien können sich typischerweise überschneiden, miteinander kollidieren und sich wechselseitig verstärken.[344]

Das Zusammenwirken der Haftungsprinzipien wird besonders deutlich bei der Einschaltung einer Hilfsperson.[345] Dass derjenige, der eine Aufgabe für einen Dritten wahrnimmt und sich dafür einer Hilfsperson bedient, dem Dritten in dem Fall haftet, in dem die Hilfsperson dem Dritten einen Schaden zufügt, gründet sich auf alle drei genannten Prinzipien: Das Verschuldensprinzip gilt für den Fall des *eigenen* Verschuldens. Im Fall der Einschaltung einer Hilfsperson kann das Eintreten des Schadens lediglich insoweit auch auf das sorgfaltswidrige Verhalten des Geschäftsherrn zurückzuführen sein, als dieser die Hilfsperson auszuwählen und zu überwachen hat; dementsprechend kann der Geschäftsherr im Sinne des Verschuldensprinzips wegen Auswahlverschuldens (*culpa in eligendo*) bzw. Überwachungsverschuldens (*culpa in custodiendo*) haftbar sein.

Das Einstehen für das Verschulden von Hilfspersonen ist aber in erster Linie unter ein verschuldensunabhängiges Haftungsprinzip, nämlich das Prinzip *cuius commodum, eius periculum* zu fassen,[346] und zwar als Ausführung einer mit einem Schadensrisiko behafteten Tätigkeit im fremden Interesse.[347] Die Hilfsperson hat durch ein sorgfaltswidriges Verhalten den Schaden verschuldet. Ersetzt werden muss er aber von demjenigen, der sich des Erfüllungsgehilfen bedient hat. Bei dieser Beziehung handelt es sich um den Grundgedanken von § 278 BGB. Nach dem Prinzip *cuius commodum, eius periculum* soll derjenige, der den Vorteil der Arbeitsteilung in Anspruch nimmt, auch deren Nachteil tragen: Der anstelle des Schuldners handelnde Gehilfe hat schuldhaft die Rechtsgüter des Gläubigers verletzt.[348] Ein Beauftragter, ein Geschäftsführer ohne Auftrag, dessen Geschäftsführung dem Willen und dem Interesse des Geschäftsherrn entspricht, oder ein Gefälligkeitshelfer wie der Erfüllungsgehilfe wird für den Geschäftsherrn tätig und verschuldet im Zusammenhang mit der Geschäftsbesorgung einen Schaden, der auf eine mit einer derartigen Tätigkeit erkennbar verbundenen Gefahr zurückzuführen ist.[349] Die Haftung des Geschäftsherrn für das Fehlverhalten seiner Hilfspersonen beruht auf der Erwägung, dass das

343 Vgl. Larenz, JuS 1965, 373; Wilburg, S. 1 ff.

344 Vgl. Diederichsen, KF 1985, 4 ff.; Larenz, JuS 1965, 373, 378 f.

345 Diese Fallgestaltung, die im Rechtsleben immer wieder auftritt, ist in der Untersuchung von Jansen außer Betracht geblieben, vgl. Jansen, S. 635. Daran lässt sich jedoch gerade das Zusammenspiel der Haftungsprinzipien verdeutlichen. Vgl. 1. Teil, 2 Kapitel, B IV.

346 Vgl. aber auch Palandt/ Heinrichs, § 276, Rn. 3.

347 Vgl. Larenz, JuS 1965, 373, 375; Esser, 3. A., S. 463.

348 Vgl. dazu Diederichsen, Deutsch-FS, S. 131, 147.

349 Vgl. Larenz, JuS 1965, 373, 375; Canaris, S. 181, Fn. 37.

Ausnutzen der Vorteile von Arbeitsteilung nicht einseitig in Anspruch genommen und das Risiko, einen Schaden anrichtenden Erfüllungsgehilfen bestellt zu haben, nicht abgegeben werden soll.[350] Hinzu kommt, dass bei umfangreicher Betriebsorganisation der Gläubiger keinen Einblick in die Interna der anderen Seite hat.[351] Derjenige, der einen anderen eine bestimmte Tätigkeit ausführen lässt und der den Vorteil dieser Tätigkeit hat, soll das mit einer derartigen Tätigkeit für den Ausführenden erkennbar verbundene Schadensrisiko tragen.[352] Das Gefahrenrisiko ist das unvermeidbare Attribut der Bestellung einer Hilfsperson.

Im Fall der Einschaltung einer Hilfsperson kommt letztlich auch das Vertrauensprinzip zum Tragen. Derjenige Dritte, der sich als Geschäftspartner eine bestimmte Person aussucht und diesen mit einer Aufgabe betraut, soll darauf vertrauen dürfen, dass die Erklärungen seines Partners rechtlich Bestand haben. Das beinhaltet auch das Vertrauen des Dritten in die Person seines Geschäftspartners und seinen Eigenschaften, wie beispielsweise Erfahrungen im Bereich der betrauten Aufgabe. Für den Fall, dass der Geschäftspartner sich bei der Ausführung der betrauten Aufgabe einer Hilfsperson bedient, die dem Dritten Schaden zufügt, kommt der Vertrauensgedanke insofern zur Anwendung, als der Dritte dem Auftreten des Geschäftspartners im Rechtsverkehr mit seiner Person vertrauen durfte.

Es handelt sich bei alledem nicht darum, dass ein Lebenssachverhalt durch die Subsumtion unter das eine oder andere Haftungsprinzip eine Ersatzpflicht auslösen könnte. Wie oben bereits erwähnt, müssen die Prinzipien in einem Haftungstatbestand verwirklicht sein, der dann die Ersatzpflicht auslöst. Aber die Antwort auf die Frage, welches Haftungsprinzip in einem Sachverhalt möglicherweise verwirklicht sein könnte, bietet eine Hilfestellung dafür, diesen Sachverhalt zu bewerten, zu erkennen, welche Risiken vorhanden sind und – unter rechtspolitischen Gesichtspunkten betrachtet – an wen eine Schadenszuweisung am adäquatesten erscheint[353]. Es werden mit den Haftungsprinzipien Kriterien an die Hand gegeben, mit deren Hilfe sich Haftungsrisiken besser einschätzen lassen.

Die Haftungsprinzipien stellen nach wie vor die Grundlage des Haftungsrechts dar. Sie haben im Laufe der Geltung des BGB keine Attraktivität eingebüßt, sondern sind zeitlos, da jede neue juristische Erscheinungsform an ihnen mit Erkenntniswert gemessen werden kann. Durch Rechtssetzung und Rechts-

350 Die Haftung des Geschäftsherrn lässt sich aber auch auf das Verschuldensprinzip stützen: Der Geschäftsherr haftet einem Dritten, den die Hilfsperson schädigt, unter Umständen wegen Auswahl- und Überwachungsverschuldens.

351 Vgl. Esser/ Schmidt, I 1, S. 135.

352 Vgl. Larenz, JuS 1965, 373, 375.

353 Vgl. Esser/ Schmidt, I 1, S. 132.

anwendung, die dieses System nicht beachtet, können die scharfen juristischen Strukturen des BGB,[354] die sich durch das Einordnen in dogmatische Konstruktionen – wie das System des Haftungsrechts – auszeichnen, beeinträchtigt werden. Das kann beispielsweise dadurch geschehen, dass durch eine besondere Steigerung der Sorgfaltsanforderungen[355] oder durch Verschuldensvermutungen und den damit verbundenen Beweislastumkehrungen zu Lasten möglicher Schädiger das Verschuldensprinzip in das Prinzip *cuius commodum, eius periculum* (in der Ausprägung der Gefährdungshaftung) überführt oder diesem zumindest angenähert wird.[356] Jansen bezeichnet damit den graduellen Übergang zwischen der Gefährdungs- und der Verschuldenshaftung, um damit deutlich zu machen, dass die Dogmatik der Zweispurigkeit des Haftungsrechts überholt sei und dass vielmehr ein einheitliches Haftungsrecht bestehe.[357]

C. Die Beeinflussung des Haftungsrechts durch das Versicherungswesen

Um die hier gewonnenen Erkenntnisse auf die Haftung des Betreuers sachgerecht anwenden zu können, ist es notwendig, den Aspekt des Versicherungswesens einzubeziehen. Die Möglichkeiten des Geschädigten, seinen Schaden auf einen anderen oder ein kollektives Schadenstragungssystem abzuwälzen, sind in den letzten Jahrzehnten erheblich erweitert worden.[358] Als Ursachen dafür sind

354 Vgl. Diederichsen, Deutsch-FS, S. 131.

355 Die Rechtsprechung statuiert oftmals besonders strikte Verkehrspflichten, die im Ergebnis der Auferlegung einer Gefährdungshaftung gleichkommen können. Dabei werden sogar solche Verhaltensweisen als rechtswidrig beurteilt, die von Rechts wegen durchaus erlaubt sind, wie beispielsweise der Verkauf von Feuerwerkskörper an Kinder (BGH JZ 1999, 48; ders. JZ 1999, 50). In diesen beiden Fällen hatten Händler Feuerwerkskörper an Kinder abgegeben, die sich bzw. Spielkameraden mit diesen erheblich verletzten. Bei den Feuerwerkskörpern handelte es sich um solche, die nach öffentlich-rechtlichen Maßstäben unbeschränkt an Kinder abgegeben werden durften.

356 Vgl. dazu Esser/ Schmidt, I 1, S. 129.

357 Vgl. Jansen, JZ 2002, 964, 967 f.

358 Das Verhältnis des Grundsatzes *casum sentit dominus* zur Ausnahme der Schadenszurechnung an andere als die geschädigte Person ist in der Praxis umgekehrt. Das hängt mit der Lebenseinstellung der heutigen schnelllebigen Gesellschaft zusammen, die für jeden eingetretenen Schaden einen Schuldigen sucht und die nicht bereit ist, einen eingetretenen Schaden als allgemeines Lebensrisiko hinzunehmen. Dem Träger des verletzten Rechtsguts fällt ein Schaden heutzutage nur noch sehr selten endgültig zur Last, da dieser vielfach von Versicherungen übernommen wird. Der Individualschaden wird auf diese Weise zum Sozialschaden. Vgl. dazu Deutsch, Rn. 2.

sozialpsychologische Aspekte anzusehen, wie etwa veränderte Erwartungshaltungen innerhalb der Gesellschaft, zunehmende technisch-zivilisatorische Risiken, die abnehmende Bereitschaft, Lebensrisiken und daraus resultierende Schäden als Schicksal zu akzeptieren, der Glaube an die wissenschaftlich-technische Verfügbarkeit aller Dinge sowie der umfassende Ausbau der sozialen Sicherungssysteme.[359]

Hat für den Schädiger eine Haftpflichtversicherung einzustehen, tritt mit dem Versicherungsverhältnis zwischen dem Geschädigten und dem versicherten Schädiger eine weitere Beziehung hinzu.[360] Das Konzept der Haftungsprinzipien wird so in vielfältiger Weise von kollektiven Schadensabsorptionssystemen überlagert.[361] Das kann zur Folge haben, dass von vornherein ein sozialer Schadensträger zuständig ist, der ggf. im Regressweg den individuellen Schädiger nach Maßgabe von dessen zivilrechtlicher Verantwortlichkeit in Anspruch nimmt.[362] Auch kann es sein, dass die singuläre Einstands- bzw. Haftpflicht komplett von einem Kollektiv übernommen wird, welches dann als Haftpflichtversicherer im Rahmen seines Schuldversprechens für die Schäden der Dritten aufzukommen hat.[363] Im ersten Fall ist das BGB-Haftungsrecht dann „nur" noch Regressrecht, eine Art Recht des zweiten Zugriffs, auf den häufig genug aus Praktikabilitätsgründen verzichtet wird; im zweiten Fall handelt es sich um eine Auswechselung der Schadenszuständigkeit.[364]

Der finanziellen Möglichkeit der Schadenstragung kommt in der Praxis eine starke Bedeutung zu. Sie stellt – zusammen mit dem Wert des geschädigten Guts und der Versicherbarkeit des betreffenden Risikos – ein Schadensrisiko dar.[365]

Ob der am Schädigungsvorgang nicht beteiligte Dritte, also eine Versicherung, unmittelbar dem Geschädigten für den Schaden einzustehen hat (sogenannte Schadensversicherung) oder ob er die Haftpflicht des Schädigers ablöst (sogenannte Haftpflichtversicherungen), bestimmt sich danach, welche rechtsinstrumentale Aufgabe dem Dritten im Rahmen des Haftungsrechts zukommt.[366] In der Praxis kommen als derart Belastete häufig Schadensversicherungen des Geschädigten in Betracht,[367] und zwar sowohl privatrechtliche gemäß §§ 49 ff.

359 Vgl. Marburger, S. 4.
360 Vgl. Baltzer, SGb 1987, 529.
361 Dazu grundlegend: Weyers, Unfallschäden, S. 334 ff.
362 Vgl. Esser/ Schmidt, I 1, S. 128.
363 Vgl. Esser/ Schmidt, I 1, S. 128 f.
364 Vgl. Esser/ Schmidt, I 1, S. 128 f.
365 Zur Auswirkung der versicherungsrechtlichen Absicherung des Schädigers auf sein Verantwortungsbewusstsein vgl. Eska, S. 75 ff, 102
366 Vgl. Baltzer, SGb 1987, 529, 532.
367 Dazu vgl. Baltzer, SGb 1987, 529, 532.

VVG, als auch öffentlich-rechtliche wie die gesetzliche Unfallversicherung[368] oder andere sozialrechtliche Systeme des Schadensausgleichs.[369, 370]

Mit der Inanspruchnahme und Ausgleichsleistung des Haftenden findet eine Schadensüberwälzung erster Stufe statt. Die dadurch bewirkte Belastung des Haftenden kann endgültig, die Schadensregulierung demzufolge bereits nach einem einmaligen Transfer abgeschlossen sein. Unter bestimmten Voraussetzungen ist es dem Haftenden allerdings möglich, in einer zweiten Stufe der Schadensüberwälzung nun seinerseits ein weiteres Rechtssubjekt auf Ausgleich des übergeleiteten Schadens in Anspruch zu nehmen.[371] Als Sekundärhaftende kommen ein möglicherweise vorhandener Mitschädiger oder eine zugunsten des Schädigers bestehende Haftpflichtversicherung in Betracht.

Die Frage nach der Zuweisung der Verantwortung ist zugleich die nach der Gerechtigkeit der Schadensentlastung im sozialen Zusammenleben.[372] Der Blickpunkt bei der Zuweisung der Haftung ist im ökonomischen und Versicherungssinne kollektivistisch und nachtatlich: Es wird gefragt, wer den Schaden eher oder am besten tragen kann. Diese Frage ist im Sozialversicherungsrecht anders akzentuiert als im Haftungsrecht, in welchem grundsätzlich der einzelne Haftende und dessen Interesse im Vordergrund stehen.[373]

---

368 Dazu vgl. Baltzer, SGb 1987, 529, 532.

369 Dazu vgl. Weyers, Unfallschäden, S. 345 f.; Baltzer, SGb 1987, 529, 533.

370 Zum Einfluss des Versicherungswesens, welches in das Betreuungsrecht Eingang gefunden hat vgl. Deinert/ Schreibauer, BtPrax 1993, 185. Zum Eindringen von Versicherung und Versicherungsgedanken in das Haftungsrecht vgl. Schwarting, S. 3 ff. und 115 ff.

371 Vgl. Baltzer, SGb 1987, 529, 533.

372 Vgl. Deutsch, Rn. 3.

373 Vgl. Deutsch, Rn. 3.

2. Teil: Die haftungsrechtliche Situation des Betreuers

Im folgenden wird die haftungsrechtliche Situation des Betreuers, d.h. die normativen und tatsächlichen Rahmenbedingungen seiner Haftung dargestellt. Dabei findet vor allem die Situation des ehrenamtlichen Betreuers Beachtung.

1. Kapitel: Die Haftung des Betreuers

Die Furcht vor einer möglichen Haftung bei der Übernahme und Führung einer Betreuung ist bei den Betreuern stark ausgeprägt.[374] Diese Furcht ist begründet und verständlich, wenn die gegenwärtig bestehende Haftungssituation des Betreuers betrachtet wird. Danach muss sich die Vorstellung aufdrängen, es gäbe kaum eine haftungsträchtigere Tätigkeit als die der Betreuung.[375] Dass diese Vorstellungen zutreffen, wird im Folgenden gezeigt. Der Betreuer steht in einem ständigen Spannungsfeld zwischen Nichtausschöpfung der ihm verliehenen Kompetenzen und dem ungerechtfertigten Eingriff in das Selbstbestimmungsrecht des Betreuten. Das ihm vom Gesetzgeber an die Hand gegebene Regelwerk besteht im wesentlichen aus unbestimmten Rechtsbegriffen, die seine Pflichten umschreiben.[376] Die Unsicherheit hinsichtlich des Maßstabs, welcher an das pflichterfüllende Verhalten des Betreuers angelegt wird, geht auf das Konto des Gesetzgebers, der die scharfen juristischen Strukturen des BGB oft durch wertungsleere Empathie ersetzte[377]. Die folgende Darstellung beschränkt sich aus den vielfältigen Problemkreisen innerhalb der Haftung im Betreuungsrecht auf diejenigen, die für die Haftungsrisiken des Betreuers sowie die Überschneidungen in der Haftung relevant sind.

Die möglichen Haftungstatbestände des Betreuers sind Gegenstand der folgenden Darstellung. Sie nehmen ebenso wie die Haftungsprinzipien am Zuschnitt der jeweiligen Risikozonen teil[378] und sind so für die Erarbeitung des Haftungsrisikos und dessen möglicher Einschränkung bedeutsam.

---

374 Vgl. Klie, S. 29; Bienwald, FamRZ 1987, 533, 534.
375 Vgl. Diederichsen, Deutsch-FS, S. 131, 136.
376 Vgl. Voigt, S. 2.
377 Vgl. Diederichsen, Deutsch-FS, S. 131.
378 Vgl. Esser/ Schmidt, I 1, S. 130.

A. Die Pflichtverletzung des Betreuers

Die Pflichtverletzung des Betreuers bildet das Hauptstück unter den Voraussetzungen für seine Haftung.[379] Die Pflicht, deren schuldhafte Verletzung schließlich zum Schaden führt, stellt außerdem eine wesentliche Komponente zur Risikobestimmung dar.

I. Die Pflichten des Betreuers

Es fragt sich, welche Pflichten der Betreuer bei seiner Aufgabenerfüllung wahrzunehmen hat und wann diese Pflichten haftungsrechtlich bedeutsam sind. Die Pflichten des Betreuers lassen sich in einen allgemeinen und einen besonderen (betreuungsspezifischen) Teil einteilen.

1. Der Begriff der Pflicht

Die Pflicht ist eine moralphilosophische Forderung in Bezug auf Aufgaben, in bestimmten Handlungszusammenhängen und Positionen nach festgelegten, als verbindlich geltenden Regeln zu handeln.[380] Pflichten liegen in Moral und Sitte und damit in angeeigneten Wertmaßstäben und Handlungsregeln begründet.[381] Zu einer Rechtspflicht wird diese moralphilosophische Forderung, wenn diese sich in einem Gesetz niedergeschlagen hat, d.h. von der verordnenden Instanz, dem Staat, vorgegeben ist.[382] Die Rechtspflicht ist also eine im Gesetzestext sich niedergeschlagene verbindliche Aufgabe, d.h. eine Verhaltensanforderung[383], welche die in der Norm genannte Person zu erfüllen hat.[384]

2. Die allgemeinen Pflichten

Für die im Folgenden als „allgemeine“ Pflichten bezeichneten, ist kennzeichnend, dass sie sich auf keine speziellen Rechtsinstitute beziehen und sich an

---

Die beiden Hauptmechanismen für die Präzisierung fremder Schadensabnahme sind, wie unter 1. Teil, 2. Kapitel, B I bereits erläutert, die Haftungsprinzipien sowie die Haftungstatbestände.

379 Die für den Betreuer in Betracht kommenden Haftungsnormen werden unten 2. Teil, 1. Kapitel B dargestellt.

380 Vgl. Brockhaus-Enzyklopädie, S. 66.

381 Vgl. Brockhaus-Enzyklopädie, S. 66.

382 Vgl. Brockhaus-Enzyklopädie, S. 66.

383 Vgl. Köhler, S. 46.

384 Vgl. Brockhaus-Enzyklopädie, S. 66.

keine spezielle Personengruppe richten, sondern „allgemeine Verhaltensregeln“ für jedes spezielle Rechtsgebiet, also auch für das Betreuungsrecht, bilden.

Die allgemeine Rechtspflicht, fremde Rechtsgüter (vorsätzlich oder fahrlässig) nicht zu verletzen, wird durch den Ausdruck *neminem laedere* beschrieben.[385] Es handelt sich dabei um ein allgemeines deliktisches Gebot[386], welches als Schutzobjekt die Person und das Vermögen des einzelnen schlechthin zum Gegenstand hat[387]. Pufendorf leitete aus dem obersten naturrechtlichen Grundsatz *neminem laedere* umfassende Lehren über unerlaubte Handlungen und die durch sie ausgelöste Schadensersatzpflicht ab.[388] Damit dieses allgemeine deliktische Gebot zu einer Rechtspflicht wird, muss es im Gesetz zum Ausdruck kommen.[389]

Eine Beschreibung der Verbote ist jedoch alleine wenig hilfreich; für den Betroffenen mindestens ebenso wichtig ist es, eine positive Beschreibung dessen zu bekommen, was er zu tun verpflichtet ist. Die folgende Vorgehensweise bietet allgemeine Anhaltspunkte für jede Art der Pflichtbewältigung. Es handelt sich dabei um Pflichten allgemeinster Natur, sogenannte elementare Grundschritte, welche jede Person, die eine Aufgabe wahrnimmt, betreffen:

Jedes Verhalten setzt zunächst eine *Informationsbeschaffung* voraus. Diese bezieht sich auf die zu klärende Situation – unter Berücksichtigung der vorliegenden Arbeit auf die Situation des Betreuten. Die Informationsbeschaffung bezieht sich des Weiteren auf die zur Verfügung stehenden Verhaltensmöglichkeiten für die zu handelnde Person, d.h. für den Betreuer. Dieser muss auf die festgestellte Situation reagieren. Reaktionsmöglichkeiten, d.h. Handlungsoptionen bestehen meist viele. Gegebenenfalls – wenn eine der möglichen Alternativen eine Einschaltung von Hilfspersonen zulässt – ist die Informationsbeschaffung auf die in Betracht kommende Person und ihre Zuverlässigkeit gerichtet.

Der Informationsbeschaffung schließt sich als nächster Schritt die *Beurteilung* der gesammelten Information an. Es ergeben sich in der Regel mehrere Möglichkeiten eines sich anschließenden Verhaltens.

Falls es die Situation erfordert, ist diese *Information* an die zuständigen Stellen *weiterzugeben* (Mitteilungspflicht).[390] Gegebenenfalls muss die Information der zuständigen Stelle *erläutert* werden.

---

385 Vgl. Caemmerer, S. 77.
386 Vgl. Esser/ Schmidt, I 1, S. 110; Jauernig, vor § 823, Rn. 1.
387 Vgl. Jauernig, Vor § 823, Rn. 1.
388 Vgl. Gmür/ Roth, Rn. 309: Inst. I 1, 3 und Dig. I, 1, 10, 1.
389 Vgl. oben unter 2. Teil, 1. Kapitel, A I 1.
390 Vgl. dazu BGHZ 100, 313 ff. (Hinweispflicht des Amtsvormunds gegenüber einem Dritten über die den Dritten möglicherweise schädigenden Neigungen des Mündels).

Schließlich entscheidet sich der Beurteilende für eine der möglichen Verhaltensalternativen; er trifft eine *Entscheidung*, in welche der möglichen Richtungen er sein Verhalten lenkt.

Bei den elementaren Grundschritten handelt es sich um ein Schema, welches Anhaltspunkte bietet, an Hand derer der zur Entscheidung Berufene sich orientieren kann und welches die gedanklichen Vorgänge in ihren elementaren Schritten verdeutlicht, die schließlich zum Treffen einer Entscheidung führen. Die betreuungsspezifischen Pflichten lassen sich unter einen jeden dieser Schritte einordnen.

3. Die betreuungsspezifischen Pflichten

Die Grundsätze des Betreuungsrechts, insbesondere der Grundsatz der Autonomie des Betreuten sowie der Grundsatz der persönlichen Betreuung haben im Vergleich zur Vormundschaft über Volljährige und zur Gebrechlichkeitspflegschaft eine enorm angewachsene Pflichtenvielfalt zur Folge.[391] Für den Betreuten, der vollständig oder teilweise nicht mehr in der Lage ist, seine Angelegenheiten zu besorgen, muss nicht nur die Grundversorgung sichergestellt werden, sondern seinen Wünschen und Vorstellungen muss ebenso Beachtung gezollt werden.[392]

a) Die Grundlagen der Pflichten

Die Pflichten des Betreuers ergeben sich zum einen aus dem Gesetz.[393] Zum anderen ist das Vormundschaftsgericht berechtigt, Anordnungen (Gebote sowie Verbote) auszusprechen und auf diese Weise Pflichten zu begründen.[394] Nach §§ 1837 Abs. 2, S. 1, 1908 i Abs. 1, S. 1 BGB ist das Vormundschaftsgericht verpflichtet, diejenigen Ge- und Verbote zu erlassen, die erforderlich und geeignet sind, eine Beeinträchtigung des Wohls des Betreuten abzuwenden. Die Pflicht des Betreuers gemäß §§ 1837 Abs. 2, S. 2, 1908 i Abs. 1, S. 1 BGB zum Abschluss einer Versicherung gegen Schäden, die er dem Betreuten zufügen kann, ist mittels eines Aufgebens durch das Vormundschaftsgericht beispielhaft geregelt.

391 Vgl. auch Voigt, S. 161.
392 Vgl. Voigt, S. 161.
393 Vor allem aus dem BGB, aber auch dem FGG sowie anderen Gesetzen wie beispielsweise § 181 Abs. 2 ZVG.
394 Vgl. Jürgens u.a., Rn. 252.

b) Die Verhaltensmaßstäbe

Welche Maßstäbe einer treuen und gewissenhaften Amtsführung zugrunde zu legen sind, ergibt sich aus gesetzlichen Vorschriften.[395] Jedes Verhalten des Betreuers im Rahmen seiner Amtsführung muss sich an den folgenden Kriterien messen lassen.

aa) Das Wohl des Betreuten

Entscheidendes Kriterium für die Tätigkeit des Betreuers ist das Wohl des Betreuten.[396] Gemäß § 1901 Abs. 2, S. 1 BGB hat der Betreuer die Angelegenheiten des Betreuten so zu besorgen, wie es dessen Wohl entspricht. Von diesem unbestimmten Rechtsbegriff wird die Gesamtheit der persönlichen und wirtschaftlichen Bewahrungs- und Entfaltungsinteressen erfasst. Die Grundlage bildet dabei die Erhaltung von Leben und Gesundheit, verstanden als Zustand eines vollkommenen biologischen, sozialen und psychischen Wohlbefindens[397] sowie die Entfaltung seiner Persönlichkeit[398]. Vor dem Hintergrund der Vielfalt denkbarer Persönlichkeitsstrukturen ist eine nähere Konkretisierung des Begriffs „Wohl" losgelöst vom Einzelfall nicht möglich.[399] Aus § 1901 Abs. 2, S. 2 BGB ergibt sich, dass das Wohl des Betreuten nicht allein nach objektiven Kriterien im Sinne eines „wohlverstandenen Interesses" zu ermitteln ist[400], obwohl es auf objektive Kriterien für das Wohl des Betreuten, die sich am Inhalt der Pflichten des Betreuers orientieren,[401] gleichwohl ankommt, wie bereits die Zwangsbetreuung zeigt. Gemäß § 1901 Abs. 2, S. 2 BGB gehört zum Wohl des Betreuten auch die Möglichkeit, im Rahmen seiner Fähigkeiten sein Leben nach seinen eigenen Wünschen und Vorstellungen zu gestalten. Die Einbeziehung der subjektiven Sichtweise bei der Beurteilung des Wohles ist Ausfluss des Grundsatzes der Selbstbestimmung des Betreuten. Damit soll die Beachtung ausschließlich materieller Gesichtspunkte, wie etwa die Erhaltung und Mehrung des Vermögens, verhindert werden[402], da diese nicht in jedem Fall mit dem Wohl des

---

395 Vgl. Peters, S. 357 ff.; Palandt/ Diederichsen, § 1833, Rn. 5; Erman/ Holzhauer, § 1833, Rn. 4.
396 Vgl. Schwab, Familienrecht, Rn. 822.
397 Vgl. Voigt, S. 56.
398 Vgl. Erman/ Holzhauer, § 1901, Rn. 4.
399 Vgl. Peters, S. 204; Palandt/ Diederichsen, § 1901, Rn. 4.
400 Vgl. Voigt, S. 56.
401 Vgl. dazu unter 2. Teil, 1. Kapitel, A I 3 d.
402 Vgl. Jürgens u.a., Rn. 160.

Betreuten gleichzusetzen sind[403]. Der Betreuer hat nicht die Interessen Dritter wie beispielsweise der Erben des Betreuten, sondern lediglich diejenigen des Betreuten zu verfolgen.[404] Danach kann es zum Wohle des Betreuten geradezu geboten sein, dessen Vermögen aufzubrauchen, wenn beispielsweise nur auf diese Weise ein angemessener Heimplatz sichergestellt werden kann.[405] Im Rahmen der Beachtung der subjektiven Sichtweise ist dem Betreuten grundsätzlich auch ein Recht auf Verwirrtheit[406] sowie ein solches auf unvernünftige Entscheidung[407] zuzuerkennen.

bb) Der Wunsch des Betreuten[408]

Die subjektive Betrachtungsweise im Rahmen des Wohls entspricht nahezu dem Wunschbegriff des Betreuungsrechts. Dasjenige, was der Betreute subjektiv als sein Wohl bezeichnet, gilt als sein Wunsch. Die Wunschbeachtungspflicht ist in § 1901 Abs. 3, S. 1 BGB normiert: „Der Betreuer hat Wünschen des Betreuten zu entsprechen, soweit dies dessen Wohl nicht zuwiderläuft und dem Betreuer zuzumuten ist."[409] Hier ist zwischen den Begriffen „Wohl" und „Wunsch" des Betreuten gleichwohl eine Trennung vorzunehmen. Ein Wunsch liegt bereits vor, wenn dem Betreuer bestimmte Neigungen des Betreuten durch dessen Äußerungen erkennbar werden, wobei jede Form der Äußerung ausreicht.[410] Die Beachtlichkeit des Wunsches dient dazu, über die darin enthaltene Berücksichtigung von Willens*elementen* des Betreuten dessen Selbstbestimmung so weit wie möglich aufrecht zu erhalten.[411] Für das Vorliegen eines Wunsches ist demnach keine Willens*erklärung* erforderlich.[412] Es kommt auch nicht darauf an, ob sich der Wunsch auf wichtige oder unwichtige Angelegenheiten[413] bezieht und ob er auf rationaler Grundlage basiert oder nicht[414]. Zudem ist keine

403 Vgl. Soergel/ Damrau, § 1901, Rn. 2.
404 Vgl. Jürgens u.a., Rn. 160.
405 Vgl. Peters, S. 206.
406 Vgl. Jürgens u.a., Rn. 164; Peters, S. 203, 205.
407 Vgl. OLG Frankfurt NJW 1988, 1527, 1528; Jürgens u.a., Rn. 166; Peters, S. 203.
408 Ausführlich zum Wunsch vgl. Voigt, S. 73 ff.; Coeppicus, FamRZ 1992, 741 ff.
409 Zu der Problematik, wenn der Betreute zu der Bildung eines Wunsches nicht fähig ist vgl. Voigt, S. 57 f.
410 Vgl. MüKo/ Schwab, § 1901, Rn. 6.
411 Vgl. BT-Drucks. 11/ 4528, S. 133.
412 Vgl. BT-Drucks. 11/ 4528, S. 133. So auch OLG Hamm, FamRZ 1996, 1372 f.; OLG Düsseldorf, FamRZ 1996, 1373.
413 Vgl. Damrau/ Zimmermann, § 1901, Rn. 4.
414 Vgl. Jürgens u.a., Rn. 166.

Geschäftsfähigkeit erforderlich, weil gerade der Geschäftsunfähige in seinem Selbstbestimmungsrecht geschützt werden soll.[415]

Die Pflicht zur Beachtung des Wunsches des Betreuten entzieht sich weitgehend der rechtlichen Überprüfung; es besteht – mangels Überprüfbarkeit von außen – das Risiko, dass die grundlose Nichtbeachtung der Wünsche des Betreuten folgenlos bleibt.[416] Trotzdem beinhaltet die Wunschbeachtungspflicht zumindest dogmatisch gesehen ein nicht geringes Haftungspotential, was in den Fällen der Doppelverpflichtung zum Ausdruck kommt.[417] Sowohl aus der Nichtbeachtung von Wünschen des Betreuten, als auch umgekehrt aus deren Befolgung können Schadensersatzpflichten des Betreuers entstehen,[418] die – sofern sie nach außen nachweisbar sind – Haftungsfolgen[419] nach sich ziehen können.

Eine wichtige Einschränkung der Wunschbeachtungspflicht ist in § 1901 Abs. 3, S. 1 BGB selbst enthalten: „Der Betreuer hat den Wünschen des Betreuten zu entsprechen, soweit dies dem Betreuer zuzumuten ist." Die Verwendung des unbestimmten Rechtsbegriffs der Zumutbarkeit für den Betreuer, den Wünschen des Betreuten nachzukommen, zeigt eine ideale Situation der gegenseitigen Rücksichtnahme auf[420], welche für den Betreuer jedoch nicht handhabbar ist – etwa in dem Sinne, dass er Kriterien als Grenzen der Rücksichtnahme aufgezeigt bekäme. Damit bietet diese Norm ein eindrucksvolles Beispiel dafür, dass die scharfen juristischen Strukturen des ursprünglichen BGB durch eine Fülle von wertungsleeren Verweisungen auf wechselseitige Empathie ersetzt worden sind.[421] Der Staat erhofft sich durch die Verwendung solcher Begriffe anstatt

415 Vgl. Peters, S. 209.
416 Vgl. Bienwald, Einführung, Rn. 47; Voigt, S. 162.
417 Vgl. dazu unten 2. Teil, 4. Kapitel, A II.
Beispielsweise verkauft der (geschäftsfähige) Betreute seinen Pkw an den X, der Betreuer hingegen verkauft denselben Pkw des Betreuten für den Betreuten an den Y. Der Betreute schuldet den Käufern die Übereignung des Pkw, einem der Käufer Schadensersatz wegen Nichterfüllung. Für diesen letztgenannten Schadensersatzanspruch wegen Nichterfüllung kann unter den Voraussetzungen der §§ 1833 Abs. 1, S. 1, 1908 i Abs. 1, S. 1 BGB ggf. der Betreuer haftbar gemacht werden. Seine Pflichtverletzung bestünde darin, dass er nicht den Wunsch des Betreuten ausreichend erforscht hat, denn hätte er das getan, wäre ihm nicht verborgen geblieben, dass der Betreute den Pkw lieber an X an Stelle von Y verkaufen wollte, und es wäre nicht zu dem zweiten Kaufvertrag über den Pkw mit dem Y gekommen. Diese Fälle kommen zwar praktisch selten vor, zeigen aber immerhin auf, dass die Wunschbeachtungspflicht des § 1903 Abs. 3, S. 1 BGB haftungsrechtlich bedeutsam ist.
418 Vgl. Palandt/ Diederichsen, Einf v § 1896, Rn. 16.
419 Vgl. dazu unter 2. Teil, 2. Kapitel, B.
420 Vgl. Diederichsen, Deutsch-FS, S. 131.
421 Vgl. Diederichsen, Deutsch-FS, S. 131.

derjenigen des alten Rechts, die als mit einem negativen Beigeschmack behaftet empfunden wurden, ein besseres Image.

Eine weitere Einschränkung der Wünsche des Betreuten besteht in seinen finanziellen Möglichkeiten. Der Betreuer kann auf die Wünsche des Betreuten keine Rücksicht nehmen, wenn dessen Vorstellungen nicht seinen finanziellen Möglichkeiten entsprechen.[422]

cc) Die persönliche Betreuung

Das Verhalten des Betreuers gegenüber dem Betreuten soll von dem Prinzip der persönlichen Betreuung bestimmt sein.[423] Niedergeschlagen hat sich das Prinzip u.a. in der in § 1901 Abs. 3, S. 3 BGB normierten Besprechungspflicht: „Ehe der Betreuer wichtige Angelegenheiten erledigt, bespricht er sie mit dem Betreuten." Der Betreuer muss sich, wenn er die Wünsche des Betreuten beachtet, die Kenntnis darüber verschaffen. Dieses kann er am besten, indem er sich mit dem Betreuten bespricht: Die Besprechungspflicht resultiert aus der Wunschbeachtungspflicht. Einer gesonderten Normierung hätte die Besprechungspflicht nicht bedurft. Darin zeigt sich, dass es dem Staat darauf ankam, immer wieder zu betonen, dass die Position des Fürsorgebedürftigen gestärkt werden soll. Durch die ständige Wiederholung derselben Grundsätze werden jedoch keine neuen Aussagen getroffen. Diese sind logisch auch nicht vonnöten; vielmehr werden durch Wiederholungen und unterschiedliche Formulierungen desselben Inhalts die klaren Strukturen des BGB, wie sie ursprünglich bestanden, verwischt.

dd) Die Sorgfalt im Verhalten des Betreuers

Die Haftung des Betreuers ist vom Verschuldensprinzip bestimmt.[424] Er hat in seinem Verhalten grundsätzlich sorgfältig im Sinne des § 276 Abs. 1 BGB vorzugehen.[425]

c) Der Umfang der Pflichtenausübung

Die Pflichtverletzungen eines Betreuers können in einer falschen Einschätzung des Aufgabenkreises bestehen. Es ist die Pflicht des Betreuers, seine Betreuer-

422 Vgl. LG Berlin FamRZ 2000, 1526.
423 Siehe unter 1. Teil, 1. Kapitel, B II 2.
424 Die für den Betreuer in Betracht kommenden Haftungsnormen beinhalten das Erfordernis des Verschuldens, vgl. unten 2. Teil, 1. Kapitel, B I.
425 Zur Sorgfalt vgl. unter 1. Teil, 2. Kapitel, B III 1.

kompetenz zum einen nicht zu überschreiten und zum anderen voll auszuschöpfen.[426]

Die Pflichten des Betreuers richten sich nach dem ihm übertragenen Aufgabenkreis.[427] Der Umfang des Aufgabenkreises wiederum richtet sich nach der Erforderlichkeit unter Berücksichtigung des möglicherweise absehbaren Betreuungsbedarfs und nach den gegenwärtigen, ggf. variierenden, Fähigkeiten des Betreuten. Dabei muss der Aufgabenkreis des Betreuers so konkret wie möglich angegeben werden.[428] Der Aufgabenkreis stellt für den Betreuer den Bereich der maximalen Handlungsmacht dar. Dem Aufgabenkreis kommt damit die Bedeutung zu, den maximalen Rahmen des Bereichs abzustecken, innerhalb dessen die Betreuung erfolgt.[429] Zusätzliche Begrenzung der Vertretungsmacht des Betreuers bilden vormundschaftsgerichtliche Genehmigungsvorbehalte[430] sowie der für einzelne Fälle normierte gesetzliche Ausschluss der Vertretungsmacht (vgl. §§ 1795, 1908 i Abs. 1, S. 1 BGB).

Die Ausübung der übertragenen Kompetenz richtet sich stets auch nach den aktuellen Fähigkeiten des Betreuten. Das bedeutet, dass die Pflichten des Betreuers innerhalb des Aufgabenkreises variieren können[431] und unter Umständen sogar hinter dem gesetzten Aufgabenkreis zurückbleiben: Nicht alles, was in den Aufgabenkreis fachspezifisch hineingehört, ist von der Pflicht des Betreuers umfasst. Dies ist eine Ausprägung der Rehabilitationsbemühungspflicht, die dazu führen kann, dass es zur Pflicht des Betreuers gehört, nicht den ihm übertragenen Aufgabenkreis voll auszuschöpfen, sondern den Betreuten das tun zu lassen, was dieser nach den momentanen Fähigkeiten zu tun in der Lage ist. Insofern sind die Pflichten des Betreuers gegenüber dem Betreuten zum einen von den gegenwärtigen Fähigkeiten des Betreuten und zum anderen von dem Aufgabenkreis, den vormundschaftsgerichtlichen Genehmigungsvorbehalten sowie einem gesetzlichen Ausschluss der Vertretungsmacht begrenzt.

Es bestehen besondere Schwierigkeiten für den Betreuer, in einer konkreten Situation herauszufinden, zu welchem Handeln oder Unterlassen er konkret verpflichtet sind. Dies ist auf Auslegungsdivergenzen[432] und Kompetenz-

---

426 Vgl. Diederichsen, Deutsch-FS, S. 131, 137; Palandt/ Diederichsen, Einf v § 1896, Rn. 16.

427 Vgl. Schwab, Familienrecht, Rn. 822.

428 Vgl. BayObLG, FamRZ 1994, 1059 f.

429 Vgl. Bienwald, § 1902, Rn. 17.

430 Vgl. Bienwald, § 1902, Rn. 16.

431 Vgl. Voigt, S. 52 f.

432 Die Frage, ob der Aufgabenkreis „Vermögenssorge" auch Mietangelegenheiten umfasst, wird kontrovers beurteilt. Vgl. einerseits unter Berücksichtigung der Wertung des § 1907 BGB Palandt/ Diederichsen, § 1896, Rn. 28 und andererseits BT-Drucks. 11/4528, S. 70.

ambivalenzen[433] im Betreuungsrecht zurückzuführen.[434] So erlaubt es der Aufgabenkreis „Aufenthaltsbestimmung“, die Pflege in einem Heim an Stelle der häuslichen Pflege zu wählen.[435] Übersieht der Betreuer diese Möglichkeit und kommt der Betreute zu Hause zu Schaden, ist der Betreute wegen Kompetenzunterschreitung u.U. haftpflichtig. Hat der Betreuer hingegen den Aufgabenkreis der Gesundheitsfürsorge inne und entscheidet er sich, den Betreuten in einem offenen Altenpflegeheim unterzubringen, weil die Zustände in der Wohnung des Betreuten immer unerträglicher wurden, ist er dem Betreuten u.U. haftpflichtig wegen Kompetenzüberschreitung, wenn der Betreute dadurch zu Schaden kommt.[436]

d) Der Inhalt der Pflichten

Wegen der jeweiligen Besonderheiten des Einzelfalles ist es nicht möglich, eine vollständige Aufzählung der in Betracht kommenden Pflichten eines jeden Betreuers zu geben. Das soll im folgenden auch nicht geschehen. Die im folgenden aufgezeigten Pflichten sollen in Fallgruppen die einzelnen Pflichtentypen darstellen.

Zunächst ist eine Abgrenzung vorzunehmen zwischen dem Verhalten des Betreuers, das sich unmittelbar an den Betreuten richtet und demjenigen Verhalten des Betreuers, das sich zwar auch mittelbar an ihn, aber unmittelbar an Dritte richtet.

aa) Das Verhalten unmittelbar gegenüber dem Betreuten

Gemäß § 1902 BGB vertritt der Betreuer den Betreuten in seinem Aufgabenkreis gerichtlich und außergerichtlich. Um die Aufgabe der Besorgung der Angelegenheiten sorgfältig erfüllen zu können, d.h. um den Verhaltensmaßstab herauszufinden, den er bei dem jeweiligen Betreuten anzulegen hat, benötigt der Betreuer eine Vielzahl von Informationen: Er hat herauszufinden, in welchen

433 So soll der Aufgabenkreis „ärztliche Betreuung“ den Betreuer ermächtigen, bei Vorliegen medizinischer Gründe dem Betreuten den Umgang mit seinem Vater zu verbieten, vgl. BayObLG, FamRZ 1988, 320.

434 Vgl. Diederichsen, Deutsch-FS, S. 131, 137 f.

435 So BayObLG, FamRZ 1992, 108. Vgl. dazu Klüsener/ Rausch, NJW 1993, 617, 618 f.; Sonnenfeld, FamRZ 1995, 393.

436 So LG Offenburg, FamRZ 1997, 899 sowie in einem vergleichbaren Fall OLG Hamm FamRZ 2001, 861: Antrag des Betreuers mit dem Aufgabenkreis der Gesundheitsfürsorge an das Vormundschaftsgericht, die Unterbringung des Betreuten zu genehmigen als Pflichtverletzung. Vgl. dazu Beck, BtPrax 2001, 195 ff.; Bienwald, FamRZ 2001, 863.

Lebensumständen sich der Betreute befindet, welche Angelegenheiten innerhalb des Aufgabenkreises als solche des Betreuten anzusehen sind, welche aktuellen Unfähigkeitsgrade des Betreuten vorliegen, wann eine Erledigung ansteht, in welcher Form die Angelegenheit erledigt werden kann sowie welche Wünsche der Betreute hat. Insofern hat der Betreuer zunächst und immer wieder seiner Informationspflicht[437] nachzukommen.

Innerhalb seines Aufgabenkreises hat der Betreuer gemäß § 1901 Abs. 4 BGB dazu beizutragen, dass Möglichkeiten genutzt werden, die Krankheit oder Behinderung des Betreuten zu beseitigen, zu bessern, ihre Verschlimmerung zu verhüten oder ihre Folgen zu mildern.[438]

Erkennt der Betreuer, dass seine Kenntnisse und/ oder Fähigkeiten nicht zu einer genügenden Besorgung der Angelegenheiten des Betreuten ausreichen, so hat er die Pflicht, fachkundigen Rat einzuholen. Dem Betreuer stehen vielfältige Beratungsmöglichkeiten zur Seite: Das Vormundschaftsgericht hat gemäß §§ 1837 Abs. 1, S. 1, 1908 i Abs. 1, S. 1 BGB die Pflicht, die Betreuer zu beraten.[439] Die Betreuungsbehörde hat den Betreuten zu beraten[440] oder der Betreuer kann sich ggf. bei einem Betreuungsverein Rat und Hilfe beschaffen.

Kernpflicht des Betreuers ist die Pflicht zur Besorgung der Angelegenheiten des Betreuten.[441] § 1901 Abs. 1 BGB bestimmt, dass die Betreuung alle Tätigkeiten umfasst, die erforderlich sind, um die Angelegenheiten des Betreuten rechtlich zu besorgen. Das bedeutet, dass soweit der Betreute aktuell nicht in der Lage ist, seine Angelegenheiten selbst zu besorgen, der Betreuer im Rahmen seines Aufgabenkreises dazu verpflichtet ist.[442] Um die konkreten Pflichten des Betreuten zu bestimmen, ist zu klären, was im einzelnen zu den Angelegenheiten des Betreuten zählen kann.

Als Angelegenheiten kommen rechtliche und tatsächliche, und zwar im Bereich der Personensorge als auch der Vermögenssorge in Betracht. Zu seinen Angelegenheiten zählen alle Entscheidungen und Vollzüge, die er zum Zwecke der Erhaltung des eigenen menschenwürdigen Lebens in der Gesellschaft, zur Erfüllung rechtlicher Verpflichtungen gegenüber dem Gemeinwesen und Privatpersonen, Einrichtungen und anderen Anspruchsberechtigten sowie zur

437 Vgl. Voigt, S. 69 f. : Nachforschungspflicht.
438 Vgl. dazu Bienwald, Rpfleger 2003, 229 ff.
439 A.A. Voigt, S. 68, der darin keine Pflicht des Vormundschaftsgerichts erkennt, sondern ein Recht des Betreuers sieht.
440 Vgl. Bienwald, § 4 BtBG, Rn. 12.
441 Zu den Pflichten eines Vormunds um 1900 vgl. Frohne, S. 1 ff.
442 Vgl. Voigt, S. 54; Harm, Rpfleger 1998, 89 ff.

Erfüllung sozialer und nachbarlicher Ansprüche innerhalb des Staates und der sozialen Umgebung regelmäßig oder bei Bedarf zu besorgen hat.[443]

Zu den Angelegenheiten der Personensorge zählen die Sicherstellung der personbezogenen Grundversorgung[444], die Sorge für die Gesundheit[445], die Sorge um den Wohnraum[446], die Unterbringung gemäß § 1906 Abs. 1 BGB bzw.

---

443 Vgl. Bienwald, § 1896 BGB, Rn. 74.

444 Der Betreuer hat die Grundversorgung des Betreuten sicherzustellen. Dazu gehört, dass der Betreute über Wohnraum verfügt und mit Nahrung sowie gegebenenfalls Medikamenten versorgt wird. Der Betreuer hat unter Umständen entsprechende Hilfe in den alltäglichen Dingen des Alltags des Betreuten zu organisieren, beispielsweise „Essen auf Rädern" zu bestellen oder aber eine Putzhilfe für den Wohnraum des Betreuten zu engagieren. Den persönlichen und (nicht vermögensrechtlichen) Angelegenheiten des Betreuten zuzurechnen ist auch die Geltendmachung von Sozialhilfe- oder Unterhaltsansprüchen, da sie den Zweck der Bedarfssicherung erfüllen. Vgl. dazu LG Köln, FamRZ 1998, 919 f.

445 Die Sorge für die Gesundheit des Betreuten umfasst sowohl ärztliche Maßnahmen wie eine Untersuchung des Gesundheitszustandes, eine Heilbehandlung und sonstige ärztliche Eingriffe im Sinne des § 1904 BGB, als auch die Sicherstellung, dass der Betreute seine Medikamente bekommt. Ärztliche Maßnahmen sind nur zulässig, wenn der Patient in ihre Vornahme wirksam einwilligt, nachdem er hinreichend über die Maßnahme und die mit ihr verbundenen Risiken aufgeklärt worden ist. Werden solche Maßnahmen ohne wirksame Einwilligung vorgenommen, stellen sie unter Umständen einen rechtswidrigen und strafbaren Eingriff in die körperliche Unversehrtheit des Patienten dar. Betreute als Patienten können selbst die Einwilligung erteilen, sofern sie einwilligungsfähig sind, d.h. sofern sie Art, Bedeutung und Tragweite der beabsichtigten Maßnahme erfassen und ihren Willen hiernach bestimmen können. Aus diesem Grund muss sich der Betreuer vergewissern, ob der Betreute in der konkreten Situation einwilligungsfähig ist. Hinsichtlich unterschiedlich komplizierter Maßnahmen kann die Einwilligungsfähigkeit des Betreuten in einem Fall bestehen, in einem anderen dagegen nicht. Ist der Betreute einwilligungsunfähig, hat der Betreuer nach hinreichender Aufklärung durch den Arzt über die Einwilligung in die ärztliche Maßnahme zu entscheiden. In bestimmten Fällen bedarf die Einwilligung der Genehmigung durch das Vormundschaftsgericht.
Zu den besonderen Haftungsrisiken eines Betreuers mit dem Aufgabenkreis Gesundheitssorge vgl. Martin, 1. Kapitel.

446 Der Betreuer hat die Pflicht, für Wohnraum für den Betreuten zu sorgen. Das kann beispielsweise dadurch geschehen, dass der Betreuer für den Betreuten einen Mietvertrag abschließt (§ 1907 Abs. 3 BGB) oder aber die Mietwohnung des Betreuten für ihn aufgibt (§ 1907 Abs. 1 und 2 BGB) oder aber die Entscheidung trifft, ihn zu Hause wohnen zu lassen bzw. ihn in ein Pflegeheim verbringt.
Der Aufgabenkreis „Aufenthaltsbestimmung" erlaubt, die Pflege in einem Heim an Stelle der unsicheren häuslichen Pflege zu wählen, vgl. BayObLG, FamRZ 1992, 108; Klüsener/ Rausch, NJW 1993, 617, 618 f.; Sonnenfeld, FamRZ 1995, 393. Übersieht der Betreuer diese Möglichkeit und kommt der Betreute zu Hause zu Schaden, so haftet der Betreuer unter Umständen. Hat der Betreuer jedoch, weil er

deren Beendigung[447], das Zulassen bzw. die Beendigung sonstiger freiheitsentziehender Maßnahmen gemäß § 1906 Abs. 4 i.V.m. Abs. 1 BGB[448], die Pflicht zur Beaufsichtigung[449], die Entscheidung über den Fernmeldeverkehr und die Entgegennahme von Post, § 1896 Abs. 4 BGB.

Zu den Angelegenheiten der Vermögenssorge zählen die Sicherstellung der finanziellen Grundversorgung[450], die Verwaltung des Vermögens[451] sowie der Abschluss einer Haftpflichtversicherung[452].

---

nicht wusste, wohin mit seinem Schützling und weil die Zustände in dessen Wohnung immer unerträglicher wurden, den Betreuten zwangsweise in einem offenen Altenpflegeheim untergebracht, so haftet der Betreuer unter Umständen für den daraus resultierenden Schaden, vgl. LG Offenburg, FamRZ 1997, 899.

447 Vgl. dazu Weber, S. 1 ff.; Beck, BtPrax 2001, 195.

448 Als freiheitsentziehende Maßnahmen kommen beispielsweise in Betracht: Bettgitter; Leibgurt im Bett oder am Stuhl; Festbinden der Arme und Beine; Abschließen des Zimmers oder der Station, wenn die Öffnung nicht jederzeit auf Wunsch des Bewohners gewährleistet ist; Medikamente, die in erster Linie die Ruhigstellung des Betreuten bezwecken.
Vgl. dazu auch Schumacher, S. 1 ff.; Beck, BtPrax 2001, 195 ff.

449 Der Betreuer hat die Aufsichtspflicht über den Betreuten nur dann, wenn zum Aufgabenkreis entweder die gesamte Personensorge zählt oder wenn die Beaufsichtigung des Betreuten ausdrücklich genannt ist. Vgl. dazu Jürgens u.a., Rn. 257.

450 Im Rahmen der dem Betreuer übertragenen Vermögenssorge für den Betreuten hat er die Pflicht, dafür Sorge zu tragen, dass dem Betreuten hinreichende finanzielle Mittel zur Bestreitung des Lebensunterhalts zur Verfügung stehen.
Die finanzielle Absicherung betrifft die Sorge darum, dass der Betreute Rente bzw. Unterhalt bzw. Sozialhilfe bezieht, vgl. OLG Stuttgart RdJ 1967, 192; dass. DAVorm 1966, 115 f. Die Beantragung von Sozialhilfe (vgl. LG Offenburg FamRZ 1996, 1356) bzw. das Erheben von Widerspruch gegen einen ablehnenden Sozialhilfebescheid (vgl. OLG Schleswig NJWE-FER 1997, 5.) zählt jedoch zur Personen-, nicht zur Vermögenssorge. Dabei ist der Betreuer beispielsweise dazu verpflichtet, rechtzeitig einen entsprechenden Antrag zu stellen, vgl. LG Berlin BtPrax 2001, 215. Der Betreuer ist außerdem verpflichtet, die dem Betreuten zustehenden Ansprüche wie beispielsweise auf Gewährung von Kranken-, Unfall-, Arbeiterrenten-, Angestellten- oder Arbeitslosenversicherung zu verwirklichen (vgl. dazu Feil, RdJ 1966, 204 f.).

451 Ist dem Betreuer eine Angelegenheit aus dem Bereich der Vermögenssorge übertragen, so hat er gemäß §§ 1802 Abs. 1, S. 1, 1908 i Abs. 1, S. 1 BGB ein Verzeichnis des Betreutenvermögens zu erstellen. Umstritten ist, ob dies mit Hinzuziehung eines Gegenbetreuers zu erfolgen hat (vgl. dazu einerseits Bienwald, § 1908 i BGB, Rn. 49; andererseits MüKo/ Schwab, § 1908 i, Rn. 14).
Das Betreutenvermögen ist wirtschaftlich zu verwalten. Das zum Vermögen des Betreuten gehörende Geld hat der Betreuer nach §§ 1806, 1908 i Abs. 1, S. 1 BGB verzinslich und sicher anzulegen, soweit es nicht zur Bestreitung von Ausgaben bereitzuhalten ist (vgl. dazu AG Bremen NJW 1993, 205; OLG Schleswig-Holstein,

Als sorgeübergreifende Angelegenheit ist die Prozessführung für den Betreuten anzusehen. Für den Fall, dass der Aufgabenkreis eine Prozessführung zum Gegenstand hat oder aber die Besorgung der Angelegenheiten eine solche erfordert,[453] muss der Betreuer diesen sorgfältig führen.[454] Dazu gehört

---

BtPrax 2000, 87 bzgl. der Anlage von Betreutengeld). Als Anlageformen kommen vielfältige Möglichkeiten in Betracht, über die sich der Betreuer zu informieren hat. Zur Anlage von Betreutenvermögen vgl. Fiala/ Nerb, S. 1 ff.; Klotz, S. 11 ff.; Ruffing, S. 94 ff.; DIV-Gutachten, DAVorm 1992, 1212 f.; insbesondere zur Anlage in Fonds vgl. Kussel, Handelsblatt Nr. 205 vom 22.10.1999, Seite i 10. Vgl. zur mündelsicheren Anlage um 1910: von Tarnóczy, S. 6 ff.
Auch mit anderen Vermögensobjekten des Betreuten, wie beispielsweise mit einem Grundstück, hat der Betreuer wirtschaftlich umzugehen (vgl. BGH MDR 1967, 473 bzgl. des voreiligen Verkaufs eines Hauses in Zeiten ansteigender Preise; LG Berlin FamRZ 2000, 1526 bzgl. der Pflicht, ein durch Erbgang auf den Betreuten übergegangenes Mietverhältnis zu beenden; BGH VersR 1983, 1080 f. bzgl. der Pflicht, im Rahmen der Durchsetzung von Erbansprüchen des Betreuten, ein Immobilienwertgutachten zu beanstanden, das unter Außerachtlassung des Verkehrswertes nur auf den Ertragswert abstellt; BGH FamRZ 1971, 574 ff. bzgl. der Pflicht, ein vertragliches Ablösungsrecht zu verwirklichen).
Der Betreuer hat – anders als der Vormund – nicht um jeden Preis das Vermögen des Betreuten zu mehren; es kann auch erforderlichenfalls (beispielsweise in einem Altenheim) aufgebraucht werden. Vgl. zur Bildung von Rücklagen zur Sicherung des künftigen Vergütungsanspruchs des Betreuers BayObLG, FamRZ 1998, 507 f.; OLG Düsseldorf, BtPrax 1999, 74 ff.
Das Verbot für den Betreuer, das Vermögen des Betreuers für sich oder für den Gegenbetreuer zu verwenden (§§ 1805 S. 1, 1908 i Abs. 1, S. 1 BGB, bestärkt durch §§ 1834, 1908 i Abs. 1, S. 1 BGB) sowie das eingeschränkte Verbot, Schenkungen für den Betreuten vorzunehmen (§§ 1804, 1908 i Abs. 2, S. 1 BGB) bestärken nur noch einmal, dass der Betreuer mit dem Vermögen des Betreuten sorgfältig umzugehen hat. Allgemein ist für die Beantwortung der Frage, ob eine Pflichtverletzung im Bereich der Vermögenssorge vorliegt, das Gesamtverhalten des Betreuers zu prüfen; einzelne Ausgabenposten dürfen nicht willkürlich herausgegriffen werden (vgl. Soergel/ Damrau, § 1833, Rn. 3).
Der Betreuer hat gemäß §§ 1890 S. 1, 1908 i Abs. 1, S. 1 BGB nach Beendigung seines Amtes dem Betreuten das verwaltete Vermögen herauszugeben.

452 Der Betreuer ist nicht grundsätzlich dazu verpflichtet, für den Betreuten eine Haftpflichtversicherung abzuschließen (vgl. BGH NJW 1980, 2249; BGH BB 1981, 148). Jedoch wird ein solcher Abschluss allerdings dann für erforderlich erachtet, wenn aufgrund besonderer Eigenschaften oder Lebensverhältnisse des Betreuten eine erhöhte Gefahr haftpflichtrechtlicher Inanspruchnahme besteht (vgl. Deinert/ Schreibauer, BtPrax 1993, 185, 187; BGH BB 1981, 148).

453 Vgl. zum Unterlassen einer aussichtsreichen Abänderungsklage LG Hagen, DAVorm 1971, 26 ff.; vgl. zur unterlassenen Beitreibung von Unterhalt LG Siegen, DAVorm 1988, 722 ff.

454 Vgl. OLG Schleswig-Holstein, SchlHAnz 1962, 143 f.

zunächst, dass lediglich ein aussichtsreicher Prozess zu führen ist[455], des weiteren, dass der Prozess fehlerlos geführt wird[456], ggf. ein Prozessbevollmächtigter eingeschaltet wird sowie dass Rechtsmittel bei Erforderlichkeit eingelegt werden[457] und die entsprechenden Rechtsmittelfristen gewahrt werden.

Welche Pflichten den Betreuer konkret im Einzelfall treffen, richtet sich in erster Linie nach dem Aufgabenkreis, den das Vormundschaftsgericht für den Betreuten festgelegt hat.[458] Durch diese Festlegung wird das Haftungsrisiko des Betreuers weitgehend bestimmt.[459] Den Betreuer darf sich in seiner Pflichterfüllung jedoch nicht alleine auf den ihm zugewiesenen Aufgabenkreis beschränken; seine Pflichten gehen weit darüber hinaus. Der Betreuer muss über seinen ihm zugewiesenen Aufgabenkreis ständig hinausdenken, um seine Pflichten ordnungsgemäß erfüllen zu können. Dies widerspricht der Einteilung der Bedarfsbereiche des Betreuten in Aufgabenkreise. Diese werden dem Betreuer vom Vormundschaftsgericht zur Erledigung zugewiesen. Die dadurch entstandenen augenscheinlich klar voneinander abgegrenzten Bereiche für die haftungsrechtliche Verantwortlichkeit und Nichtverantwortlichkeit des Betreuers[460] werden dadurch ad absurdum geführt. In dem Fall, in dem durch die Festlegung bestimmter Aufgabenkreise eine derartige Festlegung eindeutig erscheint, lehrt § 1901 Abs. 4, S. 1 BGB etwas anderes: Eindeutig festgelegte Konturen (durch die Einteilung der Aufgabenkreise) sind nicht wirklich eindeutig; sie werden durch gesetzliche Bestimmungen wie § 1901 Abs. 4 BGB verwischt.[461] Das ist ein weiteres Kuriosum des Betreuungsrechts. Die Funktion der Aufgabenkreise ist es gerade, dem Betreuer ein Gefühl von Sicherheit davon zu vermitteln, was er zu tun verpflichtet ist. Daran kann sich der Betreuer wie gezeigt im Zweifelsfall nicht halten bzw. darauf verlassen.

---

455 Vgl. OLG Hamburg NJW 1960, 1207 bzgl. der Führung eines aussichtslosen Prozesses: LG Aachen, DAVorm 1957/58, 186 f. bzgl. der Erfolgsaussichten einer Rechtsmitteleinlegung.

456 Vgl. OLG Stuttgart MDR 1956, 169 bzgl. der fehlerhaften Führung eines Prozesses; BGH VersR 1968, 1165 f. bzgl. des Unterlassens einer Klageerhebung vor Verjährung.

457 Vgl. dazu OLG Schleswig, FamRZ 1997, 1427 f.

458 Jedoch mit der Maßgabe, dass der Betreuer aufgabenkreisüberschneidend mitdenkt und nur auf diese Weise seinen Mitteilungspflichten (siehe unter 2. Teil, 1. Kapitel, A I 3 d bb) gerecht werden kann.

459 Zur Risikoträchtigkeit der Bestimmung des richtigen Aufgabenkreises vgl. Diederichsen, Deutsch-FS, S. 131, 137 f.

460 Vgl. Diederichsen, Deutsch-FS, S. 131, 141.

461 Vgl. dazu Diederichsen, Deutsch-FS, S. 131, 141.

bb) Das Verhalten gegenüber Dritten

Die Pflichten des Betreuers betreffen auch sein Verhalten Dritten gegenüber. Dabei handelt es sich insbesondere um zahlreiche Mitteilungspflichten, die dem Betreuer obliegen: Der Betreuer ist verpflichtet, dem Vormundschaftsgericht wesentliche Änderungen der Lebenssituation des Betreuten mitzuteilen[462]. Seine Mitteilungspflichten treffen aber auch andere Bereiche, die mit der Führung der Betreuung im Zusammenhang stehen.[463]

---

462 Es handelt sich dabei um Umstände, die
- eine Aufhebung der Betreuung ermöglichen (§ 1901 Abs. 5, S. 1 BGB);
- eine Einschränkung des Aufgabenkreises ermöglichen (§ 1901 Abs. 5, S. 2, 1. Alt. BGB);
- eine Erweiterung des Aufgabenkreises ermöglichen (§ 1901 Abs. 5, S. 2, 2. Alt. BGB);
- die Bestellung eines weiteren Betreuers erfordern (§ 1901 Abs. 5, S. 2, 3. Alt. BGB);
- die Anordnung eines Einwilligungsvorbehalts erfordern (§ 1901 Abs. 5, S. 2, 4. Alt. BGB);
- die Aufhebung des Einwilligungsvorbehalts ermöglichen (§§ 1903 Abs. 4, 1901 Abs. 4, S. 1 BGB)
- eine Einschränkung des Kreises der einwilligungsbedürftigen Willenserklärungen ermöglichen (§§ 1903 Abs. 4, 1901 Abs. 4, S. 2, 1. Alt. BGB);
- eine Erweiterung des Kreises der einwilligungsbedürftigen Willenserklärungen ermöglichen (§§ 1903 Abs. 4, 1901 Abs. 4, S. 2, 2. Alt. BGB).

Wenn der Betreuer feststellt, dass der Betreute auch in anderen als den ihn übertragenen Bereichen Unterstützung benötigt, darf er hier nicht einfach tätig werden. Er muss vielmehr grundsätzlich das Vormundschaftsgericht unterrichten und dessen Entscheidung abwarten. Lediglich in besonderen Notfällen kann und muss er als Geschäftsführer ohne Auftrag handeln.

463 Werden dem Berufsbetreuer Umstände bekannt, aus denen sich ergibt, dass der Volljährige durch eine oder mehrere andere geeignete Personen außerhalb einer Berufsausübung betreut werden kann, so hat er dies gemäß § 1897 Abs. 6, S. 2 BGB dem Vormundschaftsgericht mitzuteilen.

Beendet der Betreuer die Unterbringung oder eine sonstige freiheitsentziehende Maßnahme im Sinne des § 1906 BGB, so muss er diesen Umstand gemäß § 1906 Abs. 3, S. 2 BGB bzw. § 1906 Abs. 4 i.V.m. Abs. 3, S. 2 BGB dem Vormundschaftsgericht anzeigen.

Der Betreuer hat gemäß § 1907 Abs. 2 BGB dem Vormundschaftsgericht unverzüglich nach Kenntniserlangung diejenigen Umstände anzuzeigen, die – ohne dass es hierzu einer Willenserklärung auf Seiten des Betreuten bedarf – das Mietverhältnis beendigen können (vgl. § 1907 Abs. 2, S. 1 BGB). Der Betreute ist weiterhin zur unverzüglichen Mitteilung an das Vormundschaftsgericht verpflichtet, wenn er auf andere Wiese als durch Kündigung oder Aufhebung eines Mietverhältnisses den Wohnraum des Betreuten aufgeben will (vgl. § 1907 Abs. 2, S. 2 BGB).

In einigen Fällen mit besonderer Bedeutung für den Betreuten, ist der Entscheidung des Betreuers ein vormundschaftsgerichtliches Genehmigungsverfahren[464] oder die Genehmigung des Gegenbetreuers vorgeschaltet. In den

---

Der Betreuer hat gemäß §§ 1799 Abs. 2, 1908 i Abs. 1, S. 1 BGB dem Gegenbetreuer auf Verlangen über die Führung der Betreuung Auskunft zu erteilen und die Einsicht der sich auf die Betreuung beziehenden Papiere zu gestatten.
Der Betreuer hat gemäß §§ 1839, 1908 i Abs. 1, S. 1 BGB dem Vormundschaftsgericht auf Verlangen jederzeit über die Führung der Betreuung und über die persönlichen Verhältnisse des Betreuten Auskunft zu erteilen.
Der Betreuer hat gemäß §§ 1840 Abs. 1, 1908 i Abs. 1, S. 1 BGB über die persönlichen Verhältnisse des Betreuten dem Vormundschaftsgericht mindestens einmal jährlich zu berichten.
Der Betreuer hat über seine Vermögensverwaltung dem Vormundschaftsgericht regelmäßig nach §§ 1840 Abs. 2 und 3, 1908 i Abs. 1, S. 1 BGB bzw. nach der Beendigung seines Amtes gemäß §§ 1890 S. 1, 1908 i Abs. 1, S. 1 BGB Rechnung zu legen (gemäß §§ 1802 Abs. 1, S. 1, 1908 i Abs. 1, S. 1 BGB hat der Betreuer das Vermögensverzeichnis dem Vormundschaftsgericht einzureichen; gemäß §§ 1892 Abs. 1, 1908 i Abs. 1, S. 1 BGB hat der Betreuer die Rechnung, nachdem er sie dem Gegenbetreuer vorgelegt hat, dem Vormundschaftsgericht einzureichen).
Der Betreuer hat gemäß §§ 1894 Abs. 2, 1908 i Abs. 1, S. 1 BGB den Tod des Gegenbetreuers oder eines Mitbetreuers unverzüglich anzuzeigen.
Ist der Betreuer an der Erfüllung seiner Pflichten verhindert, so hat er dem Vormundschaftsgericht hierüber Mitteilung zu machen, so dass dieses die im Interesse des Betroffenen erforderlichen Maßregeln treffen kann. Dies ergibt sich aus dem Schluss der §§ 1846, 1908 i Abs. 1, S. 1 BGB.
Wer Betreuungen entgeltlich führt (der Berufsbetreuer), hat gemäß § 1908 k Abs. 1 BGB der Betreuungsbehörde, in deren Bezirk er seinen Sitz oder Wohnsitz hat, kalenderjährlich
1. die Zahl der von ihm im Kalenderjahr geführten Betreuungen,
2. die von ihm für die Führung dieser Betreuungen insgesamt in Rechnung gestellte Zeit,
3. den von ihm für die Führung dieser Betreuungen insgesamt in Rechnung gestellten Geldbetrag und
4. den von ihm für die Führung der Betreuungen im Kalenderjahr erhaltenen Geldbetrag mitzuteilen. Vgl. dazu Walther, BtPrax 2000, 6 ff.

Unter bestimmten Voraussetzungen hat der Betreuer eine Mitteilungspflicht gegenüber dem Arbeitgeber des Betreuten (vgl. dazu BGHZ 100, 313 ff. bzgl. der Hinweispflicht des Vormunds auf die krankhafte Neigung des Mündels zum Feuerlegen). Vgl. auch LG Frankfurt am Main FamRZ 1987, 519.

464 Eine umfassende, systematische und nach Sachgebieten geordnete Darstellung der vormundschaftsgerichtlichen Genehmigung im Betreuungsrecht bieten Labuhn u.a., Rn. 900 ff.
Ein Genehmigungserfordernis besteht insbesondere bei der Vornahme vermögenswirksamer Maßnahmen sowie der Einwilligung in einen ärztlichen Heileingriff, § 1904 BGB. Für die Vornahme einer Sterilisation ist ein besonderes Verfahren vorgesehen, § 1905 BGB. Die Genehmigungsvorbehalte sind vor allem im BGB,

entsprechenden Fällen besteht die Pflicht des Betreuers darin, zunächst eine solche Genehmigung einzuholen.

In den Fällen, in denen das Vormundschaftsgericht einen Einwilligungsvorbehalt gemäß § 1903 BGB angeordnet hat, die Wirksamkeit eines Rechtsgeschäfts des Betreuten also von der Erteilung der Einwilligung zu der Willenserklärung des Betreuten durch den Betreuer abhängt, ist es die Pflicht des Betreuers, in den entsprechenden Fällen die Einwilligung zu erteilen oder aber zu versagen, und zwar je nachdem, ob es sich dabei um ein wirtschaftliches bzw. den vernünftigen Wünschen des Betreuten entsprechendes Rechtsgeschäft handelt.

Die Hinzuziehung einer Hilfsperson, welche an Stelle des Betreuers oder zusammen mit ihm gegenüber dem Betreuten tätig wird, ist lediglich ausnahmsweise und in bestimmten Bereichen zulässig[465]. Der Grund besteht darin, dass der Betreuer vom Vormundschaftsgericht nach bestimmten Kriterien auf seine Eignung überprüft und ausgewählt wurde und damit grundsätzlich ein höchstpersönliches unübertragbares Amt innehat. Das Betreueramt als solches ist weder als Ganzes, noch in Teilen übertragbar.[466] Die Tätigkeiten, die kein persönliches Tätigwerden des Betreuers erfordern, können jedoch zur Ausübung übertragen werden.[467] In bestimmten Fällen ist der Betreuer auch verpflichtet, eine Hilfsperson einzuschalten: Für den Fall, dass die Wahrnehmung der Angelegenheiten des Betreuers eine Fachkraft erfordern und das Fachwissen beim Betreuer selbst nicht vorhanden ist, hat er die Hilfsperson nach Zuverlässigkeit auszuwählen, zu unterweisen und zu beaufsichtigen.[468] Ist die Einschaltung eines Dritten im Rahmen der Führung der Betreuung zulässig, wird im Fall der Haftung danach differenziert, ob der Betreuer die Aufgaben selbst hätte wahrnehmen können oder nicht. Hätte der Betreuer die Aufgaben selbst wahrnehmen können, so soll der eingeschaltete Dritte wie ein Erfüllungsgehilfe des Betreuers angesehen werden mit der Konsequenz der entsprechenden Anwendung des § 278 BGB.[469] Handelt es sich bei dem von dem Dritten vorgenommenen Geschäft um ein solches, das der Betreuer nicht selbst hätte wahrnehmen können, so ist er lediglich zur sorgfältigen Auswahl und Überwachung

aber auch in anderen Gesetzen geregelt, beispielsweise die Pflicht zur Einholung einer vormundschaftsgerichtlichen Genehmigung bei einem Antrag des Betreuten auf Anordnung der Zwangsvollstreckung, § 181 Abs. 2 ZVG.

465 Vgl. dazu Bienwald, BtPrax 2003, 158 ff.

466 Vgl. RGRK/ Dickescheid, § 1793, Rn. 15 ff.; Soergel/ Damrau, § 1793, Rn. 8.

467 Vgl. Staudinger/ Engler, § 1833, Rn. 25.

468 Vgl. Deinert/ Schreibauer, BtPrax 1993, 185, 186.

469 Vgl. MüKo/ Schwab, § 1833, Rn. 7; Gernhuber/ Coester-Waltjen, S. 784.

des Dritten verpflichtet.[470] Dies ist beispielsweise bei der Zuziehung eines Arztes oder eines Rechtsanwalts der Fall. Für diese Differenzierung spricht, dass der Betreuer dort, wo er auch selbst tätig werden könnte, den Dritten tatsächlich wie einen Erfüllungsgehilfen in seinem Geschäftsbereich einsetzt.[471]

Endet die Betreuung durch den Tod des Betreuten, so hat der Betreuer gemäß §§ 1698 b, 1893 Abs. 1, 1908 i Abs. 1, S. 1 BGB die Geschäfte, die nicht ohne Gefahr aufgeschoben werden können, zu besorgen, bis der Erbe anderweitig Fürsorge treffen kann.[472]

Nach der Beendigung seines Amtes hat der Betreuer gemäß §§ 1893 Abs. 2, S. 1, 1908 i Abs. 1 S. 1 BGB die Bestallung dem Vormundschaftsgericht zurückzugeben.[473]

e) Zwischenergebnis

Jenseits von allen gesetzlichen Regelungen und juristischen Spitzfindigkeiten stellt sich für jeden Betreuer täglich neu die Frage, in welchem Umfang er einen offensichtlichen Bedarf des Betreuten an Hilfe und Unterstützung eigentlich zurückweisen soll, weil dieser nicht von seinen Aufgaben umfasst ist oder welche mitmenschliche Hilfsbereitschaft ohne Frage nach dem Rechtsgrund er zupackend erledigen soll. Welcher Betreuer wird den überquellenden Mülleimer stehen lassen, das geöffnete Fenster bei einsetzendem Regen nicht schließen oder den Betreuten bei schlimmen Nachrichten nicht zu trösten versuchen, ohne zu fragen, ob dies gesetzlich geboten oder zumindest erlaubt ist. Schließlich bringt das Leben täglich neue Situationen mit sich, an die kein Gesetzgeber und kein Vormundschaftsgericht gedacht hätte. Es gehört zu den täglichen Erfahrungen, dass sich das menschliche Leben nicht bis in die feinsten Verästelungen aller denkbaren Umstände regeln und vorbestimmen lässt.[474] Dem einzelnen Betreuer wird ein Höchstmaß an Einfühlungsvermögen, Zeit und Verantwortung abverlangt.[475] Dies soll den Betreuer aber nicht schrecken, sondern sein Bewusstsein von der Unzulänglichkeit aller Regeln stärken.[476]

470 Vgl. MüKo/ Schwab, § 1833, Rn. 7
471 Vgl. auch Große-Boymann, S. 30.
472 Dazu Spranger, BtPrax 1999, 174 ff.
473 Zur (landesrechtlich geregelten) Bestattungspflicht des Betreuers sowie zur Pflicht des Betreuers, nach dem Tode des Betreuten unaufschiebbare Geschäfte zu besorgen, weil und solange der Erbe daran gehindert ist (§§ 1698 b, 1893 Abs. 1, 1908 i Abs. 1, S. 1 BGB) vgl. Bienwald, BtPrax 2000, 107 ff.
474 Vgl. zu alledem Jürgens, BtPrax 1998, 129, 130.
475 Vgl. Voigt, S. 162.
476 Jürgens, BtPrax 1998, 129, 130.

4. Die Besonderheiten für Familienangehörige als Betreuer

Familienangehörige, die als Betreuer tätig sind, werden im Vergleich zu den übrigen Betreuern privilegiert. Dies ergibt sich aus der Bestimmung des § 1908 i Abs. 2, S. 2, welche auf § 1857 a BGB verweist. § 1857 a BGB ist auf Angehörige als Betreuer sinngemäß anzuwenden, soweit das Vormundschaftsgericht nicht etwas anderes vorschreibt und verweist auf §§ 1852 Abs. 2, 1853 und 1854 BGB, in denen einige Befreiungen hinsichtlich Genehmigungen, Hinterlegung, Sperrvermerken sowie von der Rechnungslegung vorgesehen sind. Im Verhältnis der Eltern zu ihren Kindern beruht dies auf der Erwägung des Gesetzgebers, dass Eltern bei ihren Handlungen das Wohl ihrer Kinder grundsätzlich nach bestem Wissen und Gewissen im Auge haben.[477]

II. Die Verletzung einer Pflicht

Damit es zu einem Haftungsfall kommt, in welchem sich ein Haftungsrisiko verwirklicht hat, muss der Haftpflichtige eine Pflicht verletzt haben. Eine Pflichtverletzung liegt in jeglichem Verstoß gegen das Gebot treuer und gewissenhafter Amtsführung.[478] Je nach dem Inhalt der Pflicht kann das die Pflicht verletzende schädigende Verhalten in einem Tun (in Form von fehlerhafter Wahrnehmung der Betreueraufgaben) oder in einem Unterlassen (in Form von Nichtausschöpfen der Betreuerkompetenz) bestehen. Das Tun umfasst ein fehlerhaftes Handeln bzw. ein Tätigwerden, das anders hätte ausgeübt werden oder unterbleiben müssen. Darunter fällt beispielsweise die Anlage von Betreutengeld mit zu geringem Zinssatz. Das Unterlassen umfasst ein fehlendes erforderliches Handeln; ein erforderliches Tätigwerden ist unterblieben. Darunter fallen beispielsweise das Nichtveranlassen einer ärztlichen Versorgung des Betreuten durch den Betreuer oder aber das Unterlassen der Beantragung von Sozialhilfe.

Als Grund für eine Pflichtverletzung ist eine bewusste Nichtbeachtung denkbar; der Betreuer unterlässt beispielsweise das Tätigwerden für den Betreuten, weil eigene Geschäfte drängen[479]. Praktisch viel häufiger sind jedoch die Fälle, in denen die Pflichtverletzung auf eine fahrlässige Unkenntnis des Betreuers bzw. auf eine Fehlinterpretation seinerseits zurückzuführen ist.

477 Vgl. Palandt/ Diederichsen, 54. Auflage (1995), Einf v § 1852, Rn. 1.
478 Vgl. MüKo/ Schwab, § 1833, Rn. 4; Meier, BtPrax 1999, 57.
479 Vgl. KG OLGE 4, 414.

B. Die Anspruchsgrundlagen für eine Haftung des Betreuers

Die Haftung des Betreuers erfordert immer einen Haftungstatbestand, der in einer Haftungsnorm niedergelegt ist. Der Betreuer kann sowohl der Haftung gegenüber dem Betreuten, als auch gegenüber Dritten ausgesetzt sein. Die folgende Darstellung hat die einzelnen Anspruchsgrundlagen zum Inhalt.[480]

I. Die Haftung gegenüber dem Betreuten

1. Die Anspruchsgrundlage der §§ 1833 Abs. 1, S. 1, 1908 i Abs. 1, S. 1 BGB

§ 1833 Abs. 1, S. 1 BGB ist über die Verweisung in § 1908 i Abs. 1, S. 1 BGB die zentrale Anspruchsgrundlage im Haftungssystem des Betreuungsrechts. Danach ist der Betreuer dem Betreuten für den aus einer Pflichtverletzung entstehenden Schaden verantwortlich, wenn ihm ein Verschulden zur Last fällt. Die Haftungsnorm richtet sich an jeden Betreuertyp. Diese Haftung hat ihren Grund in der Übernahme des Amtes und der besonderen Schutzbedürftigkeit des Betreuten.

Der Anspruch aus §§ 1833 Abs. 1, S. 1, 1908 i Abs. 1, S. 1 BGB besteht auch dann, wenn die Betreuung aufgehoben wurde, weil ihre gesetzlichen Voraussetzungen nicht vorlagen[481] und auch bei bloßer Untauglichkeit des Betreuers, nicht dagegen, soweit er zur Übernahme der Betreuung unfähig war.[482]

Die Rechtsprechung hat die hohen Sorgfaltsanforderungen des § 276 BGB für den Betreuer eingeschränkt: Bei der Beurteilung der Frage, ob der Betreuer fahrlässig gehandelt hat, sei zu berücksichtigen, welche Sorgfalt in den Lebenskreisen, denen der Betreuer angehört, geübt werde und billigerweise in diesen Kreisen auch nur erwartet werden könne.[483] Die Erforderlichkeit der Sorgfalt werde individuell nach dem Lebenskreis ausgerichtet, dem der Betreuer angehört.[484] Die Gerichte entfernen sich damit von dem objektiven Maßstab des

480 Damit letztlich eine Haftung bejaht werden kann, müssen die sonstigen Voraussetzungen der jeweiligen Haftungsnorm erfüllt sein. Diesbezüglich gelten die allgemeinen Regeln, für die keine betreuungsspezifischen Besonderheiten Platz greifen, so dass auf deren Darstellung verzichtet werden kann.

481 Vgl. RGZ 84, 92.

482 Vgl. Palandt/ Diederichsen, § 1833, Rn. 2; a.A. Wolf, S. 32.

483 Vgl. RG JW 11, 1016; BGH FamRZ 1964, 199, 200; OLG Schleswig FamRZ 1997, 1427; Palandt/ Diederichsen, § 1833, Rn. 8.Erman/ Holzhauer, § 1833, Rn. 4.

484 Vgl. Palandt/ Diederichsen, § 1833, Rn. 8; OLG Schleswig FamRZ 1997, 1427.

§ 276 BGB[485] und nähern sich dem subjektiven Maßstab des § 277 BGB[486] an.[487]

Eine vom Betreuer geltend gemachte Arbeitsüberlastung[488], Unsicherheit oder das Gefühl der Überforderung gelten nicht als Entschuldigungsgrund.[489]

Problematisch ist die haftungsentlastende Wirkung einer Genehmigung des Vormundschaftsgerichts.[490] Der Betreuer darf sich grundsätzlich nicht vorbehaltlos auf eine solche verlassen.[491] Ausnahmen bestehen lediglich bei einer Rechtsauskunft durch das Vormundschaftsgericht, bei einer vormundschaftsgerichtlichen Genehmigung, wenn das Vormundschaftsgericht umfassend Kenntnis von dem der Genehmigung zugrundeliegenden Sachverhalt hat sowie bei Anweisungen des Vormundschaftsgerichts.[492]

Grundsätzlich haftet der Betreuer nur für sein eigenes Verschulden. Dieses kann die Führung der Betreuung betreffen, sich aber auch auf die Auswahl oder das Überwachen einer Hilfsperson beziehen. Ob der Betreuer ausnahmsweise das Verschulden Dritter, sogenannter Hilfspersonen, zu vertreten hat, ist problematisch: Dem Betreuer ist es nicht möglich, das Amt des Betreuers auf

485 Vgl. Palandt/ Heinrichs, § 276, Rn. 15.
486 Vgl. Palandt/ Heinrichs, § 277, Rn. 5.
487 Vgl. Wolf, S. 70.
Dabei ist jedoch die Tendenz zu erkennen, dass die Amtsvormünder wesentlich höheren Sorgfaltsanforderungen genügen müssen als die natürlichen Personen (Wolf, S. 70). Das ist auch geboten, da die Amtsvormünder ihre Tätigkeit als Beruf ausführen.
Zur Übernahme der Betreuung besteht eine Pflicht, § 1898 Abs. 1 BGB. Außerdem wird die Betreuung von den Angehörigen meist unentgeltlich geführt. Diese beiden Argumente unterstützen das Haftungsprinzip *„cuius commodum, eius periculum*".
Darüber hinaus könnte ein zu strenger Haftungsmaßstab dazu führen, dass die Bereitschaft in der Bevölkerung, Betreuung zu übernehmen, noch mehr schwindet, als das bisher der Fall ist (Wolf, S. 72). Die Furcht vor Haftung lässt keinen Mut zum Handeln oder Unterlassen aufkommen (so Bienwald, FamRZ 1987, 533, 534).
488 Vgl. dazu KG, DAVorm 1975, 439 ff.; OLG Stuttgart, DAVorm 1966, 115 f.
489 Vgl. BGH FamRZ 1983, 1220; Hamm FamRZ 1995, 696 bzgl. der Nachlasspflegschaft; Palandt/ Diederichsen, § 1833, Rn. 8; Erman/ Holzhauer, § 1833, Rn. 4.
490 Vgl. dazu OLG Hamm RdL 2001, 180 ff. Der Betreuer überschritt die Kompetenzen des ihm gegebenen Aufgabenkreises, der auf Gesundheitssorge, Vermögenssorge sowie Regelung von Wohnungs- und Erbangelegenheiten lautete, indem er die vormundschaftsgerichtliche Genehmigung einer Unterbringung für den Betreuten beim Vormundschaftsgericht beantragte, wobei er sich auf die ärztlicherseits mitgeteilte stationäre Behandlungsbedürftigkeit des Betreuten berief. Diesem Antrag wurde entsprochen; gehaftet hat allerdings nicht das Vormundschaftsgericht, sondern der Betreuer.
491 Vgl. Wolf, S. 79 ff. m.w.N.
492 Vgl. Wolf, S. 82 ff.

einen anderen zu übertragen.[493] Es ist ihm aber gestattet und teilweise ist er auch verpflichtet, sich bei der Erfüllung einzelner Angelegenheiten, die nicht seiner persönlichen Erledigung bedürfen, fremder Hilfe zu bedienen. Sofern der Betreuer Dritte mit der Erledigung von Aufgaben betreut, ist zu unterscheiden, ob diese Aufgabenübertragung unzulässig, zulässig oder unerlässlich war.

War die Heranziehung eines Dritten unzulässig, haftet der Betreuer dem Betreuten gegenüber für jeden Schaden, den die Hilfsperson verursacht hat gemäß §§ 1833 Abs. 1, S. 1, 1908 i Abs. 1, S. 1 BGB, ohne dass es auf ein Verschulden der Hilfsperson ankommt.[494] Der den Betreuer treffende Vorwurf liegt darin, dass er eine Angelegenheit des Betreuten, welche seiner persönlichen Erledigung bedurft hätte, auf einen Dritten übertragen hat.

War die Heranziehung zulässig, d.h. durfte die Betreueraufgabe zwar auf eine kompetente Hilfsperson übertragen werden, war der Betreuer aber auch selbst befugt, diese Aufgabe wahrzunehmen, ist umstritten, ob der Betreuer nur eigenes Verschulden zu vertreten hat (wie Auswahlverschulden, *culpa in eligendo,* und Überwachungsverschulden, *culpa in custodiendo*)[495] oder ob er gemäß § 278 BGB für ein Verschulden des ausübenden Dritten einstehen muss.[496] Für die zweite Ansicht spricht das Haftungsprinzip *cuius commodum, eius periculum*: Der Betreuer genießt durch das Einschalten der Hilfsperson den Vorteil, dass er die betroffene Tätigkeit nicht selber wahrnimmt. Die Verantwortung dafür zu übernehmen, wenn die Hilfsperson bei dem Betreuten einen Schaden eintreten lässt, ist der damit einhergehende Nachteil.[497] Zum anderen macht § 664 BGB die Tendenz deutlich, die das Gesetz verfolgt, wenn es um die Einschaltung von Hilfspersonen innerhalb besonderer Vertrauensverhältnisse geht[498]: Bei der Delegation von Aufgaben haftet der Beauftragte gemäß § 664 Abs. 1, S. 3 BGB nach § 278 BGB. Diese gesetzliche Wertung lässt sich auf die Betreuung übertragen. Ein besonderes Vertrauensverhältnis zwischen dem Betreuer und dem Betreuten besteht sogar in höherem Maße als im Auftragsrecht. Der Betreuer hat wegen der ihm zustehenden Rechte über die Sorge des Betreuten einen Einfluss

493 Dass der Betreuer in bestimmten Bereichen keinen Dritten mit der Wahrnehmung beauftragen darf, ist schon unter Berücksichtigung der Tatsache einleuchtend, dass das Vormundschaftsgericht für die Auswahl der zur Erledigung dieser Aufgaben bestimmten Person ein Verfahren mit besonderen Kriterien bereithält, wonach es sich vorbehält, unzuverlässige oder ungeeignete Personen nicht zu berücksichtigen.

494 Vgl. MüKo/ Schwab, § 1833, Rn. 7; Staudinger/ Engler, § 1833, Rn. 2; Gernhuber/ Coester-Waltjen, § 71 V 3.

495 Vgl. Soergel/ Damrau, § 1833, Rn. 5; Staudinger/ Engler, § 1833, Rn. 25, 40; Erman/ Holzhauer, § 1833, Rn. 4; Palandt/ Diederichsen, § 1793, Rn. 17.

496 Vgl. MüKo/ Schwab, § 1833, Rn. 7; RGZ 76, 185; Wolf, S. 62.

497 Dazu siehe insbesondere unter 1. Teil, 2. Kapitel, B III 2.

498 Vgl. Schreiber, AcP 178, 533, 542.

auf den Betreuten. Deshalb werden an den Betreuer besondere Voraussetzungen hinsichtlich seiner Zuverlässigkeit gestellt. Außerdem zieht das Gesetz in §§ 1835 Abs. 1, 1908 i Abs. 1, S. 1 BGB selbst Parallelen zum Auftragsrecht und zeigt so den geschäftsbesorgungsähnlichen Charakter der betreuerischen Tätigkeit auf.[499]

War die Übertragung der Betreueraufgabe auf eine andere Person unerlässlich oder dem Betreuer die persönliche Erledigung nicht zuzumuten, d.h. handelte es sich bei dem Geschäft um ein solches, welches der Betreuer nicht selbst vornehmen konnte und durfte, wie beispielsweise Tätigkeiten eines Arztes, des Heimpersonals oder eines Rechtsanwalts, hat der Betreuer lediglich Aufsichts- und Überwachungsverschulden zu vertreten.[500]

Die Haftung dauert vom Beginn der Bestellung zum Betreuer an bis zur Beendigung der Betreuung bzw. bis zum Ende des Amtes[501], bei Fortführung der Geschäfte nach § 1893 BGB (ebenso wie bei den Eltern nach §§ 1698 a, 1698 b BGB) sogar darüber hinaus. Dies gilt auch, wenn trotz der Beendigung der Betreuung alle Beteiligten so tun, als ob die Betreuung fortbestünde.[502]

2. Die Staatshaftung

Nach der derzeitigen Rechtslage[503] übt der Betreuer, der nicht Behördenbetreuer oder die Betreuungsbehörde selbst ist,[504] kein öffentliches Amt im Sinne von Art. 34 GG mit der Folge der Staatshaftung aus.[505] Die dem Betreuer gegenüber dem Betreuten obliegenden Pflichten sind grundsätzlich keine Amtspflichten mit der Bedeutung, dass der Betreuer Beamter im haftungsrechtlichen Sinn des § 839 BGB wäre.[506] Auch als Grundlage einer persönlichen Haftung scheidet § 839 BGB aus, weil der Betreuer nicht Beamter im staatsrechtlichen Sinn ist.[507] Konsequenterweise ist es nach der derzeitigen Gesetzeslage auch ausgeschlossen, den Betreuer als Erfüllungsgehilfen des Staates bei dessen sozialstaatlicher

---

499 Zu alledem Schreiber, AcP 178, 533, 542.
500 Vgl. MüKo/ Schwab, § 1833, Rn. 6.
501 Vgl. Palandt/ Diederichsen, § 1833, Rn. 7.
502 Vgl. RG JW 1938, 3116; Palandt/ Diederichsen, § 1833, Rn. 7.
503 Vgl. jedoch die Anregung von Pardey, FamRZ 1989, 1030 ff.
504 Zur Haftung des Amtsvormunds, die auf den Behördenbetreuer sinngemäß angewendet werden kann, vgl. Große-Boymann, S. 67 ff.
505 Vgl. MüKo/ Schwab, § 1833, Rn. 2; Soergel/ Damrau, § 1833, Rn. 1 f; Erman/ Holzhauer, § 1833, Rn. 1.
506 Vgl. Erman/ Holzhauer, § 1833, Rn. 1.
507 Vgl. Erman/ Holzhauer, § 1833, Rn. 1.

Aufgabe der Fürsorge für Betreute anzusehen und analog § 278 BGB zu einer Staatshaftung für Schädigungen durch den Betreuer zu gelangen.[508]

Für den Behördenbetreuer oder die Betreuungsbehörde als Betreuer kommt eine Haftung wegen einer Amtspflichtverletzung des Betreuers gemäß § 839 BGB i.V.m. Art. 34 GG in Betracht.[509]

3. Die Anspruchsgrundlage der §§ 280 Abs. 1, 241 Abs. 2 BGB

Der Betreuer hat gemäß §§ 280 Abs. 1, 241 Abs. 2 BGB nach den Grundsätzen der positiven Vertragsverletzung für Schädigungen des Betreuten nicht einzustehen.[510] Für eine Anwendung dieser Regeln ist nur Raum, soweit spezielle Regelungen für in Frage stehende Verletzungen eines Schuldverhältnisses fehlen. Eine solche Regelung ist mit §§ 1833 Abs. 1, S. 1, 1908 i Abs. 1, S. 1 BGB für den Bereich des Betreuungsrechts aber vorhanden; diese Vorschrift ist Ausdruck des durch die Betreuung begründeten gesetzlichen Schuldverhältnisses.[511] Gegenüber einer Haftung gemäß §§ 280 Abs. 1, 241 Abs. 2 BGB ist die Haftung gemäß §§ 1833 Abs. 1, S. 1, 1908 i Abs. 1, S. 1 BGB die speziellere Regelung.[512]

4. Die deliktsrechtlichen Anspruchsgrundlagen

Eine Schadensersatzpflicht des Betreuers aus §§ 823 ff. BGB kann neben die Haftung aus §§ 1833 Abs. 1, S. 1, 1908 i Abs. 1, S. 1 BGB treten.[513] Unerlaubte Handlungen können zugleich Verletzungen der Betreuerpflichten darstellen und so auch den Tatbestand der §§ 1833 Abs. 1, S. 1, 1908 i I 1 BGB erfüllen.[514] Als Anspruchsgrundlagen für den Betreuten kommen insbesondere § 823 Abs. 1 BGB sowie § 823 Abs. 2 BGB in Verbindung mit den jeweils einschlägigen Normen des StGB (beispielsweise § 229 StGB) sowie § 826 BGB in Betracht.

---

508 Es ist jedoch nicht zu übersehen, dass die Betreuung in ihren unterschiedlichen Formen der Ausgestaltung der Ausübung öffentlicher Gewalt näher steht als einem Privatrechtsverhältnis. Zur Staatshaftung für Betreuer vgl. Pardey, FamRZ 1989, 1030 ff.; Riedl, S. 58 ff. und 98 ff.

509 Vgl. BGH, FamRZ 1983, 1220; BGHZ 100, 313.

510 Dazu Schreiber, AcP 178 (1978), 533, 540.

511 Vgl. BGHZ 17, 108, 116.

512 Vgl. Damrau/ Zimmermann, § 1833, Rn. 13.

513 Dazu Schreiber, AcP 178 (1978), 533, 540.

514 Dazu Schreiber, AcP 178 (1978), 533, 540.

5. Die Anspruchsgrundlage des § 253 Abs. 2 BGB

Der dem Betreuten gegen den Betreuer möglicherweise zustehende Schmerzensgeldanspruch ergibt sich aus § 253 Abs. 2 BGB.

6. Die Anspruchsnormenkonkurrenz

Eine Pflichtverletzung des Betreuers im Sinne der §§ 1833 Abs. 1, S. 1, 1908 i Abs. 1, S. 1 BGB kann gleichzeitig eine solche im Sinne des § 823 Abs. 1 BGB bedeuten. Beide Anspruchsgrundlagen bestehen nebeneinander.[515] Sie sind in ihrer Ausgestaltung jedoch unterschiedlich.

Die Haftung gemäß §§ 1833 Abs. 1, S. 1, 1908 i Abs. 1, S. 1 BGB ist für den Betreuer als Anspruchsgegner strenger als die nach der deliktsrechtlichen Haftung gemäß § 831 Abs. 1 BGB. Die Anspruchsgrundlage der §§ 1833 Abs. 1, S. 1, 1908 i Abs. 1, S. 1 BGB im Fall des Herbeiziehens einer Hilfsperson stellt den Betreuten hinsichtlich seiner prozessualen Stellung günstiger, als wenn ihm lediglich die Anspruchsgrundlage des § 831 Abs. 1 BGB zusteht. Während im Rahmen des § 831 Abs. 1 BGB dem Betreuer der Entlastungsbeweis des § 831 Abs. 1, S. 2 BGB zusteht, ist ihm, falls er aus §§ 1833 Abs. 1, S. 1, 1908 i Abs. 1, S. 1 BGB in Anspruch genommen wird, diese Möglichkeit genommen.

Diese Situation ist nach den Grundsätzen der Anspruchsnormenkonkurrenz zu lösen.[516] Problematisch ist, ob die beiden Anspruchsgrundlagen, die beide auf demselben Sachverhalt beruhen, nebeneinander und unabhängig voneinander bestehen oder ob sich die Anspruchsgrundlagen gegenseitig beeinflussen – etwa in der Weise, dass die Besonderheiten der spezielleren Anspruchsgrundlage auf die allgemeinere Anspruchsgrundlage durchgreifen, so dass die Besonderheiten der spezielleren Anspruchsgrundlage nicht durch Berufung auf die allgemeinere Anspruchsgrundlage übergangen werden können.[517]

II. Die Haftung des Betreuers gegenüber Dritten

1. Die Haftung für Schäden, die der Betreuer im Rahmen der Betreuung Dritten zufügt

Eine Haftung des Betreuers gegenüber Dritten besteht nach den allgemeinen Grundsätzen.

515 Vgl. Gernhuber/ Coester-Waltjen, § 71 V 1, S. 1177 f.
516 Vgl. dazu Georgiades, S. 167 ff.
517 Vgl. dazu Georgiades, S. 167 ff.

Gegen den Betreuer können Ansprüche aus unerlaubter Handlung gemäß §§ 823 ff. BGB erhoben werden.[518]

Da der Betreuer gesetzlicher Vertreter des Betreuten ist (§ 1902 BGB), wird der Betreute aus Rechtsgeschäften, die der Betreuer für ihn mit einem Dritten tätigt, berechtigt und verpflichtet. Ist das rechtsgeschäftliche Handeln von der Vertretungsmacht des Betreuers jedoch nicht gedeckt, entfaltet es für und gegen den Betreuten keine Wirkung. Für trotz fehlender Vertretungsmacht vorgenommene Rechtsgeschäfte gelten die §§ 177 ff. BGB[519] In diesen Fällen kommt eine Haftung des Betreuers als Vertreter ohne Vertretungsmacht gemäß § 179 Abs. 1 BGB in Betracht. Die Vertretungsmacht fehlt, wenn der Betreuer nicht innerhalb seines Aufgabenkreises gehandelt hat.

Der Grundsatz, dass der Betreute für ein Verschulden des Betreuers bei Vertragsschluss, die sogenannte *culpa in contrahendo* gemäß §§ 311 Abs. 2 Nr. 2, 280 Abs. 1, 241 Abs. 2 BGB haftet, wird durch zwei Ausnahmen, die Fälle der sogenannten Sachwalterhaftung, durchbrochen.[520] Der Betreuer ist danach verantwortlich, wenn er am Vertragsschluss ein unmittelbares eigenes wirtschaftliches Interesse hat[521] oder wenn er ein besonderes Vertrauen des Geschäftspartners in seine eigene Person in Anspruch genommen hat.[522] Ein die Eigenhaftung begründendes unmittelbares wirtschaftliches Interesse ist dann gegeben, wenn der Betreuer aus dem Geschäft persönlichen Nutzen zu erreichen sucht.[523] Nur wenn der Betreuer als eigentlicher wirtschaftlicher Interessenträger anzusehen ist[524] und dem Verhandlungspartner als „Quasi-Geschäftspartner" gegenübertritt, lässt sich ein die Eigenhaftung begründendes unmittelbares wirtschaftliches Interesse des Betreuers annehmen.[525]

518 Vgl. Bauer/ Knieper, BtPrax 1998, 123 ff.; dies., BtPrax 1998, 168 ff.

519 Vgl. Palandt/ Diederichsen, § 1794, Rn. 1; § 1795, Rn. 16, § 181, Rn. 15.

520 Vgl. Palandt/ Diederichsen, Einf v § 1896, Rn. 17; Wolf, S. 136; anders Ballerstedt, AcP 151, 501, 525 ff., der die Grundsätze der *culpa in contrahendo* als Haftungsgrundlage grundsätzlich für den Betreuer heranzieht.

521 Grundlage ist der in § 242 BGB niedergelegte Grundsatz von Treu und Glauben. Danach muss es dem Betreuer, der einen für den anderen Teil schädlichen Fehler begangen hat, verwehrt sein, sich darauf zu berufen, hierfür rechtlich nicht zuständig zu sein, wenn er in seiner Eigenschaft als Vertreter gleichsam in eigener Sache tätig geworden ist (vgl. Wolf, S. 133).

522 Vgl. RGZ 132, 76, 81; BGHZ 14, 313, 318; 56, 81, 83; BGH NJW 1988, 2234; BGH NJW 1990, 506; BGH WM 1995, 298, 299; Jürgens u.a., Rn. 259.

523 Vgl. BGH WM 1967, 121, 123; BGH NJW 1988, 2234.

524 Vgl. RGZ 120, 249, 253.

525 Vgl. Palandt/ Heinrichs, § 276, Rn. 96; Palandt/ Diederichsen, Einf v § 1896, Rn. 17; BGH NJW 1995, 1213.

Der Betreuer ist ferner dann verantwortlich, wenn er in besonderem Maße das Vertrauen des Geschäftsgegners in seine eigene Person in Anspruch genommen und dadurch die Vertragsverhandlungen beeinflusst hat.[526] Das Haftungsprofil für die Eigenhaftung des Betreuers als Vertreter wegen der Inanspruchnahme besonderen persönlichen Vertrauens gegenüber dem Vertragspartner des Betreuten wird vom BGH deutlich entwickelt:[527] Dass das Amt des Betreuers durch staatlichen Hoheitsakt begründet wird und dass der Betreuer in besonderer Weise auf das Wohl des Betreuten verpflichtet wird, hat keine die Vertrauenshaftung auslösende oder verstärkende Wirkung.[528] Das Vormundschaftsgericht muss sich bei der Auswahl und Bestellung des Betreuers einzig vom Interesse und Wohl des Betreuten leiten lassen.[529] Das Verfahren der Betreuerbestellung entfaltet grundsätzlich keine drittschützende Wirkung, sondern ist ausschließlich nach dem Interesse des Betreuten ausgerichtet. Es ist nicht einzusehen, warum die Betreuerbestellung im Gegensatz zu den übrigen Fällen der Sachwalterhaftung eine Herabsetzung der Anforderungen rechtfertigen soll.[530] Ein besonderer Vertrauensvorschuss für Dritte lässt sich hieraus nicht ableiten.[531] §§ 1833 Abs. 1, S. 1, 1908 i Abs. 1, S. 1 BGB entfalten grundsätzlich keine Drittwirkung, sondern gelten ausschließlich zugunsten des Betreuten.[532] Die Amtspflichten des Betreuers gelten nur ausnahmsweise auch Dritten gegenüber[533]; zu einer Haftung gemäß §§ 1833 Abs. 1, S. 1, 1908 i Abs. 1, S. 1 BGB

526 Vgl. Wolf, S. 135.

527 Vgl. BGH FamRZ 1995, 282 ff. In dem zugrunde liegenden Fall hatte ein Krankenhaus die stationäre Versorgung des Betreuten fortgeführt, weil es dem Betreuer, zumal dieser Rechtsanwalt war, hinsichtlich der Sicherstellung der Vergütung in besonderem Maße vertraut hatte, welches nicht gerechtfertigt war, weil der Betreuer dem Krankenhaus weder mitgeteilt hatte, dass der Betreute mittellos war, noch, dass er für ihn keinen Sozialhilfeantrag gestellt hatte.

528 Vgl. BGH FamRZ 1995, 282, 283 f; vgl. dazu auch Deinert/ Schreibauer, DAVorm 1993, 1143, 1150.

529 Vgl. MüKo/ Schwab, § 1915, Rn. 16; § 1897, Rn. 5.

530 Vgl. Wolf, S. 135 f.

531 Auch die berufliche Stellung des Betreuers (beispielweise als Rechtsanwalt) vermag diese Sichtweise nicht zu ändern. Ein Rechtsanwalt ist nicht schon aufgrund des von ihm ausgeübten Berufs eine Vertrauensperson, die den Vertragspartnern der von ihm beratenen oder vertretenen Person unter allen Umständen gerade stehen will (vgl. BGH FamRZ 1995, 282 ff. sowie BGH NJW 1989, 293, 294).

532 Vgl. BGH FamRZ 1995, 282 ff; siehe auch BGHZ 100, 313, 316; Palandt/ Diederichsen, Einf v § 1896, Rn. 17; Damrau/ Zimmermann, § 1833, Rn. 1.

533 Insbesondere bei der Verletzung der Aufsichtspflicht (dazu vgl. die Haftung aus § 832 Abs. 1 BGB) oder bei der Verletzung von Mitteilungspflichten (beispielsweise das Unterlassen von Hinweisen gegenüber dem Arbeitgeber des Fürsorgebedürftigen auf dessen krankhafte Neigung zum Feuerlegen, vgl. BGHZ 100, 313; LG

führt dies jedoch nicht, es wird lediglich eine Haftung aus allgemeinem Deliktsrecht ausgelöst. Auch aus der Stellung des Betreuers als Anwalt lässt sich nicht folgern, er hätte Sachwalter auch der Interessen des Dritten sein wollen.[534] Auch hat der Betreuer aus der einmaligen Begleichung einer einzelnen Rechnung kein besonderes Sachwaltervertrauen erzeugt; der Dritte darf aus dem Verhalten nicht darauf schließen, die Begleichung der verbleibenden Rechnungen sei ohne weiteres sichergestellt.[535]

2. Die Haftung für Schäden, die der Betreute Dritten zufügt

Der Betreuer haftet unter Umständen auch dann, wenn der Betreute Dritten einen Schaden zugefügt hat. In diesem Zusammenhang ist insbesondere § 832 Abs. 1 BGB einschlägig.[536] Die Frage, unter welchen Voraussetzungen eine Pflicht zur Aufsicht über einen Volljährigen besteht, ist – im Gegensatz zur Aufsichtspflicht gegenüber Minderjährigen – nicht geklärt, aber bei Betreuten ohne weiteres von Belang, wenn sie der Aufsicht bedürfen, etwa weil sich aufgrund ihres körperlichen oder geistigen Zustands Gefahren für Dritte ergeben.[537] Im Rahmen der Betreuung obliegt dem Betreuer die Aufsichtspflicht, wenn ihm die gesamte Personensorge oder konkret die Beaufsichtigung des Betreuten übertragen worden ist.[538] Unter Umständen genügt als Aufgabenkreis bereits die Aufenthaltsbestimmung.[539]

Bei der Beaufsichtigung eines erwachsenen geistig oder körperlich Behinderten sind Besonderheiten zu berücksichtigen: Die Anforderungen an die Aufsichtspflicht dürfen hier nicht so streng sein, dass der Aufsichtspflichtige dieser

Frankfurt am Main FamRZ 1987, 519). Vgl. auch Palandt/ Diederichsen, § 1833, Rn. 3.

534 Vgl. BGH FamRZ 1995, 282 ff.

535 Vgl. BGH FamRZ 1995, 282 ff.

536 Vgl. dazu LG Bielefeld, BtPrax 1999, 111 f.

537 Vgl. Deinert/ Schreibauer, DAVorm 1993, 1143, 1148; Jürgens u.a., Rn. 257; Raack/ Thar, S. 115; Diederichsen, Deutsch-FS, S. 131, 143; anders Bauer/ Knieper, BtPrax 1998, 123 ff.

538 Vgl. dazu Diederichsen, Deutsch-FS, S. 131, 143. Ist die Aufsichtspflicht vertraglich beispielsweise an ambulante Dienste oder an Heimpersonal delegiert, beschränkt sich die Haftung des Betreuers auf die sorgfältige Auswahl der Aufsichtsperson (vgl. Deinert/ Schreibauer, BtPrax 1993, 185, 187).

539 Dies kommt beispielsweise dann in Betracht, wenn das Ziel verfolgt wird, einen verwirrten alten Menschen mit Neigung zu unkontrolliertem Herumirren auf der Straße in ein Heim zu bringen. Lässt sich der Betreuer damit unverhältnismäßig viel Zeit und kommt es deswegen zu einem von dem Betreuten verursachten Verkehrsunfall, haftet der Betreuer dem beim Unfall geschädigten Dritten u.U. wegen Verletzung seiner Aufsichtspflicht. Vgl. dazu Diederichsen, Deutsch-FS, S. 131, 144.

nur nachkommen kann, indem er dessen Handlungsfreiheit in menschenunwürdiger Weise einschränkt. Die Personensorge über einen geistig Behinderten muss auf die Stärkung seines Selbstbewusstseins ausgerichtet sein, indem das Leben des Aufsichtsbedürftigen möglichst weitgehend an das eines Gesunden angeglichen wird. Vor diesem Hintergrund ist es sowohl aus medizinischen, als auch aus pädagogischen Gründen erforderlich, die Aufsicht auf das unbedingt Notwendige zu beschränken. Daher ist es geboten, eventuelle Risiken für Außenstehende, die ihren Grund in der genannten Beschränkung der Aufsicht haben, angemessen hinzunehmen.[540] Welche Maßnahmen zumutbar und geboten sind, ist eine Frage des Einzelfalles; es hat eine genaue Interessensabwägung zu erfolgen.[541]

Für Schäden, die der Betreute infolge der Verletzung der Aufsichtspflicht des Betreuers einem Dritten zufügt, haftet der Betreuer gegebenenfalls auch nach weiteren Vorschriften des Deliktsrechts, insbesondere gemäß § 823 Abs. 1 BGB wegen der Verletzung einer Verkehrssicherungspflicht.[542]

C. Die Unterschiede zwischen der Haftung des Berufsbetreuers und der Haftung des ehrenamtlichen Betreuers

Der maßgeblichen Unterteilung der Betreuertypen in dieser Arbeit in Berufsbetreuer einerseits und ehrenamtliche Betreuer andererseits entspricht es, die bestehenden Unterschiede in ihrer Haftungssituation zu untersuchen.

I. Der Berufsbetreuer

Zum Typ des Berufsbetreuers sind der Behördenbetreuer, unter Umständen der Vereinsbetreuer sowie der selbständige Berufsbetreuer, der beispielweise in einer Sozietät tätig ist, zu zählen.[543] Im Vergleich mit dem Vereinsbetreuer als Berufsbetreuer und dem selbständigen Berufsbetreuer, hat der Behördenbetreuer eine besondere Stellung inne, die seine Haftung wesentlich von derjenigen der beiden anderen Berufsbetreuertypen unterscheidet. Besonderheiten in der Haftung des Behördenbetreuers bestehen in dem Eingreifen der Staatshaftung.

540 Vgl. OLG Hamm NJW-RR 1994, 863.
541 Vgl. dazu OLG Hamm, NJW-RR 1994, 863.
542 Vgl. Wolf, S. 139, Fn. 1; Bauer/ Knieper, BtPrax 1998, 123 f.
543 Vgl. dazu unter 1. Teil, 1. Kapitel, C I.

1. Der Behördenbetreuer

Der Behördenbetreuer, in § 1897 Abs. 2, S. 2 BGB legal definiert, ist Angestellter oder Beamter der Betreuungsbehörde. Er hat eine ungewöhnliche „Zwitterstellung“[544] inne, da er einerseits dienstlich tätig ist und andererseits von Weisungen seiner Anstellungskörperschaft unabhängig[545] als Betreuer eingesetzt ist.

a) Die Haftung gegenüber dem Betreuten

Im Fall der Haftung des Behördenbetreuers gegenüber dem Betreuten oder aber Dritten stellt sich die Frage, ob der Behördenbetreuer ausschließlich persönlich haftet,[546] oder ob für den Behördenbetreuer die Anstellungskörperschaft über Art. 34 GG haftet, und zwar entweder alleine[547] oder neben[548] dem Behördenbetreuer.

aa) Die ausschließlich persönliche Haftung des Behördenbetreuers

Die Vertreter einer ausschließlich persönlichen Haftung des Behördenbetreuers beziehen sich u.a. auf die vor Inkrafttreten des Betreuungsgesetzes geltende Rechtslage hinsichtlich der Haftung von Jugendamtsmitarbeitern, denen vom Vormundschaftsgericht Vormundschaften übertragen wurden, die sie im Rahmen ihres Dienstes ausübten.[549] Ein Bezug auf diese – nicht unumstrittene[550] – Rechtsprechung aus der Zeit vor Inkrafttreten des Betreuungsgesetzes ist jedoch abzulehnen, weil der Zusammenhang der betreuungsrechtlichen Neuregelungen dem entgegensteht. Der Behördenbetreuer sei außerdem kein Beamter im haftungsrechtlichen Sinne, da er im Grunde das gleiche Amt ausübe wie der Betreuer, der nicht Mitarbeiter einer Behörde ist und ihm kein öffentliches Amt anvertraut ist.[551] Daher komme bei ihm auch nicht die Anspruchsgrundlage des

544 So Schwab, FamRZ 1992, 493, 498.
545 Vgl. Bienwald, § 1897, Rn. 39 ff.
546 So Damrau/ Zimmermann, § 1897, Rn. 20. Vgl. dazu OLG Köln, FamRZ 1988, 1097.
547 So Schulz, BtPrax 1995, 25 ff.; Pardey, FamRZ 1989, 1030 ff.; Schwab, FamRZ 1992, 493, 498; Deinert/ Schreibauer, BtPrax 1993, 185, 190.
548 So MüKo/ Schwab, § 1908 i, Rn. 20.
549 Vgl. dazu beispielsweise OLG Köln, FamRZ 1988, 1097.
550 Große-Boymann, S. 67 ff. weist nach, dass für den Amtsvormund auch zur damaligen Zeit die Amtshaftung griff.
551 Für das Vormundschaftsrecht: Krüger, JZ 1955, 634, 635; Saage, JR 1956, 282, 283; OVG Münster, FamRZ 1979, 345, 346.

§ 839 Abs. 1, BGB, Art 34 GG in Betracht.[552] Der Umstand, dass der Betreuer Aufgaben der öffentlichen Fürsorge wahrnimmt, rechtfertige zudem keine Staatshaftung, da die Haftung nach § 839 BGB auch nicht für ehrenamtliche oder private Betreuer gelte.[553]

Außerdem lege es der Ausschluss der Haftung von Betreuungsvereinen nach §§ 1791 a Abs. 3, S. 2, 1908 i Abs. 1, S. 1, 31 BGB für das Verhalten von Vereinsbetreuern[554] angesichts der Ähnlichkeiten in der rechtlichen Ausgestaltung der Rechtsfiguren von Vereins- und Behördenbetreuern nahe, auch eine Haftung von Betreuungsbehörden für Behördenbetreuer auszuschließen.[555] Dieser Argumentation der haftungsrechtlichen Gleichbehandlung von Behördenbetreuer und Vereinsbetreuer wegen der Ähnlichkeit der Konstruktionen der beiden Betreuertypen,[556] kann nicht gefolgt werden. Zum einen ist der wesensmäßige Unterschied zwischen der Haftung nach §§ 1791 a Abs. 3, S. 2, 1908 i Abs. 1, S. 1, 31 BGB und § 839 BGB i.V.m. Art. 34 GG zu beachten.[557] Im Rahmen des § 31 gilt das schadensverursachende Verhalten als Verhalten des Vereins selbst, es liegt also eine Haftung des Vereins für eigenes Verschulden vor.[558] Bei der Amtshaftung übernimmt dagegen die Anstellungskörperschaft die Haftungspflicht eines Bediensteten, die diesen nach § 839 Abs. 1 BGB für eigenes Verhalten trifft.[559] Das Verhalten des Bediensteten gilt nicht als Verhalten der Anstellungskörperschaft.[560] Zum anderen ist die versicherungsrechtliche Konstruktion des Behördenbetreuers – verglichen mit der des Vereinsbetreuers – eine völlig andere: Anders als für den Vereinsbetreuer ist für den Behördenbetreuer der Abschluss einer Haftpflichtversicherung laut Gesetz nicht obligatorisch vorgeschrieben.[561] Der Behördenbetreuer kann auch nicht die Kosten einer Amtshaftpflichtversicherung, die er privat abschließt, als Aufwendungsersatz

552 Vgl. Knittel, § 1897, Rn. 14; Damrau/ Zimmermann, § 1897, Rn. 7; Erman/Holzhauer, § 1833, Rn. 7 a.

553 Vgl. Damrau/ Zimmermann, § 1897, Rn. 7.

554 So eine der zu diesem Themenkomplex vertretenen Ansichten. Vgl. dazu unten 2. Teil, 1. Kapitel, C II.

555 So die Autoren, die eine Haftung des Betreuungsvereins für Vereinsbetreuer ausschließen, wie Wolf, S. 118.

556 Vgl. MüKo/ Schwab, § 1897, Rn. 20.

557 Vgl. Schulz, BtPrax 1995, 56, 57.

558 Vgl. BGHZ 98, 148, 151.

559 Vgl. BGHZ 76, 375, 381.

560 Vgl. Schulz, BtPrax 1995, 56, 57.

561 Unabhängig von der gesetzlichen Regelung, dass der Abschluss einer Haftpflichtversicherung für den Behördenbetreuer obligatorisch ist, stellt sich die Frage, ob nicht die Fürsorgepflicht des Dienstherrn des Behördenbetreuers den Abschluss und/ oder die Kostenübernahme einer Haftpflichtversicherung gebietet (vgl. Deinert/ Schreibauer, BtPrax 1993, 185, 190).

abrechnen, da § 1908 h BGB nicht auf § 1835 Abs. 2 BGB verweist, welcher Haftpflichtversicherungen in die Aufwendungsersatzregelung einbezieht.[562] Bezüglich der Tatsache, dass die Betreuungsbehörde im Gegensatz zum Betreuungsverein nicht verpflichtet ist, ihre Mitarbeiter angemessen gegen Schäden zu versichern, die diese Dritten im Rahmen ihrer Tätigkeit zufügen können, plädiert Wolf jedoch nicht für eine Haftung der Betreuungsbehörde, sondern dafür, der Betreuungsbehörde eine Versicherungspflicht ihrer Mitarbeiter aufzuerlegen.[563]

Für eine ausschließlich persönliche Haftung des Behördenbetreuers spreche schließlich der Wortlaut der §§ 1833 Abs. 1, S. 1, 1908 i Abs. 1, S. 1 BGB sowie § 1897 Abs. 2 BGB.[564] Betreuer ist nach diesen Vorschriften nämlich allein der Behördenbetreuer selbst und nicht etwa seine Anstellungskörperschaft, die Betreuungsbehörde, so dass deren Verantwortung für das Handeln von Behördenbetreuern nach dem Gesetzeswortlaut ausgeschlossen sei.[565]

bb) Die Haftung der Anstellungskörperschaft für den Behördenbetreuer

Nach einer anderen Auffassung gilt die Amtshaftung nach § 839 BGB in Verbindung mit Art. 34 GG für Behördenbetreuer.[566] Dafür spricht, dass der Betreuer nur mit Einwilligung der Behörde zum Betreuer bestellt werden darf, § 1897 Abs. 2, S. 1 und 2 BGB. Er selbst hat gemäß § 1908 h Abs. 3 BGB keine Ansprüche auf Aufwendungsersatz und Vergütung nach §§ 1835 bis 1836 a BGB, der Behördenbetreuer untersteht der Personalhoheit der Behörde.[567]

Für die Haftung des Behördenbetreuers gemäß § 839 Abs. 1 BGB, Art. 34 GG spricht ebenfalls, dass die Figur des Behördenbetreuers die Tatsache verdeckt, dass die Behörde selbst in der Betreuungsangelegenheit tätig ist. Die Behörde stellt ihren Bediensteten im Rahmen von dessen Dienstaufgaben zur Verfügung. Die öffentliche Gewalt kann sich nicht durch Zweckkonstruktionen ihrer Haftung für das Verhalten ihrer Bediensteter entziehen.[568] Die Staatshaftung ist in den wesentlichen Bereichen verfassungsrechtlich vorgegeben.[569] Die amtliche

562 Vgl. dazu Pardey, FamRZ 1989, 1034; Deinert/ Schreibauer, BtPrax 1993, 185, 190.
563 Vgl. Wolf, S. 118 f.
564 Vgl. Schulz, BtPrax 1995, 56, 57.
565 Vgl. Schulz, BtPrax 1995, 56, 57.
566 Vgl. MüKo/ Schwab, § 1897, Rn. 15.
567 Vgl. MüKo/ Schwab, § 1897, Rn. 15 f.
568 Vgl. MüKo/ Schwab, § 1897, Rn. 16.
569 Vgl. Pardey, FamRZ 1989, 1030, 1033 f.; Schwab, FamRZ 1992, 493, 498.

Begründung formuliert selbst, dass der Behördenbetreuer die Betreuung in Wahrnehmung einer öffentlichen Aufgabe ausübt.[570]

Das Argument, es sei unbillig, wenn Betreute bei Zahlungsunfähigkeit des jeweiligen Behördenbetreuers und bei Nichteintritt einer Versicherung ihre Schäden selbst tragen müssen,[571] überzeugt nicht. Es ist das Risiko eines jeden Betreuten, welcher von einem Betreuer betreut wird, der nicht Behördenbetreuer ist. Insofern ist vielmehr zu fragen, ob eine Ungleichbehandlung in dem Verhältnis von Betreuten von Behördenbetreuern einerseits und Betreuten von sonstigen Betreuern andererseits in dem Sinne unbillig ist, dass die Betreuten, die nicht von Behördenbetreuern betreut werden, zu unrecht schlechter gestellt sind, da für den sie verletzenden Betreuer keine Staatshaftung eingreift und insofern – bei Nichteintritt einer Versicherung – diese das Risiko tragen, auf ihrem Schaden sitzen zu bleiben.

cc) Zwischenergebnis

Für den Behördenbetreuer greift die Amtshaftung ein – jeweils mit dem haftungsrechtlichen Unterbau von entweder § 839 Abs. 1 BGB oder aber §§ 1833 Abs. 1, S. 1, 1908 i Abs. 1, S. 1 BGB. Dies wird dadurch gestützt, dass in der amtlichen Begründung zum Regierungsentwurf des Betreuungsgesetzes der Ausschluss der Haftung des Betreuungsvereins ausdrücklich erwähnt wird,[572] ein Ausschluss der Amtshaftung der Anstellungskörperschaften für Behördenbetreuer jedoch nicht.[573]

b) Die Anspruchsnormenkonkurrenz

Insbesondere einer genauen Betrachtung bedarf das Verhältnis der Anspruchsgrundlage aus § 839 Abs. 1 BGB, Art. 34 GG zu den übrigen möglichen Anspruchsgrundlagen, insbesondere zu der Anspruchsgrundlage der §§ 1833 Abs. 1, S. 1, 1908 i Abs. 1, S. 1 BGB. § 839 Abs. 1 BGB ist als Spezialnorm gegenüber allen Haftungstatbeständen der §§ 823 bis 838 BGB zu sehen.[574]

Da der Behördenbetreuer Beamter im Sinne des § 839 Abs. 1 BGB ist, trifft den Staat unter den Voraussetzungen des Art. 34 GG die Verantwortlichkeit für jede schuldhafte Amtspflichtverletzung des Betreuers, ohne Rücksicht darauf,

570 Vgl. BT-Drucks. 11/ 4528, S. 159.
571 So Deinert/ Schreibauer, BtPrax 1993, 185, 190.
572 Vgl. BT-Drucks. 11/4528, S. 158.
573 Vgl. Schulz, BtPrax 1995, 56, 57.
574 Vgl. BGHZ 13, 25 (hinsichtlich § 832); Brüggemeier, S. 116, 120. Der Anspruch gemäß § 253 Abs. 2 BGB allerdings bleibt daneben bestehen.

auf welcher Anspruchsgrundlage der Anspruch gegen den hoheitlich tätigen Betreuer beruht.[575] Damit richten sich alle Ansprüche, die sich auf das schädigende Verhalten des Behördenbetreuers beziehen, gegen den Staat.[576] Art. 34 GG wird so zur übergreifenden Norm für die Haftung aus dem behördenbetreuerlichen Bereich ohne Rücksicht auf die möglichen Differenzierungen in dem, was Brüggemeier den „haftungsrechtlichen Unterbau“[577] nennt. Art. 34 GG ist für die Haftung nicht mehr als eine Rahmenvorschrift. Der öffentlich-rechtliche Dienstherr hat damit seinen Bediensteten die persönliche Haftung abgenommen. Dass auch §§ 1833 Abs. 1, S. 1, 1908 i Abs. 1, S. 1 BGB (und auch die anderen gegen den Betreuer gerichteten Anspruchsgrundlagen) einen solchen § 839 Abs. 1 BGB vergleichbaren Unterbau unter Art. 34 GG darstellen, ist in Lehre[578] und Rechtsprechung[579] bisher wenig gesehen worden, nichts desto trotz jedoch folgerichtig[580]. Art. 34 S. 1 GG ist somit eine Zurechnungsnorm[581] nicht nur hinsichtlich des Anspruchs aus § 839 Abs. 1 BGB, sondern ebenso für den aus §§ 1833 Abs. 1, S. 1, 1908 i Abs. 1, S. 1 BGB resultierenden Anspruch.[582]

Eine Pflichtverletzung des Betreuers im Sinne der §§ 1833 Abs. 1, S. 1, 1908 i Abs. 1, S. 1 BGB bedeutet oftmals gleichzeitig eine solche im Sinne des § 839 Abs. 1 BGB. Beide Anspruchsgrundlagen, sowohl diejenige aus §§ 1833 Abs. 1, S. 1, 1908 i Abs. 1, S. 1 BGB i.V.m. Art. 34 GG als auch diejenige aus § 839 Abs. 1 BGB i.V.m. Art. 34 GG, bestehen nebeneinander.

Der Unterbau des Art. 34 GG, einerseits §§ 1833 Abs. 1, S. 1, 1908 i Abs. 1, S. 1 BGB und andererseits § 839 Abs. 1 BGB sind in ihrer Ausgestaltung unterschiedlich.[583] Die Haftung gemäß §§ 1833 Abs. 1, S. 1, 1908 i Abs. 1, S. 1 BGB i.V.m. Art. 34 GG ist für den Betreuer als Anspruchsgegner strenger als die nach § 839 Abs. 1 BGB i.V.m. Art. 34 GG:

Die allgemeine Amtshaftung nach § 839 Abs. 1 BGB ist bei leichter Fahrlässigkeit subsidiär gegenüber der Haftung eines Dritten: Sie tritt gemäß § 839 Abs. 1, S. 2 BGB nur ein, wenn der Geschädigte nicht von dritter Seite Ersatz bekommen kann. Nach § 839 Abs. 3 BGB entfällt eine Haftpflicht außerdem, wenn

575 Vgl. Schreiber, AcP 178 (1978), 533, 534 m.w.N.
576 Vgl. Schreiber, AcP 178, 533, 534.
577 Vgl. Brüggemeier, S. 116.
578 Vgl. dazu Schreiber, AcP 178, 533 ff.
579 Die Entscheidung des BGH in BGHZ 9, 255 ff. beschränkt sich – hinsichtlich des Vormundschaftsrechts – auf die Bemerkung, eine Haftung des Amtsvormunds nach § 1833 geschehe mit der Maßgabe, dass für das Jugendamt die Körperschaft, bei der es errichtet ist, hafte.
580 So auch Schreiber, AcP 178 (1978), 533, 534.
581 Vgl. auch Maunz/ Dürig/ Herzog, Art. 34, Rn. 7.
582 Vgl. Schreiber, AcP 178 (1978), 533, 549.
583 Vgl. Brüggemeier, S. 116, 119 f.

der Geschädigte es schuldhaft unterlassen hat, den Schaden durch Einlegung eines Rechtsmittels abzuwenden. All diese Einschränkungen kennt die Haftung aus §§ 1833 Abs. 1, S. 1, 1908 i Abs. 1, S. 1 BGB i.V.m. Art. 34 GG nicht.

Der allgemeine Amtshaftungsanspruch nach § 839 Abs. 1 BGB steht insoweit unter der besseren Rechtsgarantie für beide Parteien, als der Rechtszug ohne Rücksicht auf Wertgrenzen beim Landgericht beginnt und bis zum BGH eröffnet ist. Der Anspruch aus §§ 1833 Abs. 1, S. 1, 1908 i Abs. 1, S. 1 BGB dagegen ist nach seinem Streitwert unter Umständen vor dem Amtsgericht geltend zu machen und endet in der Berufungsinstanz beim Landgericht.[584]

Im Rahmen des Anspruchs gemäß § 839 Abs. 1 BGB gilt § 839 Abs. 3 BGB, demzufolge die Ersatzpflicht nicht eintritt, wenn es der Verletzte vorsätzlich oder fahrlässig unterlassen hat, den Schaden durch Gebrauch eines Rechtsmittels abzuwenden. § 839 Abs. 3 BGB gilt im Rahmen des Anspruchs aus §§ 1833 Abs. 1, S. 1, 1908 i Abs. 1, S. 1 BGB nicht[585], statt dessen gilt das allgemeine Mitverschuldensprinzip des § 254 BGB. § 254 BGB gestattet die Berücksichtigung und Abwägung der Einzelfallumstände und sieht die Möglichkeit der Anspruchsminderung und Schadensteilung vor, während die Regelung des § 839 Abs. 3 BGB bei schuldhafter Schadensmitverursachung durch Unterlassen des Gebrauchs eines Rechtsmittels zum völligen Anspruchsverlust führt.[586]

Diese unterschiedlich ausgestalteten Anspruchsgrundlagen sind nach den Grundsätzen der Anspruchsnormenkonkurrenz zu behandeln.[587]

c) Die Haftung gegenüber Dritten

Die eben dargestellten unterschiedlichen Positionen schreiben sich bei der Frage fort, ob die Staatshaftung für den Behördenbetreuer eingreift, wenn dieser Dritten gegenüber – und nicht dem Betreuten gegenüber – haftet. Während teilweise mit dem Hinweis darauf, dass die Amtspflichten eines Behördenbetreuers nur ausnahmsweise drittbezogen sind, ein Einstehen des Staates für die Haftung von Behördenbetreuern verneint wird,[588] trifft es zu, dass die Amtspflichten eines Behördenbetreuers ausnahmsweise drittbezogen sein können.[589] In diesen Fällen ist eine Staatshaftung – bei der Haftung des Behördenbetreuers Dritten gegenüber – zu bejahen.[590] Ein solcher Anspruch kann jedoch nicht aus §§ 1833 Abs.

584 Vgl. Brüggemeier, S. 116, 120.
585 Vgl. BGHZ 9, 255.
586 Vgl. MüKo/ Papier, § 839, Rn. 325.
587 Vgl. dazu Georgiades, S. 167 ff. sowie bereits oben unter 2. Teil, 1. Kapitel, B I 6.
588 So Schulz, BtPrax 1995, 56, 58.
589 Vgl. BGHZ 100, 313 ff. Vgl. dazu unter 2. Teil, 1. Kapitel, A I 3 b dd.
590 So auch m.w.N. für den Amtsvormund Große-Boymann, S. 119 ff.

1, S. 1, 1908 i Abs. 1, S. 1 BGB hergeleitet werden, da die besagten Normen keinen Drittschutz entfalten.[591]

2. Der Vereinsbetreuer

In dem Fall, in dem der Vereinsbetreuer Berufsbetreuer ist, stellt sich die gleiche Frage wie bei dem Behördenbetreuer: Tritt zusätzlich zu oder anstelle der persönlichen Haftung des Vereinsbetreuers die Haftung des Vereins analog §§ 1791 a Abs. 3, S. 2, 1908 i Abs. 1, S. 1, 30, 31 BGB gegenüber dem Betreuten sowie gegebenenfalls gegenüber Dritten?

Der Vereinsbetreuer als Berufsbetreuer ist organisatorisch voll in den Betreuungsverein eingegliedert: Er darf nur mit der Einwilligung des Vereins bestellt werden, und er erledigt seine Betreuungen innerhalb der Dienstzeit und mit den Sach- und personellen Mitteln des Vereins.[592] Er ist insofern in den vom Verein organisierten Haftungs- und Versicherungsverbund eingegliedert.[593] Der Verein erhält Aufwendungsersatz und Vergütung. Es entspricht dem Grundsatz *cuius commodum, eius periculum*, diese Vorteile, die der Betreuungsverein durch das Tätigwerden des Vereinsbetreuers in Anspruch nimmt, durch die analoge Heranziehung der §§ 1791 a Abs. 3, S. 2, 30, 31 BGB auszugleichen.[594] Dabei kommt es darauf an, ob der betreffende Betreuer zum Kreis der verfassungsmäßig berufenen Vertreter gemäß §§ 30, 31 BGB gehört.[595] Ist das der Fall, übernimmt der Verein die Haftung des Vereinsbetreuers.[596] Den Begriff des verfassungsmäßig berufenen Vertreters hat die Rechtsprechung weit ausgelegt: Es ist nicht erforderlich, dass die Tätigkeit des Vertreters in der Satzung vorgesehen ist; er braucht auch keine rechtsgeschäftliche Vertretungsmacht zu besitzen. Es genügt, dass ihm durch die allgemeine Betriebsregelung und Handhabung bedeutsame wesensmäßige Funktionen der juristischen Person zur selbständigen, eigenverantwortlichen Erfüllung zugewiesen sind, und er die juristische Person insoweit repräsentiert.[597]

Somit haften der Betreuungsverein als Anstellungskörperschaft sowie der Vereinsbetreuer, wenn er als Berufsbetreuer tätig ist, persönlich gegenüber dem

---

591 Dazu bereits unter 2. Teil, 1. Kapitel, B I 1.
592 Vgl. Diederichsen, Deutsch-FS, S. 131, 148.
593 Vgl. auch § 1908 f Abs. 1 Nr. 1 BGB. Dazu Diederichsen, Deutsch-FS, S. 131, 148.
594 Im Ergebnis ebenso MüKo/ Schwab, § 1908 i, Rn. 20.
595 So Diederichsen, Deutsch-FS, S. 131, 147.
596 Vgl. unter 2. Teil, 1. Kapitel, C I 2. Anders Wolf, S. 118 f.
597 Vgl. zu alledem BGHZ 49, 19; NJW 1972, 334; NJW 1998, 1854, 1856.

Betreuten als Gesamtschuldner gemäß §§ 1833 Abs. 2, S. 1, 1908 i Abs. 1, S. 1 BGB.[598]

II. Der ehrenamtliche Betreuer

Die Haftungssituation des ehrenamtlichen Betreuers unterscheidet sich grundlegend von derjenigen des Berufsbetreuers. Fraglich ist, ob sich die beiden Erscheinungsformen ehrenamtlicher Betreuer, zum einen der selbständige und unabhängig von einer Organisation tätige Betreuer (beispielsweise ein Betreuer, der Familienangehörige oder einen Nachbarn betreut) und zum anderen der in einem organisatorischen Rahmen wie einem Betreuungsverein tätige Betreuer,[599] in ihrer haftungsrechtlichen Situation unterscheiden.

Der ehrenamtlich tätige Vereinsbetreuer erfüllt in der Regel nicht die Voraussetzungen, die an einen verfassungsmäßig berufener Vertreter im Sinne der §§ 30, 31 BGB gestellt werden. Damit übernimmt der Betreuungsverein nicht seine Haftung, wie er das analog §§ 1791 a Abs. 3, S. 2, 30, 31 BGB bei dem Vereinsbetreuer tut, der als Berufsbetreuer tätig ist.[600] Der ehrenamtliche Vereinsbetreuer haftet damit allein persönlich und nach den allgemeinen Grundsätzen, ebenso wie der ehrenamtliche Betreuer, der unabhängig von einer Organisation tätig ist.

Dies Ergebnis ruft Unbehagen hervor. Insbesondere aufgrund der unentgeltlichen, uneigennützigen Tätigkeit des ehrenamtlichen Vereinsbetreuers wurden verschiedene Überlegungen angestellt, welche diesen Betreuertyp in die Lage versetzen, dass seine Haftung von anderer Seite übernommen wird. In Betracht kommt, dass der Verein nach dem Grundsatz *cuius commodum, eius periculum*, der sich in § 278 BGB niedergeschlagen hat[601], für den ehrenamtlich Tätigen einsteht.[602] Dies erscheint jedoch problematisch, weil der ehrenamtlich Tätige selbständiger Betreuer ist. Er nimmt keine Erfüllungstätigkeiten für den Betreuungsverein wahr. Dem Betreuungsverein ist er lediglich als Mitglied angeschlossen. Auch nach dem Haftungsprinzip *cuius commodum, eius periculum* zeichnet sich kein anderes Ergebnis ab, da der Betreuungsverein in diesem Fall keine Vorteile aus der ehrenamtlichen Tätigkeit des Vereinsbetreuers zieht. Der einzige, der Vorteile aus dem Anschluss an den Betreuungsverein zieht, ist der ehrenamtliche Betreuer selber, der sich vom Verein beraten lassen kann und der

598 Vgl. MüKo/ Schwab, § 1908 i, Rn. 20.
599 Vgl. dazu oben unter 1. Teil, 1. Kapitel, C I 1 a.
600 Dazu oben unter 2. Teil, 1. Kapitel, C I 2.
601 Vgl. dazu unter 1. Teil, 2. Kapitel, B IV sowie Diederichsen, Deutsch-FS, S. 131, 147.
602 Vgl. dazu Diederichsen, Deutsch-FS, S. 131, 147.

Gesprächskontakte zu anderen gleichgesinnten Betreuern erfährt. Der Betreuungsverein selbst erfährt durch die Tätigkeit des ehrenamtlichen Vereinsbetreuers keine Hilfe; insbesondere erhält nicht er den Aufwendungsersatz, sondern der ehrenamtliche Betreuer selbst.

Ein weiterer Gedankengang, der bemüht wird, um ehrenamtlich Tätigen eine persönliche Haftung zu ersparen, besteht darin, dass der Schaden, den der ehrenamtlich Tätige in Erfüllung seines Auftrags einem anderen zufügt, als ersatzpflichtige Aufwendung angesehen wird.[603] In Betracht kommt dabei die Anspruchsgrundlage des § 670 BGB – ggf. unter Zuhilfenahme einer Verweisung, wie beispielsweise in § 27 Abs. 3 BGB für das Vorstandsmitglied eines Vereins. Einen solchen Schaden, welcher üblicherweise als ein unfreiwilliges Vermögensopfer definiert wird,[604] als Aufwendung, d.h. als ein freiwilliges Vermögensopfer,[605] anzusehen, wird damit begründet, dass der Beauftragte durch den Aufwendungsersatz davon freigestellt werden soll, eigene Vermögensopfer für die Erfüllung seiner unentgeltlichen Tätigkeit zu erbringen.[606] Der Aufwendungsersatzanspruch verwirkliche damit den Gedanken, dass derjenige, der unentgeltlich für andere tätig ist, dafür nicht auch noch die damit verbundenen finanzielle Nachteile tragen muss.[607] Dieser Gedanke sei aber nicht auf die freiwillig eingegangenen Vermögensopfer zu beschränken, sondern entsprechend auch auf die unfreiwilligen, mit der Auftragserfüllung unvermeidlich erlittenen Vermögensopfer zu erstrecken.[608]

Diese Überlegungen sind jedoch nicht uneingeschränkt auf das Betreuungsrecht und die Haftung des ehrenamtlichen Betreuers zu zu übertragen. Dem steht entgegen, dass es sich bei der Betreuung nicht um einen Fall des Auftrags handelt, für den § 670 BGB konzipiert ist. Auch fehlt eine entsprechende Verweisung auf § 670 BGB im Betreuungsrecht, was Voraussetzung für dessen Anwendung wäre. Eine solche Verweisung ist bewusst nicht erfolgt.

Es kommen zwei Personen, in dessen Auftrag der Betreuer tätig ist, in Betracht. Zum einen handelt es sich um den Betreuten selbst. Für diesen Fall wäre es also der Betreute, gegen den sich der Anspruch auf Aufwendungsersatz richten würde, mit dem Ergebnis, dass der Betreuer, wenn er den Betreuten schädigt, keine finanzielle Einbuße hinnehmen müsste; wenn er einen Dritten schädigt, bestünde ebenfalls lediglich ein Anspruch gegen den Betreuten. Bei der Betreuung handelt es sich jedoch um ein Rechtsinstitut mit rechtsbeschneidenden

603 Dazu Igl u.a., S. 240 f. unter Hinweis auf BGHZ 52, 115; 69, 235.
604 Vgl. Fikentscher, § 50 I.
605 Vgl. Fikentscher, § 82 I 7.
606 Vgl. Igl u.a., S. 241.
607 Vgl. das Haftungsprinzip *cuius commodum, eius periculum*.
608 So Igl u.a., S. 241 unter Hinweis auf Staudinger, § 670, Rn. 14.

Wirkungen. Die Betreuung kann in Form der Zwangsbetreuung, d.h. gegen den Willen des Betreuten, eingerichtet werden. Die Haftung des – auch ehrenamtlichen – Betreuers für den Fall einer Schädigung Dritter ist ein unverzichtbares Instrumentarium der Einrichtung der Betreuung. Zum anderen kommt als Person, in dessen Auftrag der Betreuer tätig ist, der Staat in Betracht, der den Betreuer für den Betreuten bestellt hat. Das Ergebnis dieser Konstruktion wäre, dass für jegliches Betreuerhandeln die Staatshaftung eingriffe.[609]

Nach der derzeitigen Rechtslage ist jedoch ausgeschlossen, dass für den ehrenamtlichen Betreuer – sei er ein selbständig und unabhängig von einer Organisation tätiger (beispielsweise ein Betreuer, der Familienangehörige oder einen Nachbarn betreut) oder sei er ein in einem organisatorischen Rahmen wie einem Betreuungsverein tätiger – ein Dritter eintritt. Der ehrenamtliche Betreuer haftet persönlich und nach den allgemeinen, oben dargelegten[610] Grundsätzen und in der Regel eben allein.

III. Zwischenergebnis

Eine ausdrückliche Haftungsbestimmung für die Betreuertypen „ehrenamtlicher Betreuer“ und „Berufsbetreuer“ enthält das Gesetz nicht. Der Umstand, ob für einen Betreuer die Staatshaftung eingreift, ist von dem Kriterium abhängig, ob der Betreuer Behördenbetreuer ist. Ist das der Fall, wird die Haftung des Behördenbetreuers auf seine Anstellungskörperschaft übergeleitet.

Merkwürdig mutet dabei die folgende Konsequenz an: In dem Fall, in dem ein Behördenbetreuer, für den die Staatshaftung eingreift, zum ehrenamtlichen Betreuer dadurch würde, dass seine Beschäftigung im öffentlichen Dienst in der Betreuungsbehörde endet, die Betreuung aber fortführt, würde lediglich seine Bestallung umgeschrieben, seine Kompetenzen blieben die gleichen, aber er würde von dem Zeitpunkt an persönlich haften, und es würde nicht mehr die Staatshaftung für ihn eingreifen.[611]

Für den Behördenbetreuer greift die Staatshaftung mittels der Zurechnungsnorm des Art. 34 S. 1 GG ein. Art. 34 S. 2 GG normiert einen Rückgriff des Staates gegen den schädigenden Behördenbetreuer lediglich unter der Voraussetzung eines vorsätzlichen oder grob fahrlässigen Verhaltens. Aus Sicht des Betreuers stellt sich diese Konstellation denkbar günstig dar, da er im Falle einer Schädigung mit einfacher Fahrlässigkeit nicht haftet. Auch für den Betreuten

---

609 Vgl. dazu mit Recht Pardey, FamRZ 1989, 1030, 1034, der eine grundsätzliche Staatshaftung für Betreuer anregt.

610 Vgl. unter 2. Teil, 1. Kapitel, A und B.

611 Darauf macht Pardey, FamRZ 1989, 1030, 1033 f. aufmerksam.

stellt sich diese Konstellation denkbar günstig dar, da er in jedem Fall, in dem er vom Betreuer geschädigt wird, einen solventen Schuldner hat: den Staat.

Für den Vereinsbetreuer, der Berufsbetreuer ist, greift zusätzlich zu der persönlichen Haftung des Betreuers die Haftung des Betreuungsvereins analog §§ 1791 a Abs. 3, S. 2, 1908 i Abs. 1, S. 1, 30, 31 BGB ein. Der Vereinsbetreuer haftet zusammen mit dem Betreuungsverein als Gesamtschuldner. Für diesen Vereinsbetreuer ist die Situation insofern vorteilhaft, als ihm, sofern er persönlich für die Haftung in Anspruch genommen wird, ein Regressanspruch gegenüber dem Verein zusteht, welcher ihm nur dann nichts nützt, wenn der Verein zahlungsunfähig ist. Für den Betreuten stellt sich diese Situation insofern vorteilhaft dar, als er im Haftungsfall zwei Schuldner in Anspruch nehmen kann, von denen die Wahrscheinlichkeit, dass einer solvent ist, höher ist, als wenn er nur einem Schuldner gegenüber stehen würde.

Der ehrenamtliche Betreuer – sei er ein selbständig und unabhängig von einer Organisation tätiger (beispielsweise ein Betreuer, der Familienangehörige oder einen Nachbarn betreut) oder sei er ein in einem organisatorischen Rahmen wie einem Betreuungsverein tätiger – haftet persönlich nach den allgemeinen Grundsätzen. Für seine Haftung greift weder der Staat, noch der Verein, noch der Betreute ein. Für ihn stellt sich die haftungsrechtliche Situation – verglichen mit derjenigen des Berufsbetreuers – ungünstig dar. Damit korrespondiert die Situation des Betreuten, der von einem solchen Betreuer betreut wird: Er sieht sich *einem* potentiellen Schuldner gegenüber und trägt dessen Insolvenzrisiko.

Insofern besteht ein Unterschied in der Haftung von einerseits dem Berufsbetreuer und andererseits dem ehrenamtlichen Betreuer.

2. Kapitel: Die Haftungsfolgen für den Betreuer

Ist der Haftungsgrund geklärt, d.h. die Frage beantwortet, ob eine Person haftpflichtig ist, stellt sich im Anschluss daran die Frage, welche Folgen die Haftung auslöst.

A. Der Eintritt eines Schadens als Voraussetzung jeder Haftung

I. Der Begriff des Schadens

Das BGB hat den Schadensbegriff nicht definiert. Es verwendet ihn in zahlreichen Vorschriften als Rechtsbegriff, setzt seinen Inhalt aber voraus. „Schaden" ist ein normativer Begriff, der an ein natürliches Verständnis anknüpft, als

Rechtsbegriff jedoch aus der Teleologie der §§ 249 ff. BGB erschlossen werden muss.[612] Unter dem Rechtsbegriff „Schaden" wird jeder Nachteil verstanden, den jemand durch ein bestimmtes Ereignis unfreiwillig an seinen Rechtsgütern, d.h. an seinem Vermögen oder an seinen immateriellen Gütern erleidet.[613] Objekt des Schadens können vermögenswerte Rechtsstellungen, aber auch immaterielle Güter sein.[614] Ein Schaden kann nach verschiedenen Kriterien unterteilt werden. Von besonderer Bedeutung für die Frage, ob ein Nachteil ein zu ersetzender Schaden ist, bietet die Abgrenzung zwischen Vermögens- und Nichtvermögensschaden nach den allgemeinen Grundsätzen.[615, 616]

II. Der Ersatz des Schadens

Ziel des Ersatzes des Schadens ist es, den Geschädigten so zu stellen, als sei das schädigende Ereignis nicht eingetreten (sogenannte Naturalrestitution). Dies besagt § 249 Abs. 1 und Abs. 2, S. 1 BGB: „Wer zum Schadensersatze verpflichtet ist, hat den Zustand herzustellen, der bestehen würde, wenn der zum Ersatze verpflichtende Umstand nicht eingetreten wäre. Ist wegen Verletzung einer Person oder wegen Beschädigung einer Sache Schadensersatz zu leisten, so kann der Gläubiger statt der Herstellung den dazu erforderlichen Geldbetrag verlangen." Der Schadensersatz dient von seiner Wirkung her der Erhaltung des Bestandes an körperlich-geistig-seelischen, gegenständlichen und sozialen Lebensmerkmalen und -bezügen, die in ihrer Gesamtheit die Rechtssphäre des Geschädigten ausmachen und in ihrer individuellen Zusammensetzung ohne die Störung auf ihre spezifische Art fortbestanden hätten. Auf einen andersartigen Erfolg ist der Schadensersatz nicht angelegt. Insbesondere bezweckt er kein Werturteil über den Schädigungsvorgang und keine daran anknüpfenden weiteren Sanktionen. Diese Einschätzung gilt selbst für die nach allgemeiner Ansicht

612 Vgl. Marburger, S. 40 ff.

613 Vgl. Diederichsen, Anfängerübung, S. 190. Näher zum Begriff des Schadens vgl. Staudinger/ Schiemann, Vorbem zu §§ 249 ff., Rn. 35 ff.

614 Vgl. Palandt/ Heinrichs, Vorb v § 249, Rn. 7.

615 Vgl. Palandt/ Heinrichs, Vorb v § 249, Rn. 7.

616 Der „Schaden" kann des weiteren unterteilt werden nach den Kriterien „Übertragbarkeit" (materieller/ reeller/ Vermögensschaden und immaterieller/ ideeller/ Nichtvermögensschaden; vgl. Baltzer, SGb 1987, 529, 533 ff.; Wiese, S. 5 ff.), „Nähe des Schadens zum Verletzungsverhalten" (Grund-/ Verletzungs-/ direkter/ unmittelbarer Schaden und Folge-/ indirekter/ mittelbarer Schaden; vgl. Baltzer, SGb 1987, 529, 533 ff.; Medicus, Schaden, S. 17 ff. und 43 ff.; Marburger, S. 40 ff.). Zur Unterscheidung in positiven Schaden und entgangenen Gewinn vgl. Staudinger/ Schiemann, Vorbem zu §§ 249 ff., Rn. 43 ff.

doppelfunktionelle Vorschrift des § 253 Abs. 2 BGB, die in ihren beiden Aufgabenkomponenten Ausgleich und Genugtuung umfasst.[617]

B. Die Haftungsfolgen im einzelnen

Unter Haftungsfolgen sind alle Rechtsbehelfe zu verstehen, welche die Rechtsordnung dem von einem haftungsbegründenden Ereignis Betroffenen zur Verfügung stellt, um das Ereignis samt seinen Folgen abwehren zu können. Der Zweck der Haftungsfolgen besteht in erster Linie im Ausgleich der entstandenen Nachteile, ausnahmsweise kommt der Gedanke der Prävention und der Schadensverhütung zum Zuge; und beim Schmerzensgeldanspruch ist neben der im Vordergrund stehenden Ausgleichsfunktion zusätzlich der Genugtuungsgedanke zu berücksichtigen.[618]

Das Recht der Haftungsfolgen hat seinen Schwerpunkt in den reparativen, d.h. wiedergutmachenden Rechtsbehelfen. Sie dienen der Behebung des Schadensereignisses oder der Ausgleichung der durch das Ereignis hervorgerufenen Nachteile.[619] Der frühere Zustand soll mit Hilfe des Ersatzes wiederhergestellt werden.[620] Im folgenden wird geklärt, wie der Schaden ausgeglichen, das Schadensereignis möglichst vollständig, interessengemäß und damit gerecht liquidiert wird.

I. Der Vermögensschaden

Eine Rechtsfolge mit Wiedergutmachungszweck ist das Recht auf Schadensersatz.[621] Im Rahmen des Schadensersatzes wird ein bestehender Vermögensschaden ausgeglichen. Die Vorschriften der §§ 249 ff. BGB geben Auskunft darüber, in welchem Umfang der Schaden vom Schädiger zu übernehmen ist: Sie gewähren vollen Schadensausgleich nach dem Grundsatz der Totalreparation.[622] Der Ersatz eines Schadens kann auf zweierlei Weise geleistet werden: durch Naturalrestitution oder durch Geldersatz (Kompensation). § 249 Abs. 1 BGB geht vom Vorrang der Naturalrestitution aus. Der Geschädigte darf die Restitution sowohl bei Personen-, als auch bei Sachschäden selber vornehmen; die Mittel dafür sind

617 Vgl. zu alledem Baltzer, SGb 1987, 529, 537.
618 Vgl. dazu Palandt/ Heinrichs, Vorb v § 249, Rn. 4; vgl. auch Stoll, S. 5.
619 Vgl. Stoll, S. 2 f.
620 Vgl. MüKo/ Stein, § 847, Rn. 2; Rümelin, S. 2, Fn. 1.
621 Vgl. Stoll, S. 3. Vgl. außerdem Diederichsen, KF 1985, 4 ff. zu den Prinzipien des Schadensrechts.
622 Vgl. Esser/ Schmidt, I 1, § 30 I.

ihm vom Schädiger zur Verfügung zu stellen (§ 249 Abs. 2 BGB).[623] Die Naturalrestitution kann – gewissermaßen als *actus contrarius* zum schädigenden Ereignis – sowohl Vermögens-, als auch Nichtvermögensschäden ausgleichen. An die Stelle der Restitution tritt der Anspruch auf Geldersatz in den Fällen des § 251 BGB, nach Absatz 1 stets, nach Absatz 2 nach Wahl des Ersatzpflichtigen. Geldersatz repariert die eingetretenen Nachteile nicht, sondern transformiert sie in eine andere Größe, in Geld.[624]

Der zu ersetzende Schaden umfasst gemäß § 252 BGB auch den entgangenen Gewinn: Als entgangen gilt der Gewinn, welcher nach dem gewöhnlichen Lauf der Dinge oder nach den besonderen Umständen, insbesondere nach den getroffenen Anstalten und Vorkehrungen, mit Wahrscheinlichkeit erwartet werden konnte (§ 252 S. 2 BGB).

II. Der Nichtvermögensschaden

Im Gegensatz zur Restitution ist Geldersatz grundsätzlich nur bei Vermögensschäden, nicht bei Nichtvermögensschäden zulässig. Eine Ausnahme besteht nur für die in § 253 Abs. 2 BGB bestimmten Fälle. Im Rahmen des Schmerzensgeldes wird ein bestehender Nichtvermögensschaden ausgeglichen.[625] Der Anspruch auf Schmerzensgeld gründet sich auf § 253 Abs. 2 BGB. Auch nach einem weiten Verständnis der Naturalrestitution lassen sich Nichtvermögensschäden durch Naturalrestitution in aller Regel nicht beheben,[626] so dass praktisch keine andere Möglichkeit der Ersatzleistung besteht als in Geld.[627] Diese wird jedoch für Nichtvermögensschäden nur ausnahmsweise, nämlich beispielsweise in dem von § 253 Abs. 2 BGB normierten Fall des Schmerzensgeldes, gewährt. Daraus lässt sich aber nicht schließen, das Schmerzensgeld sei ein mit Zurückhaltung zu gewährendes „Trostpflaster", mit dem nicht der Anspruch verbunden sei, den immateriellen Schaden des Verletzten in umfassender und einigermaßen adäquater Weise abzugelten. Im Gegenteil gebieten Art. 1 und 2 GG, der Persönlichkeitseinbuße eher höheres Gewicht einzuräumen als dem Verlust von Gut und Geld.[628]

---

623 Vgl. Marburger, S. 40 ff.
624 Vgl. Marburger, S. 40 ff.
625 Zur Funktion des Schmerzensgeldes vgl. Remé, S. 30 ff.
626 Vgl. demgegenüber die Beispiele bei Jauernig/ Teichmann, § 249, Rn. 2.
627 Vgl. MüKo/ Stein, § 847, Rn. 2.
628 Vgl. MüKo/ Stein, § 847, Rn. 2. Zur Geldentschädigung für immaterielle Schäden bei Persönlichkeitsrechtsverletzungen vgl. Palandt/ Thomas, § 823, Rn. 200 f.

3. Kapitel: Die Bedeutung einer Haftpflichtversicherung für den Betreuer

Die Notwendigkeit, das Vorhandensein einer Versicherung in die Haftungsrisiken mit einzubeziehen[629], macht es erforderlich, die Versicherungssituation des Betreuers zu betrachten. Eine besondere Stellung nimmt dabei die Haftpflichtversicherung ein.[630] Ein Tätigwerden als Betreuer ist nicht von der gegebenenfalls bestehenden privaten Haftpflichtversicherung des Betreuers gedeckt. Das Vormundschaftsgericht kann gemäß §§ 1837 Abs. 2, S. 2, 1908 i Abs. 1, S. 1 BGB dem Betreuer den Abschluss einer Versicherung gegen Schäden, die er dem Betreuten zufügen kann, aufgeben. Die Vorschrift erklärt sich aus dem Umstand, dass das Gesetz keine allgemeine Pflichtversicherung für Betreuer vorsieht.[631] Sachliche Voraussetzung einer solchen Anordnung ist das im konkreten Fall erkennbare Schadensrisiko: Das Vormundschaftsgericht wird die Eingehung einer Versicherung anordnen, wenn absehbar ist, dass nach Art und Umfang der zu erledigenden Aufgaben und nach den konkreten Lebensumständen dem Betreuten aus der Tätigkeit des Betreuers erhebliche Schäden erwachsen können, insbesondere bei der Verwaltung größeren Vermögens oder bei schwierigen Angelegenheiten der Personensorge. Entscheidender Gesichtspunkt ist, ob das Interesse des Mündels einen derartigen Versicherungsschutz verlangt oder nahe legt.[632] Die Anordnung des Versicherungsabschlusses kann auch angesichts früherer Schädigungen des Betreuten, die sich im Rahmen der Aufsicht herausgestellt haben, getroffen werden. Sie ist aber nicht abhängig von einer Pflichtwidrigkeit oder von einem Verschulden des Betreuers.[633]

Umstritten ist, welcher Betreuertyp von der Vorschrift der §§ 1837 Abs. 2, S. 2, 1908 i Abs. 1, S. 1 BGB im einzelnen umfasst ist. Jedenfalls betrifft sie den selbständigen ehrenamtlichen und Berufsbetreuer,[634] nicht jedoch den Betreuungsverein als Betreuer sowie die Betreuungsbehörde als Betreuerin.

Dem Betreuungsverein gegenüber kommt neben § 1908 f Abs. 1 Nr. 1 BGB die Auferlegung einer Versicherung nicht in Betracht.[635] Die Fähigkeit des

---

629 Vgl. unter 1. Teil, 2. Kapitel, C.

630 Zum Unfallversicherungsschutz von Betreuern: Deinert, BtPrax 1996, 42 ff.; Udke, BuW 2000, 342 f. Siehe auch unter 2. Teil, 3. Kapitel.

631 Vgl. MüKo/ Schwab, § 1837, Rn. 31.

632 Vgl. Bt-Drucks. 11/ 4528, S. 114.

633 Vgl. Palandt/ Diederichsen, § 1837, Rn. 17.

634 Zur Kontroverse, ob die Vorschrift auch den Vereins- und Berufsbetreuer betrifft vgl. einerseits Deinert/ Schreibauer, BtPrax 1993, 185, 188 und andererseits Erman/ Holzhauer, § 1837, Rn. 19. Letztere begründen ihre Auffassung damit, dass der Betreuungsverein seine Mitglieder angemessen zu versichern hat und die Mitarbeiter der Betreuungsbehörde in der Regel kommunal versichert sind.

635 Vgl. Erman/ Holzhauer, § 1837, Rn. 19.

Vereins, diese Haftung zu tragen, gehört zu den Kriterien seiner Anerkennung, deren Einhaltung von Landesbehörden überwacht wird.[636] Das Unterlassen eines derartigen Versicherungsschutzes kann bei finanzschwachen Vereinen existenzbedrohend sein.[637] Die Anerkennungsbehörden der Länder haben unabhängig von alledem die Möglichkeit, den Vereinen Auflagen zu erteilen, wonach sie den Versicherungsschutz bei Erfordernis sicherstellen können.[638]

Die Vorschrift der §§ 1837 Abs. 2, S. 2, 1908 i Abs. 1, S. 1 BGB betrifft nicht die Betreuungsbehörde als Betreuerin, die gemäß Art. 34 GG von der Amtshaftung ihrer Anstellungskörperschaft gedeckt ist.[639]

Die Versicherung Ehrenamtlicher[640] hat in der Versicherungswirtschaft eine besondere Ausprägung gefunden. Da der Versicherungsschutz freiwillig Engagierter, wie ehrenamtlicher Betreuer, oftmals lückenhaft gewesen ist, hat beispielsweise das Land Hessen mit der „Sparkassen-Versicherung Hessen-Nassau-Thüringen" zwei Rahmenverträge zum Schutz der hessischen Freiwilligen abgeschlossen, welche bestehende Lücken im Versicherungsschutz schließen und so zur weiteren Entwicklung und Stärkung des bürgerschaftlichen Engagements in Hessen beitragen sollen: Zum einen eine Sammelhaftpflichtversicherung und zum anderen eine Sammelunfallversicherung. Da es sich um Rahmenverträge des Landes handelt, ist eine gesonderte Anmeldung einzelner Personen nicht erforderlich, um den Versicherungsschutz in Anspruch nehmen zu können. Der Rahmenvertrag schützt keine Organisationen, sondern ausschließlich Einzelpersonen. Im Schadensfall werden ehrenamtlich Tätige von Schadensersatzforderungen freigestellt, die über den Selbstbeteiligungsbetrag von 500,- Euro hinausgehen.

Die Kosten einer angemessenen Versicherung sind gemäß §§ 1835 Abs. 2, S. 1, 1908 i Abs. 1, S. 1 BGB für den ehrenamtlichen Betreuer[641] abrechenbare Aufwendungen, die er sich vom Betreuten gemäß §§ 1835 Abs. 1, 1908 i Abs. 1, S. 1 BGB ersetzen lassen kann. Bei Mittellosigkeit des Betreuten werden die Haftpflichtversicherungskosten nach §§ 1835 Abs. 4, 1908 i Abs. 1, S. 1 BGB von der Staatskasse getragen.[642] Ein Berufsbetreuer, der für seine Betreuung eine Vergütung nach §§ 1836 Abs. 2, 1908 i Abs. 1, S. 1 BGB erhält, kann gemäß §§ 1835 Abs. 2, S. 2, 1908 i Abs. 1, S. 1 BGB die Kosten für eine Haftpflichtversicherung nicht als abrechenbare Aufwendung geltend machen.

636 Vgl. Erman/ Holzhauer, § 1837, Rn. 19.
637 Vgl. Deinert/ Schreibauer, BtPrax 1993, 185, 189.
638 Vgl. Deinert/ Schreibauer, BtPrax 1993, 185, 189.
639 Vgl. Erman/ Holzhauer, § 1837, Rn. 19.
640 Vgl. dazu Stiehr, S. 1 ff.; ECCLESIA Versicherungsdienst GmbH S. 1 ff.
641 Vgl. Deinert/ Schreibauer, BtPrax 1993, 185, 189.
642 Vgl. Deinert/ Schreibauer, BtPrax 1993, 185, 189.

Der Abschluss einer Haftpflichtversicherung durch die Betreuungsbehörde für den Behördenbetreuer ist nicht obligatorisch. Der Behördenbetreuer kann auch nicht die Kosten einer Amtshaftpflichtversicherung, die er privat abschließt, als Aufwendungsersatz abrechnen, da § 1908 h BGB nicht auf § 1835 Abs. 2 BGB verweist.[643]

Damit die Haftpflichtversicherung für Betreuer den erwünschten Erfolg, d.h. die endgültige Schadenstragung bewirkt, muss sie auf die besonderen Risiken des Betreuers Bezug nehmen. Die Arbeit von Betreuern unterscheidet sich von anderen Aufgabenfeldern der sozialen Arbeit insbesondere darin, dass dem Betreuer i.d.R. eine umfassende Personen- und Vermögenssorge für die zu betreuende Person übertragen wird und die Verantwortung für viele oder alle Lebensbereiche des Betreuten bei dem Betreuer liegen. Außerdem sieht sich ein Betreuer oftmals nicht einem Arbeitgeber gegenüber, sondern hat mehrere Betreuungen selbständig unter der Kontrolle des Vormundschaftsgerichts zu verantworten.

Vom Versicherungsschutz sollten Haftpflichtansprüche wegen Schäden aus einer kaufmännischen Kalkulations-, Spekulations- oder Organisationstätigkeit nicht ausgeschlossen werden, da eine solche Tätigkeit – gerade bei der Anlage von Vermögen für den Betreuten – Inhalt der Betreuertätigkeit sein kann.

Durch den Abschluss einer entsprechenden Versicherung ist es dem Betreuer möglich, das Risiko der endgültigen Schadenstragung auf eine Versicherung abzuwälzen.[644]

---

643 Vgl. Jürgens u.a. Rn. 262; Damrau/ Zimmermann, § 1908 h, Rn. 2.
Deinert/ Schreibauer, BtPrax 1993, 185, 190 sind jedoch der Auffassung, dass die Fürsorgepflicht des Dienstherrn den Abschluss und die Kostenübernahme einer entsprechenden Haftpflichtversicherung gebietet. Bedenken gegen die Nichtabrechenbarkeit der Haftpflichtprämie äußert auch Pardey, FamRZ 1989, 1030, 1034.

644 Vgl. dazu unter 1. Teil, 2. Kapitel, C.
Zum Eindringen von Versicherung und Versicherungsgedanken in das Haftungsrecht vgl. Schwarting, S. 3 ff. und 115 ff.
Bedenklich ist, dass das Vorhandensein einer Versicherung dazu missbraucht wird, Probleme des rechtsdogmatischen Verständnisses nicht zu beachten. Vgl. dazu Damrau/Zimmermann, § 1897, Rn. 20, die der Frage, ob im Falle der Haftung des Behördenbetreuers die Anstellungskörperschaft für diesen einspringt, dann keine Bedeutung mehr zumessen, wenn der Behördenbetreuer haftpflichtversichert ist. Unabhängig davon, dass dieses für Fragen des rechtsdogmatischen Verständnisses kein ausschlaggebendes Argument darstellen kann, ist die Beantwortung dieser Frage jedenfalls im Interesse der jeweiligen Haftpflichtversicherung, die den Schaden endgültig nicht zu tragen hätte, wenn die Anstellungskörperschaft für den Behördenbetreuer haftet.

4. Kapitel: Die Bestimmung des Haftungsrisikos für den Betreuer

Das Haftungsrisiko des Betreuers setzt sich aus verschiedenen Komponenten zusammen. Dabei spielen die Haftungsprinzipien und die Haftungstatbestände eine entscheidende Rolle.[645] Fraglich ist, ob und inwiefern sich das Haftungsrisiko des Betreuers – d.h. das Risiko, endgültig den Schaden zu tragen – dadurch verändert, dass andere an der Betreuung beteiligte Personen[646], namentlich der Vormundschaftsrichter und der Betreute, für den eingetretenen Schaden zusammen mit dem Betreuer verantwortlich sind (Mithaftung von Beteiligten). Außerdem spielt der konkrete Aufgabenkreis, der dem Betreuer zugewiesen ist, eine bedeutende Rolle bei der Risikobestimmung.

A. Die Veränderung des Haftungsrisikos des Betreuers durch die gleichzeitige Haftung anderer an der Betreuung beteiligter Personen

Bislang wurden die Haftungsprinzipien und -tatbestände, denen der Betreuer ausgesetzt ist, dargestellt. Im täglichen Leben ist es gerade oft das Zusammenwirken mehrerer, das einen Haftungsfall auslöst. Es handelt sich dann um einen einheitlichen Schaden, der von mehreren Schädigern zu verantworten ist. Da in einem solchen Fall mehrere Personen für ein und denselben Schaden verantwortlich sind, überschneidet sich die Haftung der verschiedenen Schädiger derart.

I. Die gesamtschuldnerische Haftung des Betreuers und anderer an der Betreuung beteiligter Personen

Im Rahmen der Überschneidungen in der Haftung sind zwei Gesichtspunkte zu unterscheiden: Relevant ist der Anspruch des Geschädigten gegenüber den mehreren Schädigern. Außerdem ist von Belang, wie das Verhältnis der einzelnen Schädiger zueinander ausgestaltet ist. Es wird untersucht, wem ein Schaden endgültig zugeordnet wird sowie ob und unter welchen Umständen eine Regressmöglichkeit gegenüber dem weiteren Schädiger besteht.

---

645 Vgl. dazu unter 1. Teil, 2. Kapitel, B I.

646 Bei den an einer Betreuung beteiligten Personen handelt es sich um den Betroffenen bzw. den Betreuten, den Verfahrenspfleger, den zum Betreuer Ausgewählten, den Betreuer, den Vormundschaftsrichters und Rechtspfleger, den Gegenbetreuer, die Betreuungsbehörde sowie deren Mitarbeiter, den Betreuungsverein sowie dessen Mitarbeiter, den Sachverständigen sowie eine etwaige Hilfsperson.

1. *Das Zusammentreffen der Haftung des Betreuers und des Vormundschaftsrichters in einem Schadensfall*

Für einen Schaden des Betreuten können zugleich sowohl der Betreuer, als auch der Vormundschaftsrichter (oder aber der Rechtspfleger[647]) verantwortlich sein.

a) Die Haftung des Vormundschaftsrichters

Im Rahmen der Haftung des Vormundschaftsrichters ist für den Betreuten die Anspruchsgrundlage des § 839 Abs. 1, S. 1 BGB i.V.m. Art 34 S. 1 GG von Belang. Gemäß § 839 Abs. 1, S. 1 BGB hat ein Beamter, der vorsätzlich oder fahrlässig die ihm gegenüber einem Dritten obliegende Amtspflicht verletzt, dem Dritten den daraus entstehenden Schaden zu ersetzen. Gemäß Art. 34 S. 1 GG trifft die Verantwortlichkeit grundsätzlich den Staat oder die Körperschaft, in deren Dienst derjenige steht, der in Ausübung eines ihm anvertrauten öffentlichen Amtes die ihm einem Dritten gegenüber obliegende Amtspflicht verletzt. Damit richten sich alle Ansprüche, die sich auf das schädigende Verhalten des Behördenbetreuers beziehen, gegen den Staat, der anstelle des nach § 839 Abs. 1 BGB haftenden Amtsträgers haftet.[648]

Hinsichtlich der Anspruchsvoraussetzungen gelten bis auf die folgenden Erläuterungen keine betreuungsspezifischen Besonderheiten. Diese betreffen insbesondere einen möglichen Haftungsausschluss: Fraglich ist, ob das sogenannte Richterspruchprivileg[649] des § 839 Abs. 2 BGB für den mit Betreuungssachen befassten Vormundschaftrichter eingreift. Ein Richter haftet für die Verletzung einer Amtspflicht bei dem Urteil in einer Rechtssache nur dann, wenn die Pflichtverletzung in einer Straftat besteht. Dem Vormundschaftsrichter steht das Privileg des § 839 Abs. 2, S. 1 BGB grundsätzlich nicht zu.[650] Die Rechtslage

---

647 Das hängt von der Zuweisung der bestimmten Tätigkeit entweder in den Zuständigkeitsbereich des Rechtspflegers gemäß § 3 Nr. 2, lit a) RPflG oder aber in den Zuständigkeitsbereich des Vormundschaftsrichters gemäß § 14 Abs. 1 Nr. 4 RPflG ab. Im folgenden wird von der Zuweisung in den Zuständigkeitsbereich des Vormundschaftsrichters ausgegeangen.

648 Vgl. Schreiber, AcP 178, 533, 534; MüKo/ Papier, § 839, Rn. 360.

649 Die Regelung des § 839 Abs. 2 BGB wird größtenteils als Spruchrichterprivileg bezeichnet. Weil dieses Privileg dem Rechtsfrieden und der Rechtssicherheit dient, erscheint der Ausdruck Richterspruchprivileg sachgerechter. Es soll nicht der Richter als solcher, sondern dessen „Spruch" geschützt werden (vgl. dazu Merten, Wengler-FS, Band II, S. 525; Coeppicus, NJW 1996, 1947).

650 Vgl. dazu Coeppicus, NJW 1996, 1947 ff.
Die einzige Ausnahme – nämlich die Anwendung des § 839 Abs. 2 BGB für den Vormundschaftsrichter – hatte der BGH für den Erlass eines Entmündigungs-

war bis zum 01.01.1977 in den §§ 1697, 1848 BGB a.F. eindeutig formuliert. § 1848 BGB a.F. lautete: „Verletzt der Vormundschaftsrichter vorsätzlich oder fahrlässig die ihm obliegenden Pflichten, so ist er dem Mündel nach § 839 Abs. 1 und 3 BGB verantwortlich." § 839 Abs. 2 BGB ist nicht für anwendbar erklärt worden, weil der Vormundschaftsrichter Justizverwaltungssachen bearbeite und kein Spruchrichter sei.[651] Für die Anwendung des § 839 Abs. 2 BGB fehlte es mithin an einem Urteil in einer Rechtssache. Durch Art. 1 Nr. 42 des 1. EheRG[652] wurde § 1848 BGB aufgehoben. Nach der Begründung[653] sollte sich die Staatshaftung für Amtspflichtverletzungen der Vormundschaftsrichter künftig unmittelbar aus Art. 34 GG in Verbindung mit § 839 BGB ergeben. Dass dem Richter zusätzlich das Privileg des § 839 Abs. 2, S. 1 BGB zufallen sollte, kann der Begründung nicht entnommen werden. Durch die Aufhebung des § 1848 BGB sollte keine Änderung der Haftungsbedingungen des Vormundschaftsrichters herbeigeführt werden. Vielmehr ist davon auszugehen, dass der Gesetzgeber eine systematische Vereinheitlichung mit der Aufhebung des § 1848 BGB anstrebte.

Ein besonderer Ausschluss der Haftung für den Vormundschaftsrichter[654] ist in § 841 BGB geregelt. Diese Vorschrift betrifft den Fall, dass der Vormundschaftsrichter nicht allein für den Schaden des Betreuten verantwortlich ist: „Ist ein Beamter, der vermöge seiner Amtspflicht einen anderen zur Geschäftsführung für einen Dritten zu bestellen oder eine solche Geschäftsführung zu beaufsichtigen oder durch Genehmigung von Rechtsgeschäften bei ihr mitzuwirken hat, wegen Verletzung dieser Pflichten neben dem anderen für den von diesem verursachten Schaden verantwortlich, so ist in ihrem Verhältnisse zueinander der andere allein verpflichtet."

Die Vorschrift setzt ein Gesamtschuldverhältnis zwischen dem Beamten oder dem für ihn haftenden Staat und dem Dritten voraus. Ein solches ist trotz § 839 Abs. 1, S. 2 BGB auch bei bloßer Fahrlässigkeit des Beamten für den Fall anzunehmen, in dem der Geschädigte den Anspruch gegen den Dritten nicht durchsetzen kann oder wenn ihm seine Verfolgung gegen diesen nicht zuzumuten ist. Ist dagegen eine andere Ersatzmöglichkeit realisierbar, so schließt § 839 Abs. 1,

---

beschlusses nach § 645 Abs. 1 ZPO a.F. gemacht und erkannt, dass der die Entmündigung wegen Geistesschwäche aussprechende Beschluss ein „Urteil in einer Rechtssache" im Sinne des § 839 Abs. 2 BGB ist (vgl. BGH NJW 1966, 2307). In Anlehnung daran ist auch der eine Betreuung anordnende Beschluss als ein Urteil in einer Rechtssache anzusehen. Vgl. dazu Coeppicus, NJW 1996, 1947 ff.

651 Vgl. Soergel/ Siebert/ Germer, § 1848, Rn. 1.

652 BGBl. I 1976, 1421.

653 Vgl. BT-Drucks. 7/ 650, S. 178.

654 Vgl. MüKo/ Stein, § 841, Rn. 5.

S. 2 BGB ein Gesamtschuldverhältnis aus.[655] Funktionsgleich mit den §§ 840 Abs. 2 und 3, 1833 Abs. 2, S. 2 BGB durchbricht § 841 BGB die allgemeinen Regeln über den Ausgleich unter Gesamtschuldnern nach den §§ 426, 254 BGB. Danach entfällt der Rückgriffsanspruch (im Innenverhältnis) des „unmittelbaren" Schädigers gegen den „nur" aus entfernter Verursachung haftpflichtigen Beamten.[656]

b) Die gesamtschuldnerische Haftung von Betreuer und Vormundschaftsrichter und die Bestimmung des endgültigen Schadensträgers

Ist neben dem Betreuer für den Schaden des Betreuten gleichzeitig der Vormundschaftsrichter verantwortlich, so haften sie grundsätzlich als Gesamtschuldner gemäß § 840 Abs. 1 BGB.[657] In ihrem Verhältnis untereinander aber ist der Betreuer der allein Verpflichtete und der Vormundschaftrichter hat im gegebenen Fall einen Rückerstattungsanspruch gegen diesen, wenn eines der zahlreichen Haftungsprivilegien des Vormundschaftsrichters durchgreift[658] (§ 839 Abs. 1, S. 2 BGB, § 839 Abs. 2, S. 1 BGB, § 840 Abs. 2 BGB, § 841 BGB). In den meisten denkbaren Fällen ist der Vormundschaftsrichter von einer Haftung freigestellt und die alleinige Haftung bleibt bei dem Betreuer bestehen.

In den Fällen, in denen sowohl der Betreuer, als auch der Vormundschaftsrichter dem Betreuten gegenüber haften, stellt sich insbesondere die Frage, welchen Einfluss eine vormundschaftsgerichtliche Genehmigung auf die endgültige Schadenszuweisung hat.[659] Dogmatisch ist diese Frage im Rahmen des Mitverschuldens zu klären.[660]

Teilweise wurde von der Rechtsprechung vertreten, dass eine vormundschaftsgerichtliche Genehmigung den Betreuer entlaste, d.h. von einer Haftung befreie.[661] Sowohl die Literatur[662] als auch die heutige Rechtsprechung[663] gehen

655 Vgl. MüKo/ Stein, § 841, Rn. 6.
656 Bzw. gegen die gemäß Art. 34 GG haftende öffentliche Körperschaft bzw. gegen den Staat, wenn die Haftung aus „unmittelbarer" Schadenszufügung zusammentrifft mit der Verantwortlichkeit aufgrund mangelhafter Beaufsichtigung des Schädigers und ähnlicher entfernterer Mitwirkung bei der Herbeiführung des Schadens.
657 Dazu bereits Drucker, S. 37.
658 Dazu bereits Drucker, S. 37.
659 Beispielsweise in einem Fall, in dem das vom Betreuer abgeschlossene und vom Vormundschaftsgericht genehmigte Rechtsgeschäft dem Betreuten Schaden zufügt.
660 Vgl. Wolf, S. 79.
661 So beispielsweise RG, JW 1911, 984 bezüglich des Vormundschaftsrechts: Bei der Haftung für die falsche Anlage von Mündelgeld führte das Reichsgericht aus, der Vormund sei haftbar, es sei denn, die Anlage war vom Vormundschaftsgericht genehmigt worden. Vgl. auch RGZ 132, 257, 260, wobei ein Haftungsausschluss vom

jedoch davon aus, eine erteilte vormundschaftsgerichtliche Genehmigung entlaste den Betreuer nicht per se; diese schließe die Haftung des Betreuers grundsätzlich nicht aus. Der gerichtliche Rat nehme dem Betreuer eine eigenverantwortliche Entscheidung nicht ab.[664]

Der Betreuer hat zu prüfen, ob das Rechtsgeschäft, welches vormundschaftsgerichtlich genehmigt wurde, nach der Genehmigung immer noch dem Interesse des Betreuten entspricht. Gegebenenfalls darf er trotz Genehmigung das Rechtsgeschäft nicht abschließen.[665] Es ist möglich, dass sich zwischenzeitlich (während des Verfahrens zur Einholung der vormundschaftsgerichtlichen Genehmigung) die tatsächlichen Gegebenheiten geändert haben, die zwar dem Betreuer, nicht aber beim Vormundschaftsgericht zum Zeitpunkt der Genehmigungserteilung bekannt waren. Der Betreuer muss sich so den veränderten Umständen des Betreuten anpassen.

Da neben dem Betreuten selbst grundsätzlich nur der Betreuer die gesamten Umstände, die im Rahmen des genehmigungsbedürftigen Rechtsgeschäfts zu berücksichtigen sind, kennt,[666] muss er in eigener Verantwortung über das Rechtsgeschäft entscheiden. Aus diesem Grunde entlastet ihn die Erteilung der vormundschaftsgerichtlichen Genehmigung nicht.[667]

Das bedeutet, dass sich der Betreuer hinsichtlich der entschuldigenden Wirkung von Rat, Auskunft und Genehmigung des Vormundschaftsgerichts

---

Reichsgericht darin gesehen wurde, dass der Vormund nach der besonderen Lage des Falles eine vormundschaftsgerichtliche Genehmigung als für seine Entscheidung maßgeblich zu Grunde legen durfte.
Auch für den Fall der §§ 1803, 1908 i Abs. 1, S. 1 BGB wurde betont, die Genehmigung des Vormundschaftsgerichts befreie den Vormund regelmäßig von seiner Haftung (so Erman/ Holzhauer, § 1803, Rn. 3 unter Bezugnahme auf RG SeuffArch 60, Nr. 194).

662 Vgl. Palandt/ Diederichsen, § 1833, Rn. 6; Meier, BtPrax 1999, 57 (58); bzgl. des Vormunds Mugdan, IV, 624.

663 Vgl. BGH FamRZ 1964, 199; BGH JZ 1964, 324;

664 Vgl. Bienwald, § 4 BtBG; § 1837, Rn. 13.

665 Vgl. Palandt/ Diederichsen, § 1907, Rn. 5; Meier, BtPrax 1999, 57, 58.

666 Vgl. BGH, FamRZ 1964, 199, 200.

667 So RGZ 132, 257, 260; BGH, FamRZ 1964, 199, 200; BGH, FamRZ 1983, 1220, 1221; BGHZ 9, 255, 261, 262; MüKo/ Schwab, § 1833, Rn. 6.
Bei einfach gelagerten Sachverhalten erscheint das plausibel; beispielsweise kann die Weiterführung eines Mietverhältnisses entgegen der vormundschaftsgerichtlichen Genehmigung zur Kündigung des Wohnraums geboten sein, wenn sie dem Wohl des Betreuten dient, weil sich sein Gesundheitszustand gebessert hat und das Vormundschaftsgericht von der Besserung des Gesundheitszustandes des Betreuten (noch) keine Kenntnis hatte (vgl. Deinert/ Schreibauer, BtPrax 1993, 185, 187).

grundsätzlich nicht darauf verlassen darf,[668] wenn er erkennt oder hätte erkennen können, dass das Vormundschaftsgericht als Ratgeber seinerseits nicht über den ausreichenden Sachverstand verfügt oder möglicherweise die Situation oder das Verhalten des Betreuten nicht richtig einschätzt.

Ausnahmen bestehen lediglich hinsichtlich solcher Voraussetzungen seines Verhaltens, die vom Vormundschaftsgericht bei seiner Entscheidung berücksichtigt wurden[669], insbesondere bei einer Rechtsauskunft durch das Vormundschaftsgericht[670], einer umfassenden Kenntnis des Vormundschaftsgerichts von dem der Genehmigung zugrundeliegenden Sachverhalt sowie Anweisungen des Vormundschaftsgerichts.[671]

Eine erteilte vormundschaftsgerichtliche Genehmigung entlastet den Betreuer nur dann, wenn dem Vormundschaftsgericht ausnahmsweise alle für den Abschluss des Rechtsgeschäfts relevanten Umstände bekannt sind und es für den Abschluss des Rechtgeschäfts nur auf eine Rechtsfrage ankommt.[672]

2. *Das Zusammentreffen der Haftung des Betreuers und des Betreuten in einem Schadensfall*

Für einen Schaden des Betreuten können zugleich sowohl der Betreute selber, als auch der Betreuer verantwortlich sein.

a) Die Haftung des Betreuten

Der Betreute kann sowohl für sein eigenes Verhalten, als auch für das des Betreuers verantwortlich sein.

aa) Die Haftung für eigenes Verhalten

Jeder Betreute haftet grundsätzlich selbst für sein einen Dritten schädigendes Verhalten.[673] Die Betreuung als solche führt nicht zum Ausschluss der Verantwortlichkeit.[674] Der Grund, welcher zur Bestellung eines Betreuers

668 Siehe Wolf, S. 79 ff. m.w.N.
669 Vgl. MüKo/ Schwab, § 1833, Rn. 6.
670 Vgl. BGH FamRZ 1983, 1220; RGZ 132, 260 bzgl. des Verlassendürfens auf einen Rechtsrat.
671 Vgl. Wolf, S. 82 ff.
672 Vgl. RGZ 132, 257, 260; Erman/ Holzhauer, § 1833, Rn. 4; Große-Boymann, S. 111.
673 Vgl. Bauer/ Knieper, BtPrax 1998, 123.
674 Vgl. Palandt/ Thomas, § 827, Rn. 1; Diederichsen/ Deutsch-FS, S. 131, 132; Bauer/ Knieper, BtPrax 1998, 123.

geführt hat, kann den Betreuten jedoch deliktsrechtlich entlasten.[675] Die Verantwortung für eine Schadenszufügung besteht ausnahmsweise dann nicht, wenn die Schadenszufügung im Zustand der Bewusstlosigkeit (§ 827 S. 1, 1. Alt BGB) oder in einem die freie Willensbestimmung ausschließenden Zustand krankhafter Störung der Geistestätigkeit (§ 827 S. 1, 2. Alt. BGB) geschah. Eine bloße Minderung der Geistes- und Willenskraft, krankhafte Gleichgültigkeit gegen die Folgen eigenen Handelns oder die Unfähigkeit zu ruhiger und vernünftiger Überlegung genügen für sich alleine nicht.[676] § 827 S. 2 BGB, der die Verantwortung gewissermaßen wieder herstellt, gilt für Betreute in der Regel nicht, da eine Betreuung nicht angeordnet wird, wenn sich der Betreute lediglich vorübergehend aufgrund der Zufuhr der genannten Mittel in einem entsprechenden Zustand befindet.

Eine Haftung kommt bei Deliktsunfähigkeit des Schädigers nur noch aus dem vom BGH als „Millionärsparagraphen“[677] bezeichneten § 829 BGB in Betracht. Nach § 829 BGB haftet der Betreute, wenn er finanziell erheblich besser gestellt ist als der Geschädigte, wenn es also unbillig wäre, dem Geschädigten den Schaden allein aufzubürden:[678] „Wer in einem den in den §§ 823 bis 826 BGB bezeichneten Fällen für einen von ihm verursachten Schaden auf Grund der §§ 827, 828 BGB nicht verantwortlich ist, hat gleichwohl, sofern der Ersatz des Schadens nicht von einem aufsichtspflichtigen Dritten erlangt werden kann, den Schaden insoweit zu ersetzen, als die Billigkeit nach den Umständen, insbesondere nach den Verhältnissen der Beteiligten, eine Schadloshaltung erfordert und ihm nicht die Mittel entzogen werden, deren er zum angemessenen Unterhalte sowie zur Erfüllung seiner gesetzlichen Unterhaltspflichten bedarf.“

bb) Die Haftung für ein Verhalten des Betreuers

Da der Betreuer gemäß § 1902 BGB gesetzlicher Vertreter des Betreuten ist, kann der Betreute aus allen von dem Betreuer für ihn eingegangenen Rechtsgeschäften unmittelbar in Anspruch genommen werden und haftet für Pflichtverletzungen, die der Betreuer im Außenverhältnis begeht, unabhängig von seiner eigenen Geschäftsunfähigkeit, wenn nur die Pflichtverletzung objektiv zum Pflichtenkreis des Schuldners gehört bzw. im Bereich des vom Schuldner

675 Vgl. Diederichsen, Deutsch-FS, S. 131, 132.
676 Vgl. Palandt/ Thomas, § 827, Rn. 1 unter Hinweis auf RGZ 108, 87; Bauer/ Knieper, BtPrax 1998, 123.
677 Vgl. BGHZ 76, 279, 284.
678 Vgl. Bauer/ Knieper, BtPrax 1998, 123.

geschuldeten Gesamtverhaltens liegt.[679] Dies gilt für vertragliche[680] bzw. vertragsähnliche[681] Ansprüche. Der Betreute haftet nicht für unerlaubte Handlungen des Betreuers; § 831 BGB findet insoweit keine Anwendung.[682]

b) Die gesamtschuldnerische Haftung von Betreuer und Betreutem und der Regressanspruch des Betreuten gegenüber dem Betreuer

aa) Die Doppelkompetenz im Bereich rechtsgeschäftlichen[683] Handelns

Die Bestellung des Betreuers wirkt sich – vorbehaltlich der §§ 104 Nr. 2, 105 BGB – auf die Geschäftsfähigkeit des Betreuten nicht aus. Der Betreute behält die volle Geschäftsfähigkeit für alle Rechtsgeschäfte, auch für diejenigen, die solche Aufgabenkreise betreffen, für die die Betreuung angeordnet wurde. Sowohl der Betreute kann nach wie vor für sich selbst rechtsgeschäftlich wirksam handeln, als auch der Betreuer für ihn im Rahmen seiner Aufgabenkreise. Diese Tatsachen ermöglichen ein Zusammentreffen der rechtsgeschäftlichen Handlungsmacht von Betreuer und Betreutem und können zu rechtlichen Komplikationen führen, welche darin bestehen, dass über ein und dasselbe identische Rechtsobjekt zwei rechtlich wirksame und voneinander unabhängige Verträge – mit einander widersprechendem Inhalt – geschlossen werden können.[684] So schließt beispielsweise der Betreute einen Kaufvertrag mit X über seinen Pkw; der Betreuer schließt kurz darauf für den Betreuten im Rahmen seiner gemäß

679 Vgl. dazu Diederichsen, Deutsch-FS, S. 131, 132 ff.

680 Zur Anwendung des § 278 BGB im Rahmen des Betreuungsverhältnisses vgl. Palandt/ Diederichsen, § 1833, Rn. 3; Diederichsen, Deutsch-FS, S. 3, Fn. 12; Bienwald, § 1902, Rn. 32 f.

681 Zu der Problematik, unter welchen Umständen bei der Haftung gemäß §§ 311 Abs. 2 Nr. 2, 280 Abs. 1, 241 Abs. 2 BGB nach den Grundsätzen der *culpa in contrahendo* außerdem eine Haftung des Betreuers neben die des Betreuten tritt bzw. unter welchen Umständen eine alleinige Haftung des Betreuers in Betracht kommt vgl. MüKo/ Schwab, § 1793, Rn. 41 sowie einerseits Wolf, S. 132 ff. und andererseits Ballerstedt, AcP 151, 501, 525 ff.

682 Vgl. RGZ 121, 114, 118; 132, 76, 80; Palandt/ Diederichsen, § 1793, Rn. 19; Erman/ Holzhauer, § 1793, Rn. 8.

683 Die parallele Problematik stellt sich auch für den Bereich des nicht-rechtsgeschäftlichen Handelns, insbesondere der Einwilligungsproblematik in ärztliche Heileingriffe. Vgl. dazu Lipp, S. 188 ff., der die Problematik der Geschäftsfähigkeit und der auf Heilbehandlung bezogene Einwilligungsfähigkeit in denselben Problemzusammenhang stellt, sowie ders., BtPrax 2002, 47 ff.

684 Komplikationen tatsächlicher Art treten erst dann auf, wenn sowohl Betreuer als auch Betreuter von ihrer Kompetenz Gebrauch gemacht haben.

§ 1902 BGB eingeräumten Vertretungsmacht über denselben Pkw einen Vertrag mit Y.

Die von Betreuer und Betreutem mit verschiedenen Vertragspartnern abgeschlossenen schuldrechtlichen Verträge sind grundsätzlich beide wirksam.[685] Der geschäftsfähige Betreute sowie der Betreuer haben die Möglichkeit, einander widersprechende Rechtsgeschäfte mit Wirkung jeweils für den Betreuten vorzunehmen. Materiellrechtlich schuldet der Betreute beiden Käufern die Übereignung des Pkw. Da der Betreute den Pkw tatsächlich aber nur einem der Käufer übereignen kann, schuldet er dem anderen Käufer, wenn er die Übereignung an den einen Käufer vornimmt, Schadensersatz wegen Nichterfüllung. Der Betreuer kann das vom Betreuten vorgenommene Rechtsgeschäft auch nicht ohne weiteres rückgängig machen.[686] Ein Widerrufsrecht des Betreuten wegen des Vorrangs seines Willens besteht grundsätzlich nicht.[687] Diese Komplikationen treten nur dann nicht ein, wenn der Betreute – unabhängig von der Bestellung des Betreuers – geschäftsunfähig ist, d.h. wenn er sich dauerhaft in einem die freie Willensbestimmung ausschließenden Zustand krankhafter Störung der Geistestätigkeit befindet. Eine Geschäftsunfähigkeit des Betreuten ist nach § 104 Nr. 2 BGB möglich.

Zwar begründet die Wunschbeachtungspflicht des Betreuers kein Widerrufsrecht bezüglich der Willenserklärungen innerhalb des Vertrages, den er für den Betreuten abgeschlossen hat. Aber die Wunschbeachtungspflicht ist eine haftungsträchtige, deren Verletzung eine Haftung gemäß §§ 1833 Abs. 1 S. 1, 1908 i Abs. 1 S. 1 BGB gegenüber dem Betreuten auslösen kann. Möglicherweise hat der Betreuer dadurch, dass er das Rechtsgeschäft für den Betreuten abgeschlossen hat, dessen Willen entgegen § 1901 Abs. 3 S. 1 BGB missachtet. Der Umstand, dass der Betreute – neben dem Betreuer – ebenfalls einen Vertrag mit einem anderslautenden Inhalt (nämlich einem anderen Vertragspartner) über denselben Gegenstand geschlossen hat, bietet einen Anhaltspunkt dafür, dass sein Wille ein anderer war als der im Vertrag, den der Betreuer geschlossen hat, ersichtliche. In einem solchen Fall ist anzunehmen, dass der Betreuer den Willen des Betreuten nicht genug erforscht hat.

---

685 Vgl. MüKo/ Thiele, § 164, Rn. 132; Schwab, FamRZ 1992, 493, 504.

686 Dies ist nach den allgemeinen schuldrechtlichen Regeln zulässig, beispielsweise dann, wenn dem Betreuten ein Anfechtungs-, Widerrufs- oder Rücktrittsrecht zusteht.

687 Vgl. Schwab, FamRZ 1992, 493, 504; Veit, FamRZ 1996, 1309, 1315.
Etwas anderes gilt nur dann, wenn der Geschäftspartner vom früheren Abschluss wusste und deshalb in dem späteren Vertrag einen Abänderungsvertrag sehen musste (vgl. MüKo/ Thiele, § 164, Rn. 116).

Die Möglichkeiten des Betreuers, auf dieses haftungsrechtliche Dilemma zu reagieren, sind nicht zufriedenstellend. Sein Verhalten könnte einerseits darin bestehen, den – möglicherweise geschäftsunfähigen – Betreuten an allen Rechtsgeschäften zu beteiligen. Dies könnte im Ergebnis zu einer ängstlichen und bürokratischen Führung von Betreuungen führen. Eine solche umfangreiche Beteiligung des Betreuten an den Angelegenheiten ist in der Praxis jedoch nicht zu leisten. Andererseits könnte die Reaktion des Betreuers auf das haftungsrechtliche Dilemma darin bestehen, den Betreuten erst gar nicht in einen Entscheidungsprozess einzubeziehen,[688] um dem Betreuten keine Möglichkeit mehr zu geben, überhaupt in das Rechtsgeschäft einzugreifen. Mit einer solchen Verhaltensweise verstößt der Betreuer gegen die Besprechungs- sowie Wunsch- und Interessensbeachtungspflicht. Da die Überprüfung solcher Pflichtverstöße in der Praxis kaum zu leisten ist, wird der Betreuer ggf. im Zweifel gegen die Wünsche des Betreuten und sein Selbstbestimmungsrecht entscheiden.[689] In diesem Sinne wirkt sich die Anordnung einer Betreuung de facto wie eine Entmündigung aus.[690]

Um dieser Problematik zu begegnen, wird angeregt, die gesetzliche Vertretung durch einen Betreuer nicht ohne Rücksicht auf die Geschäftsfähigkeit des Betreuten anzuordnen.[691] Das würde allerdings, damit es eine Hilfe für die Praxis darstellt, voraussetzen, dass zuvor die Möglichkeit geschaffen wird, die (fehlende) Geschäftsfähigkeit des Betreuten klären zu lassen. Denn eine „bloße" teleologische Reduktion des § 1902 BGB, wonach die Vertretungsmacht des Betreuers von der Geschäftsunfähigkeit des Betreuten abhängen soll, würde der Vertretungsmacht des Betreuers das letzte Stückchen an Rechtsicherheit nehmen und ihn die nach der derzeitigen Rechtslage fehlende Möglichkeit, die Geschäftsfähigkeit oder -unfähigkeit des Betreuten verbindlich klären zu lassen, noch schmerzlicher empfinden lassen.[692]

Dieses Risiko der möglichen einander widersprechenden Rechtsgeschäfte über dasselbe Rechtsobjekt ist einer der strukturellen Mängel des Betreuungsgesetzes.[693] Es lastet allein auf dem Betreuer[694] und ergibt sich daraus, dass nach dem Betreuungsgesetz auf die Möglichkeit verzichtet wurde, die Geschäftsfähigkeit des Betreuten von vornherein klären zu lassen.[695] Zugrunde liegt die

688 Vgl. Bienwald, BtPrax 1993, 79, 81.
689 Vgl. Coeppicus, FamRZ 1992, 741, 747.
690 Vgl. Klüsener, Rpfleger 1989, 217, 221.
691 Vgl. Veit, FamRZ 1996, 1309, 1317.
692 Vgl. Diederichsen, Deutsch-FS, S. 131, 134, Fn. 13.
693 So auch Bienwald, BtPrax 1993, 79, 81.
694 Vgl. Bienwald, BtPrax 1993, 79, 81.
695 So auch Ruffing, S. 109.

Absicht des Gesetzgebers, die Autonomie des Betreuten soweit wie möglich zu erhalten.[696] Trotzdem ist das Bestehen der Geschäftsfähigkeit wesentlich für die Frage, ob ein vom Betreuten abgeschlossenes Rechtsgeschäft wirksam ist oder nicht. Da die Feststellung der Geschäftsfähigkeit zwar nicht Voraussetzung für die Bestellung des Betreuers ist, der Betreute aber durchaus aufgrund seiner Krankheit oder Behinderung den Zustand der Geschäftsunfähigkeit erreichen kann, besteht für die Praxis im Geschäftsverkehr ein großes Interesse daran, die Geschäftsfähigkeit klären zu lassen.[697]

Es mag sich bei den Fällen der Doppelverpflichtung um eine in der Praxis nicht gerade häufig vorkommende Konstellation handeln; aber das ist, da es um Grundlagen des rechtsdogmatischen Verständnisses geht, kein wirklich überzeugendes Argument, die Konzeption gut zu heißen.[698, 699]

Der Gesetzgeber wollte die Selbstbestimmung der Betreuten stärken, ohne ihnen im Gegenzug ein Mehr an Verantwortung aufzubürden. Eine solche Herangehensweise ist jedoch problematisch: Grundsätzlich geht ein Mehr an Autonomie einher mit einem Mehr an Verantwortungsübernahme. Ein höheres Maß an Freiheit korrespondiert mit einem höheren Maß an Verantwortung. Es drängt sich daher der Verdacht eines lediglich symbolischen Bekenntnisses zugunsten verstärkter Rechtsteilhabe auf.[700]

---

696 Vgl. oben unter 1. Teil, 1. Kapitel, B II 1.

697 So für den Bankreich Ruffing, S. 109. Vgl. auch Schwab, Mikat-FS, S. 881, 896.

698 Vgl. Diederichsen, Deutsch-FS, S. 131, 134.

699 Darauf, dass dieses Phänomen der Möglichkeit zur Doppelverpflichtung auch im Rahmen der gewillkürten Stellvertretung besteht, wo Geschäftsherr und Bevollmächtigter im Rechtsverkehr auf miteinander unvereinbare Weise handeln können, weist Lipp hin (vgl. Lipp, S. 189). Das Risiko der Doppelverpflichtung bedeutet dennoch eine besondere Belastung der beteiligten Personen im Betreuungsrecht. Das wird bei einem Vergleich des Betreuungsrechts mit dem der gewillkürten Stellvertretung zwar nicht offenbar, ergibt sich aber aus einem Vergleich des Betreuungsrechts mit dem Recht der Vormundschaft über Volljährige. Der Unterschied ist derjenige, dass im Rahmen des Betreuungsrechts keine Klärung der Geschäftsfähigkeit oder –unfähigkeit des Betreuten stattfindet, anders als im Recht der Vormundschaft über Volljährige, wo die Vormundschaft über Volljährige eine Entmündigung voraussetzte. Die Verfasser des BGB vertraten die Ansicht, zur Führung einer Vormundschaft sei es unerlässlich, eine Entmündigung und damit die Geschäftsunfähigkeit des Bevormundeten einher gehen zu lassen, weil es unzuträglich wäre, letzteren in einer Rechtslage zu belassen, die es ihm ermögliche, Maßnahmen des Vormundes seinerseits durch widersprechende Handlungen illusorisch zu machen (vgl. Mugdan, I, S. 685). Die Entmündigung diente neben dem Schutz des Betroffenen auch der Sicherheit des Rechtsverkehrs (vgl. Stöcker, DAVorm 1982, 719 ff.).

700 Vgl. zu alledem Knieper, S. 180 f.

bb) Die Fälle der Aufsichtspflichtverletzung durch den Betreuer gemäß § 832 Abs. 1 BGB

Im Falle der Deliktsfähigkeit des aufsichtsbedürftigen Betreuten ist dieser selbst einer Haftung ausgesetzt (beispielsweise gemäß § 823 Abs. 1 BGB). Dann haften der aufsichtspflichtige Betreuer (gemäß § 832 Abs. 1 BGB) und der aufsichtsbedürftige Betreute (gemäß § 823 Abs. 1 BGB) nach § 840 Abs. 1 BGB als Gesamtschuldner. Zum Ausgleich im Innenverhältnis bestimmt § 840 Abs. 2 BGB, dass, wenn neben demjenigen, der nach § 832 BGB zum Ersatze des von einem anderen verursachten Schadens verpflichtet ist (also der aufsichtspflichtige Betreuer), auch der andere (also der Betreute) für den Schaden verantwortlich ist, dann ist in ihrem Verhältnisse zueinander der andere (also der Betreute) allein, im Falle des § 829 BGB der Aufsichtspflichtige (also der Betreuer) allein verpflichtet.

Lediglich in den Fällen, in denen der Betreute deliktsfähig und nicht aufsichtsbedürftig ist, wird die Pflichtwidrigkeit des Betreuers durch ein deliktisches Verhalten des Betreuten überlagert. Die Pflicht des Betreuten, nicht drittschädigend zu handeln, ist grundsätzlich keine Angelegenheit, die der betreuungsrechtlichen Fürsorge des Betreuers unterliegt, es sei denn, der konkrete Einzelfall gebietet anderes. Ansonsten würde die Haftung des Betreuers für Pflichtwidrigkeiten in der Wahrnehmung der Personen- und Vermögensfürsorge durch die Hintertür des Regresses des Betreuten entgegen der Rechtsprechung des BGH[701] doch wieder von einer allgemeinen Einstandspflicht Dritten gegenüber geprägt.[702]

cc) Die endgültige Schadenstragung bei einer Haftung sowohl des Betreuers als auch des Betreuten

Soweit der Betreute einem von ihm geschädigten Dritten gegenüber selbst haftet, ist ein interner Regressanspruch des Betreuten gegen den Betreuer nach §§ 1833 Abs. 1, S. 1, 1908 i Abs. 1, S. 1 BGB begründet, wenn die schädigende Handlung des Betreuten auf eine mangelhafte Führung der Betreuung durch den Betreuer zurückzuführen ist.[703] Es dürfte dem Betreuten regelmäßig möglich sein, die ihn im Außenverhältnis treffende Haftung im Innenverhältnis auf den Betreuer gemäß §§ 1833 Abs. 1, S. 1, 1908 i Abs. 1, S. 1 BGB abzuwälzen.[704]

---

701 Vgl. BGH, BtPrax 1995, 193 f.

702 Zu alledem vgl. Bauer/ Knieper, HK-BUR, § 832 BGB, Rn. 57.

703 So auch Bauer/ Knieper, BtPrax 1998, 168 (169 f).

704 Vgl. Wolf, S. 132; Jürgens u.a., Rn. 254; Schulz, BtPrax 1995, 56.

Der Betreuer hat die Pflicht, ständig über den ihm übertragenen Aufgabenkreis hinauszudenken und dasjenige, das ihm an änderungsgeeigneten Umständen bekannt wird, an das Vormundschaftsgericht weiterzugeben.[705] Kommt es zu einem Schaden, den der Betreute aufgrund einer Veränderung seines Gesundheitszustands oder aufgrund der Veränderung seiner Lebensumstände verursacht hat und für den der Betreute dem Geschädigten primär ersatzpflichtig ist, so ist damit oftmals gleichzeitig eine Pflichtverletzung des Betreuers anzunehmen. Die situationsgebundene Pflicht des Betreuers, sich ständig über die Zu- und Umstände des Betreuten im klaren zu sein, kann dazu führen, dass der Betreuer dem Vormundschaftsgericht Mitteilung hätte machen müssen, woraufhin eine Erweiterung des Aufgabenkreises erfolgt wäre und der Schaden nicht hätte eintreten müssen. Die Anforderungen an das Erkennen solcher Zustände sind sehr hoch. Letztlich liefert die Tatsache, dass es zu einem Schaden kam, den der Betreute verursacht hat, bereits ein Indiz dafür, dass der Betreuer nicht sorgfältig genug die Umstände des Betreuten beobachtet hat. Praktisch ist damit der Betreute so gut wie immer von einer Haftung befreit, da diese auf den Betreuer übergeleitet werden kann.

II. Die Analyse der haftungsrechtlichen Situationen

Die ausgewählten typischen haftungsrechtlichen Situationen, bei denen es sich um einen einheitlichen Schaden handelt, der von mehreren Schädigern – dem Vormundschaftsrichter und dem Betreuer oder dem Betreuten und dem Betreuer – zu verantworten ist, werden auf die haftungsrechtlich (vorteilhafte oder nachteilige) Stellung der Personen hin untersucht.

1. Die haftungsrechtliche Stellung des Betreuers

Im Rahmen der Überschneidungen wurde deutlich, dass die Haftung oftmals allein bei dem Betreuer hängen bleibt, wenn für einen Schaden beim Betreuten sowohl der Betreuer als auch eine andere Person (wie beispielsweise der Vormundschaftsrichter oder der Betreute selbst) verantwortlich sind.

In dem Fall, in dem der Betreuer und der Betreute einen Schaden zu verantworten haben, ist entweder der Betreuer deshalb allein verantwortlich, weil er – wie in den Fällen der Doppelverpflichtungen – die Wünsche des Betreuten missachtet hat oder er einem Regressanspruch des Betreuten ausgesetzt ist.

705 Vgl. Diederichsen, Deutsch-FS, S. 131, 142 sowie unter 2. Teil, 1. Kapitel, A I 3 d bb.

Im Zusammenwirken mit dem Vormundschaftsrichter ist der Betreuer zwar bei einer Rechtsauskunft oder Anweisungen haftungsrechtlich befreit, die vormundschaftsgerichtliche Genehmigung eines Rechtsgeschäfts entlastet den Betreuer hingegen grundsätzlich nicht von einer Inanspruchnahme, wenn durch die Vornahme des besagten Rechtsgeschäfts ein Schaden entsteht. Außerdem führt das Vorhandensein von vielfältigen Haftungsausschlüssen dazu, dass eine Verantwortlichkeit des Vormundschaftsrichters trotz einer Pflichtverletzung durch den Vormundschaftsrichter rechtlich gar nicht erst zustande kommt.

Es hat sich gezeigt, dass in dem Fall, in dem der Betreuer zusammen mit einer anderen Person haftet, sich kaum eine Veränderung des Haftungsrisikos des Betreuers ergibt. Es vermindert sich nicht etwa durch das Hinzutreten einer weiteren für den Schaden verantwortlichen Person entsprechend den Verantwortungsbeiträgen. Diese Position des Betreuers ist unangemessen schlecht. Der Betreuer hat durch die Wahrnehmung seines Amtes die wenigsten Vorteile verglichen mit den übrigen an der Betreuung beteiligten Personen, seine Position stellt sich haftungsrechtlich am nachteiligsten dar.

2. *Die haftungsrechtliche Stellung des Vormundschaftsrichters*

Insbesondere das Vorhandensein von vielfältigen Haftungsausschlüssen führt dazu, dass eine Verantwortlichkeit des Vormundschaftsrichters trotz einer Pflichtverletzung rechtlich gar nicht erst zustande kommt.

Im Fall des § 841 BGB trägt der Betreuer den Schaden im Verhältnis zu dem Vormundschaftsrichter, der ihn durch Verletzung seiner Pflicht zu sorgfältiger Bestellung, Beaufsichtigung oder qualifizierter Mitwirkung „nur“ mittelbar ermöglicht hat, letztlich allein.[706] Diese Haftung beruht auf dem Gedanken, dass der unmittelbare Schädiger den Schaden im Verhältnis zu demjenigen, der ihn durch eine Verletzung seiner Pflicht zu sorgfältiger Auswahl, Bestellung, Beaufsichtigung oder Überwachung nur mittelbar ermöglicht hat, letztlich allein tragen soll.[707] Die Formulierung „nur“ erscheint hier jedoch nicht angebracht. Sie wertet das pflichtverletzende Verhalten des Vormundschaftsrichters ab und betont, dass der Schwerpunkt der Verantwortlichkeit auf dem pflichtverletzenden Verhalten des Betreuers liegt. Im Vergleich stehen der Betreuer, der mit seinem pflichtverletzenden Verhalten einen Schaden verursacht hat (beispielsweise hat es der Betreuer entgegen seiner im Aufgabenkreis festgelegten Aufgabe unterlassen, ärztliche Hilfe für den Betreuten zu organisieren, woraufhin dieser schwer erkrankt) und der Vormundschaftsrichter, der für die Entstehung des

706 Vgl. MüKo/ Stein, § 841, Rn. 2.
707 Vgl. MüKo/ Stein, § 840, Rn. 25.

Schadens auch ursächlich wurde (beispielsweise dadurch, dass der Vormundschaftsrichter im Rahmen seiner Aufsichtspflicht über den Betreuer und in Kenntnis der Unzuverlässigkeit des Betreuers aus einem vergleichbaren Fall es unterlassen hat, den Betreuer zu entlassen und für den Betreuten einen neuen Betreuer zu bestellen). Es drängt sich die Frage auf, ob in einem derartigen Fall die Feststellung, der Betreuer habe den Schaden unmittelbar und der Vormundschaftsrichter nur mittelbar verantwortet, die Verantwortlichkeit für den Schaden zufriedenstellend beantwortet.

Auch die pauschale Ausgleichsregelung des § 840 Abs. 2 BGB würde in dem Fall zu unbilligen Ergebnissen führen, in dem den Betreuer nur leichte Fahrlässigkeit, den Vormundschaftsrichter dagegen ein erhebliches Verschulden trifft.[708] Die starre Haftungsverteilung nach § 840 Abs. 2 BGB ist der flexiblen nach dem Rechtsgedanken des § 254 BGB unterlegen.[709] Die Abwägung der Verantwortungsbeiträge gewährleistet eine gerechte Schadensverteilung, denn nur ein Vergleich unter mehreren Verantwortungsbeiträgen ermöglicht das Festlegen eines Verantwortungsbeitrags auf einen bestimmten Betrag.

Festzuhalten bleibt, dass die haftungsrechtliche Situation des Vormundschaftsrichters aus den genannten Gründen als verhältnismäßig[710] vorteilhaft angesehen werden kann.

3. Die haftungsrechtliche Stellung des Betreuten

Dem Betreuten steht in dem Fall, in dem er einen Schaden zu verantworten hat, ein Regressanspruch gegenüber dem Betreuer zu, wenn die schädigende Handlung des Betreuten auf eine mangelhafte Führung der Betreuung durch den Betreuer zurückzuführen ist. Für den Fall, dass dem Betreuten kein Regressanspruch gegen den Betreuer zusteht, ist davon auszugehen, dass er eine Haftpflichtversicherung hat, die für seinen Schaden eintritt, was unter Umständen von dem Betreuer zu organisieren war.[711]

Auch die Wunschbeachtungspflicht stellt sich für den Betreuten haftungsrechtlich vorteilhaft dar, was in den Fällen der Doppelverpflichtung deutlich wurde.

Festzuhalten bleibt, dass die haftungsrechtliche Situation des Betreuten als verhältnismäßig[712] vorteilhaft anzusehen ist.

---

708 Vgl. MüKo/ Stein, § 840, Rn. 25; MüKo/ Mertens, Vor §§ 823-853, Rn. 75.
709 Vgl. MüKo/ Mertens, Vor §§ 823-853, Rn. 75.
710 Im Verhältnis zum Betreuer.
711 Vgl. dazu oben unter 2. Teil, 1. Kapitel, A I 3 d aa.
712 Im Verhältnis zum Betreuer.

B. Die Beeinflussung des Haftungsrisikos durch weitere Umstände

Das Haftungsrisiko des Betreuers ist aber nicht nur von Haftungsnormen und deren unbilligen Ergebnissen geprägt, sondern auch von den tatsächlichen Gegebenheiten bei einer Betreuung, insbesondere von dem konkreten Aufgabenkreis.[713] Bezüglich der Höhe des möglicherweise zu erwartenden Schadens spielt eine Rolle, ob das Vermögen eines altersdementen Millionärs mit komplizierten Immobilienangelegenheiten zu verwalten ist oder aber ob für einen Betreuten lediglich Essen auf Rädern zu organisieren ist. Des weiteren spielt zur Bestimmung eines Haftungsrisikos der Schwierigkeitsgrad der zu besorgenden Angelegenheit des Betreuten eine Rolle, wobei bei der Führung eines Prozesses, in dem es um eine geringe Geldsumme geht, möglicherweise komplizierte Fragen zu klären sind, während sich die Lage bei einer immensen Vermögensverwaltung tatsächlich und rechtlich sehr einfach darstellen kann.

Auch der Umstand, ob der Betreuer auf eine Kooperation mit dem Betreuten zählen kann oder dieser sich gegen alles, was der Betreuer auch tut, wehrt, kann eine Rolle zur Risikobestimmung der jeweiligen Betreuertätigkeit spielen.[714]

---

713 Vgl. zur Schwierigkeit für den Betreuer, den Aufgabenkreis richtig einzuschätzen oben unter 2. Teil, 1. Kapitel, A I 3 c.

714 Zum speziellen Haftungsrisiko eines Betreuers, der einen sich sträubenden Betreuten betreut vgl. Dröge, S. 1 ff. sowie Fratzky, BtPrax 2000, 239 ff. und Bauer, FamRZ 1994, 1562 ff. bezüglich des Haftungsrisikos bei Zwangsbefugnissen in Wohnungsangelegenheiten.

3. Teil: Die Eingrenzung des Haftungsrisikos des ehrenamtlichen Betreuers durch die Begrenzung des Haftungsmaßstabs

Der Betreuer ist während seiner Tätigkeit zahlreichen Haftungsrisiken ausgesetzt, die er selbst nur bis zu einem gewissen Grad zu beeinflussen vermag.[715] Die Analyse der haftungsrechtlichen Situation des Betreuers hat ergeben, dass diese im Vergleich mit der Situation des Betreuten sowie mit der des Vormundschaftsrichters eine unverhältnismäßig nachteilige ist.[716] Es wurde außerdem nachgewiesen, dass innerhalb der Betreuertypen ein haftungsspezifischer Unterschied in der Haftung von einerseits dem Berufsbetreuer und andererseits dem ehrenamtlichen Betreuer besteht, die sich als nachteilig für den ehrenamtlichen Betreuer darstellen: Während die Haftung bei dem Berufsbetreuer entweder auf die Anstellungskörperschaft übergeleitet wird (bei dem Behördenbetreuer) bzw. zu seiner Haftung diejenige des Betreuungsvereins tritt (bei dem Vereinsbetreuer), haftet der ehrenamtliche Betreuer, sei er Vereinsbetreuer oder privater Betreuer, alleine und persönlich.[717]

Wird diese haftungsrechtliche Situation an dem Haftungsprinzip *cuius commodum, eius periculum* gemessen, ergibt sich, dass sie damit nicht in Einklang zu bringen ist: Einen Vorteil aus der Führung einer Betreuung zieht in erster Linie der Betreute selber, dessen Aufgaben, die er nicht selbst wahrnehmen kann, von dem Betreuer wahrgenommen werden. Außerdem profitiert der Staat vom Tätigwerden der Betreuer: Das Vormundschaftsgericht wird mit dem Eintritt eines Tatbestandes, der die Bestellung eines Betreuers erfordert, von Amts wegen rechtsgestaltend tätig; insofern ist ursprünglich der Staat gefordert.[718] Es entspricht den Prinzipien eines jeden Sozialstaats, Vorsorge für die Hilfsbedürftigen zu treffen.[719] Der Staat ist – heute aufgrund des Sozialstaatsprinzips nach Art. 20 Abs. 1, 28 GG – verpflichtet, für die hilfsbedürftigen Mitglieder der Gesellschaft zu sorgen.[720] Die Fürsorge für die Staatsbürger ist eine klassische Staatsaufgabe,

715 Die Möglichkeit zum Selbstbeeinflussen beschränkt sich dabei auf die sorgfältige Pflichterfüllung, vgl. dazu unter 2. Teil, 1. Kapitel, A I 3 c und A I 3 b dd sowie 2. Teil, 4. Kapitel, B.

716 Vgl. dazu unter 2. Teil, 4. Kapitel, A II 1.

717 Vgl. dazu unter 2. Teil, 1. Kapitel, C III.

718 Vgl. Maurer, FamRZ 1960, 468, 470; Lindacher, FamRZ 1964, 116, 118; Schreiber, AcP 178, 539; Riedl, S. 76; vgl. auch BGHZ 17, 115.

719 Vgl. BVerfGE 40, 121, 133; 43, 13, 19; Riedl, S. 86 m.w.N.

720 Vgl. BVerfGE 10, 326; 1, 97, 105; 40, 121, 133; Riedl, S. 86m.w.N.

zumal allgemeine Not zu innerer Unruhe führen und die Staatsordnung gefährden kann.[721]

Einen mit diesem Vorteil verbundenen Nachteil trägt jedoch nicht derjenige, der den Vorteil hat, sondern jemand, für den mit der Führung einer Betreuung nicht nur die wenigsten Vorteile, sondern auch Nachteile verbunden sind: der Betreuer. Insbesondere bei der ehrenamtlichen Führung einer Betreuung leuchtet die im Vergleich zum Betreuten und zum Vormundschaftsgericht unverhältnismäßig schlechte haftungsrechtliche Situation des Betreuers nicht ein.[722]

Es stellt sich die Frage, ob der Haftungsmaßstab im Rahmen der Haftung insbesondere des ehrenamtlichen Betreuers eingegrenzt werden kann.[723]

1. Kapitel: Die Subjektivierung des Fahrlässigkeitsbegriffs

Die Subjektivierung des Fahrlässigkeitsbegriffs scheint auf den ersten Blick eine Lösungsmöglichkeit aus der beschriebenen Problematik für den Betreuer zu bieten. Das Abstellen entweder auf die subjektiven Fähigkeiten des Betreuers oder auf die subjektive Vertrauenserwartung des Geschädigten würde für den Betreuer eine Begrenzung seines Haftungsmaßstabs bedeuten.

Die Rechtsprechung hat die (hohen) Sorgfaltsanforderungen des § 276 BGB für den Betreuer bereits eingeschränkt. Danach sei bei der Beurteilung der Frage, ob der Betreuer fahrlässig gehandelt hat, zu berücksichtigen, welche Sorgfalt in den Lebenskreisen, denen der Betreuer angehört, geübt werde und billigerweise

---

Es ist dem Staat seit der Weimarer Reichsverfassung die Verantwortung für das soziale Gefüge und den gesellschaftlichen Fortschritt verfassungsrechtlich aufgetragen worden. Schon vorher war der Staat auf diesem Gebiet tätig geworden, wobei er in den verschiedenen Arbeitsfeldern der Erziehung, der Armen- und Krankenpflege und der Fürsorge für Behinderte und Gebrechliche stets auf sog. freie Träger traf: Einzelpersonen und Institutionen unterhalten in Deutschland seit Jahrhunderten solche Anstalten. Eine besondere Stellung nehmen unter den freien Trägern die kirchlich orientierten ein. Sie sind nicht nur zahlenmäßig die bedeutendsten, sondern auch die ältesten. Von Anfang an war die christliche Liebestätigkeit ein unverzichtbarer Teil der christlichen Religionsausübung. Es waren die Kirchen, in deren Bereich soziale Vorsorge und Hilfe seit Jahrhunderten angesiedelt waren. Vgl. zu alledem v. Campenhausen, S. 179 f. m.w.N.).

721 Vgl. Merten, Rn. 13.

722 Vgl. dazu auch Diederichsen, Deutsch-FS, S. 131, 147 f.

723 Ein Haftungsausschluss oder eine Haftungsbeschränkung im vornherein durch Willenserklärung des Betreuten, z.B. in Form einer Betreuungsverfügung, ist nicht für zulässig anzusehen (vgl. dazu Epple, BtPrax 1993, 156 158 m.w.N.).

in diesen Kreisen erwartet werden könne.[724] Der Maßstab der von einem Betreuer zu verlangenden Sorgfalt bestimme sich nach dem Lebenskreis[725] sowie nach der Rechts- und Geschäftserfahrung[726] des Betreuers. Das OLG Schleswig formulierte diesbezüglich, dass zwar der Betreuer grundsätzlich für jeden Verschuldensgrad hafte, dem Betreuer jedoch abweichend von dem allgemeinen ausschließlich objektiven Sorgfaltsmaßstab des § 276 Abs. 1 BGB Erleichterungen zugute zu halten seien, die sich aus den besonderen Verhältnissen seines Lebenskreises ergeben.[727] In dem zu entscheidenden Fall hat das OLG Schleswig argumentiert, dass ein „anscheinend zu dem Lebenskreis allenfalls durchschnittlich kundiger und verständiger Menschen" gehörender Betreuer „zur Erfüllung seiner amtlichen Sorgfaltspflicht" nicht mehr zu tun braucht als „mit dem Bekenntnis seiner Überforderung durch die bevorstehenden Angelegenheiten um seine Entlassung aus dem Amt" zu bitten.[728]

Eine derartige Auslegung des § 276 Abs. 1 BGB ist problematisch.[729] Die ehrenamtliche Betreuung hat ihren Ursprung zumeist in sozialer Nähe. Die mit der Entscheidung des OLG Schleswig zugestandene Erlaubnis, sich aus dem Amt selbst zurückziehen zu dürfen, spielt die Grundkonzeption einer Betreuung durch Laien aus.[730] Der rechtspolitische Wunsch, zu einer billigen Lösung für den Betreuer zu gelangen, wird von dem Empfinden geleitet, dass der haftungsrechtlichen Inanspruchnahme zumindest des ehrenamtlichen Betreuers, die ohnehin schon Ausdruck einer unzeitgemäßen Sozialpflichtigkeit seiner Person ist, etwas Anstößiges anhaften könnte und dass manches von dem, wofür gehaftet werden soll, die unangemessene Abnahme des allgemeinen Lebensrisikos sein könnte.[731]

Die Gerichte entfernen sich mit der Subjektivierung des Fahrlässigkeitsbegriffs von dem objektiven Maßstab des § 276 Abs. 1 BGB[732] und nähern sich dem subjektiven Maßstab des § 277 BGB an[733].

---

724 Vgl. RG JW 11, 1016; BGH, FamRZ 1964, 199, 200; OLG Schleswig, FamRZ 1997, 1427; vgl. auch Palandt/ Diederichsen, § 1833, Rn. 8; Erman/ Holzhauer, § 1833, Rn. 4.

725 Vgl. OLG Schleswig FamRZ 1997, 1427.

726 Vgl. BGH, NJW 2004, 220 f. unter Bezug auf FamRZ 1964, 199 und MüKo/ Wagenitz, § 1833, Rn. 4.

727 Vgl. OLG Schleswig, FamRZ 1997, 1427.

728 Vgl. dazu Diederichsen, Deutsch-FS, S. 131, 145.

729 So bereits Diederichsen, Deutsch-FS, S. 131, 145.

730 Vgl. auch Diederichsen, Deutsch-FS, S. 131, 145.

731 Vgl. dazu Diederichsen, Deutsch-FS, S. 131, 150.

732 Vgl. Palandt/ Heinrichs, § 276, Rn. 15.

733 So auch Wolf, S. 70.

Die zweifelhafte Auslegung des § 276 Abs. 1 BGB geht auch zu Lasten der Rechtssicherheit: Weder der Betreuer, noch der Betreute, noch Dritte können sich auf das konkrete Auslegungsergebnis über § 276 Abs. 1 BGB des erkennenden Gerichts einstellen.[734]

2. Kapitel: Die *diligentia quam in suis*

Für einige Bereiche mit gesteigerter personaler Bindung hat der BGB-Gesetzgeber von vornherein die Sorgfaltsanforderungen gesenkt.[735] Die Beteiligten brauchen nur diejenige Sorgfalt aufzuwenden, die sie in ihren eigenen Angelegenheiten zu beobachten pflegen; der Haftungsmaßstab ist auf die sogenannte *diligentia quam in suis* beschränkt. Im Familienrecht hat dieser Haftungsmaßstab drei Anwendungsfälle: § 1359 BGB privilegiert die Ehegatten im Verhältnis zueinander; § 1664 Abs. 1 BGB privilegiert die sorgeberechtigten Eltern im Verhältnis zu ihren Kindern und § 1793 Abs. 1 S. 3 BGB privilegiert den Vormund, der den Mündel auf längere Dauer in seinen Haushalt aufgenommen hat. Die „Erfüllung der sich aus dem ehelichen Verhältnis ergebenden Verpflichtungen" (vgl. § 1359 BGB), die „Ausübung der elterlichen Sorge" (vgl. § 1664 Abs. 1 BGB) und die „Führung der Vormundschaft" betreffen jedoch nur Teilbereiche der im 4. Buch des BGB geregelten Beziehungen. Es stellt sich die Frage, warum eine solche Haftungsprivilegierung nicht auch für einen weiteren Personenkreis aus dem Familienrecht[736], für den ehrenamtlichen Betreuer, gelten soll.

A. Die diligentia quam in suis als Maßstab des Verschuldens

Die *diligentia quam in suis* ist die Umschreibung eines Haftungsmaßstabs.[737] Gemäß § 277 BGB hat der Betreffende nur für diejenige Sorgfalt einzustehen,

---

734 Mit gleichem Ergebnis auch Sandmann, S. 18 ff. bezüglich der Haftung von Arbeitnehmern, Geschäftsführern und leitenden Angestellten.

735 Im einzelnen: § 690 BGB (Verwahrer); § 708 BGB (Gesellschafter), § 1359 BGB (Ehegatten); § 1664 Abs. 1 BGB (Eltern); § 1793 Abs. 1, S. 3 BGB (Vormund); § 2131 BGB (Vorerbe).

736 Zur Ausdehnung des Anwendungsbereichs der Haftungsprivilegierung der *diligentia quam in suis* auf weitere Bereiche des Familienrechts vgl. Knolle, S. 89 ff. zugunsten des Kindes bei einer leicht fahrlässig verursachten Schädigung seiner Eltern, im Verhältnis von Geschwistern untereinander oder im Verhältnis von Großeltern und Enkelkind.

737 Vgl. bereits oben unter 1. Teil, 2. Kapitel, B III 1. Zu der Problematik, ob der Maßstab der eigenüblichen Sorgfalt das Haftungsmaß beeinflusst (wie die herrschende

welche er in eigenen Angelegenheiten anzuwenden pflegt. Daraus folgt ein subjektiver konkreter Sorgfaltsmaßstab, der auf die Gewohnheiten des Betroffenen eingeht und damit den Vertrauensgrundsatz, der ansonsten im Rahmen des Verschuldensprinzips Platz greift,[738] außer Kraft setzt.[739] Die Berücksichtigung der individuellen persönlichen Eigenarten des Handelnden hat zur Folge, dass auch die bei ihm üblichen Nachlässigkeiten und der „persönliche Schlendrian" nicht zur Haftung führen, soweit das Verhalten nicht als grob fahrlässig einzustufen ist.[740]

Der subjektive Maßstab des § 277 BGB soll die Haftung nicht verschärfen, sondern mildern. Verfährt der Handelnde in eigenen Angelegenheiten besonders sorgfältig, so haftet er daher nur für die erforderliche Sorgfalt im Sinne des § 276 BGB.[741]

Eine Grenze erfährt die *diligentia quam in suis* insoweit, als der Handelnde für grobe Fahrlässigkeit gemäß § 277 BGB und für Vorsatz gemäß § 276 Abs. 3 BGB jedenfalls einstehen muss.[742] Außerdem ist sie ihrer *ratio* nach bei der gemeinsamen Teilnahme im Straßenverkehr unanwendbar:[743] Die Anwendung der Haftungsprivilegierung im Straßenverkehr würde im Ergebnis nicht den Schädiger privilegieren, sondern den Kfz-Haftpflichtversicherer.[744]

B. Die Geltung der diligentia quam in suis für Betreuer

I. Die derzeitige Rechtslage

Dem Betreuer ist nach der derzeitigen Rechtslage das Haftungsprivileg der *diligentia quam in suis* im Vergleich zum Vormund, dem dieses gemäß §§ 1664 Abs. 1, 1793 Abs. 1, S. 3 BGB unter der Voraussetzung zusteht, dass er den Mündel auf längere Dauer in seinen Haushalt aufgenommen hat, verwehrt.[745] Es ist im Rahmen des Betreuungsrechts weder eine Verweisung auf § 1793 Abs. 1, S. 3 BGB, noch auf §§ 1664 Abs. 1 oder 1359 BGB enthalten.

Meinung dies annimmt und auch die vorliegenden Arbeit) oder bereits die Pflichtenstellung des privilegierten Schädigers vgl. Knolle, S. 31 m.w.N.

738 Vgl. oben unter 2. Teil, 1. Kapitel, B.

739 Vgl. Soergel/ Wolf, § 277, Rn. 4; MüKo/ Hanau, § 277, Rn. 25; Deutsch, Rn. 430.

740 Vgl. Fikentscher, Rn. 509.

741 Vgl. Palandt/ Heinrichs, § 277, Rn. 5.

742 Zur groben Fahrlässigkeit vgl. unter 1. Teil, 2. Kapitel, B III 1.

743 Vgl. zu dieser Problematik Diederichsen, KF 1983, 141, 143 ff.

744 Zu diesem Problemkreis vgl. Diederichsen, KF 1983, 141, 144; vgl. auch BGHZ 63, 51, 59.

745 Vgl. auch oben unter 3. Teil, 2. Kapitel, B I.

Die derzeitige Rechtslage führt zu einem kuriosen Ergebnis: Den Eltern eines behinderten – minderjährigen – Kindes, steht das Haftungsprivileg des § 1664 Abs. 1 BGB zu. Ab dem Zeitpunkt seiner Volljährigkeit jedoch steht den Eltern diese Privilegierung nicht mehr zu, obwohl sich rein tatsächlich nichts an der Situation von Eltern und Kind geändert hat – außer, dass das Kind sein 18. Lebensjahr vollendete: Das Kind steht weiterhin unter der Fürsorge seiner Eltern, mit der Vollendung des 18. Lebensjahres sind die Eltern des Kindes jedoch zu Betreuern über das Kind eingesetzt.[746]

II. Die rechtlichen und rechtspolitischen Überlegungen

Im folgenden wird untersucht, ob die Haftungsprivilegierung der *diligentia quam in suis* für den Betreuer gerechtfertigt, sinnvoll oder gar geboten ist.[747] Dies geschieht insbesondere unter Zugrundelegung der Prinzipien des Betreuungsrechts und des Haftungsrechts.

1. Die für die Geltung der diligentia quam in suis sprechenden Argumente

Für die Geltung der *diligentia quam in suis* sprechen insbesondere die folgenden Argumente.

a) Die ratio legis der §§ 1359, 1664 Abs. 1, 1793 Abs. 1, S. 3 BGB

aa) Der Familienfrieden

Der historische Gesetzgeber des BGB führte für die Haftungsprivilegierung zwischen Ehegatten die „Natur des ehelichen Verhältnisses" an.[748] Aus heutiger Sicht hat § 1359 BGB zum Ziel, das Zusammenleben der Ehegatten, ihren Familienfrieden sowie das besondere Vertrauensverhältnis möglichst nicht durch

---

746 Dieses Ergebnis ergibt sich nach der heutigen Rechtslage. Aus systematischen Gründen, d.h. aufgrund der Stellung des § 1664 Abs. 1 BGB innerhalb des fünften Titels des vierten Buches des BGB, der mit „elterlicher Sorge" überschrieben ist, ist diese Haftungsprivilegierung für volljährige „Kinder" unanwendbar. Die elterliche Sorge betrifft gemäß § 1626 Abs. 1, S. 1 BGB lediglich das minderjährige Kind.

747 Der pauschal ausgesprochenen Versagung des Haftungsprivilegs der *diligentia quam in suis* für „sonstige Personen", wie Vormund oder Betreuer durch Knolle, S. 134, kann so nicht gefolgt werden.

748 Vgl. Mugdan IV, S. 67.

gegenseitige Schadensersatzansprüche zu beeinträchtigen.[749] Gleiches gilt für das Verhältnis zwischen den Eltern und ihrem Kind.[750]

Das Argument des Familienfriedens kann auch im Betreuungsrecht herangezogen werden. Die besondere Bedeutung, die es hier erfährt, liegt in der Tatsache begründet, dass eine friedvolle Zusammenarbeit im Sinne eines Vertrauensverhältnisses[751] des Betreuten gegenüber dem Betreuer von wichtiger Bedeutung ist und vom Gesetzgeber des Betreuungsgesetzes angestrebt war[752].

Der Gesichtspunkt des Familienfriedens ist auch nicht auf die Personen beschränkt, die miteinander in häuslicher Gemeinschaft wohnen. Darin sieht zwar Knolle eine wesentliche Voraussetzung der Anwendung der *diligentia quam in suis*.[753] Dabei gründet er seine Überzeugung auf die Überlegung, dass auch zwischen den nicht in häuslicher Gemeinschaft lebenden Familienangehörigen intakte persönliche Beziehungen wünschenswert seien, dass zwischen ihnen aber der Familienfriede nicht so bedeutsam ist, als dass er zu einer Haftungserleichterung führen könne.[754] Dem ist nicht zuzustimmen, insbesondere nicht im Hinblick auf die Grundsätze des Betreuungsrechts. Insbesondere in Zeiten, in denen insbesondere alte Menschen vielfach auf die Hilfe von „außen“ (insbesondere auf die Hilfe von Familienangehörigen, Nachbarn, Freunden) angewiesen sind, erscheint es besonders erstrebenswert, diese Hilfe im Rahmen der Familie, deren Vorhandensein in der heutigen Zeit nicht selbstverständlich ist, zu ermöglichen bzw. zu erleichtern.

bb) Die erhöhte Schadenswahrscheinlichkeit

Für die Haftungserleichterung im Verhältnis der Ehegatten zueinander sowie der Eltern zu ihren Kindern spricht, dass in der Familiengemeinschaft die Angelegenheiten eines jeden zwangsläufig dem Einfluss der anderen Familienmitglieder ausgesetzt sind.[755] Es besteht eine erhöhte Schadenswahrscheinlichkeit durch die tagtägliche Einwirkungsmöglichkeit auf die Rechtsgüter. Dies erhöht die Wahrscheinlichkeit einer Verletzung der Rechtsgüter des Partners bzw. Kindes so erheblich, dass der Fahrlässigkeitsmaßstab des § 276 Abs. 1, S. 2 BGB die

749 Vgl. Diederichsen, KF 1983, 141, 142; Esser/ Schmidt, I 2, § 25 V 2.
750 Vgl. Esser/ Schmidt, I 2, § 26 II 3 b.
751 Zur Rechtfertigung der *diligentia quam in suis* der §§ 1359, 1664 Abs. 1, S. 1 BGB unter dem Gesichtspunkt des besonderen Vertrauensverhältnisses vgl. Esser/ Schmidt, I 2, § 25 V 2 und § 26 II 3.
752 Vgl. BT-Drucks. 11/4528 S. 50, 129.
753 Vgl. Knolle, S. 129.
754 Vgl. Knolle, S. 115.
755 Vgl. Staudinger/ Hübner, § 1359, Rn. 6.

Anforderungen des Ehegatten bzw. der Eltern überspannen würde.[756] Die Ausmünzung sämtlicher Schadensersatzansprüche, die formal zwischen Familienmitgliedern ohne die Vorschriften der §§ 1359, 1664 Abs. 1 BGB tagtäglich entstehen würden, wäre unerträglich und für den erstrebten Familienfrieden kontraproduktiv.[757]

Diese Argumentation ist auf das Verhältnis zwischen dem Betreuten und dem Betreuer nur bedingt anwendbar. Die erhöhte Schadenswahrscheinlichkeit kann nicht ohne weitere Voraussetzungen und pauschal immer zu einer Haftungserleichterung führen. Dies könnte zu einer Umgehung sämtlicher Schadensersatznormen führen. Die Argumentation der Haftungserleichterung wegen erhöhter Schadenswahrscheinlichkeit gründet sich darauf, dass die Ehegatten bzw. die Eltern mit ihren Kindern in häuslicher Gemeinschaft leben und schon aufgrund der zeitlichen Dimension des persönlichen Kontakts eine erhöhte Schadenswahrscheinlichkeit gegeben ist. Diese Umstände können zwar zwischen dem Betreuer und dem Betreuten auch in dem gleichen Maße gegeben sein, sind aber auf das Betreuungsverhältnis im allgemeinen, und auch nicht im besonderen auf alle ehrenamtlichen Betreuer, verallgemeinerungsfähig.

Den Fall betreffend, dass der Betreute in den Haushalt des Betreuers aufgenommen wurde (beispielsweise Eltern, die in den Haushalt eines Kindes aufgenommen sind), kann das Argument der erhöhten Schadenswahrscheinlichkeit durchaus Geltung beanspruchen. Die Situation entspricht derjenigen, die den Gesetzgeber dazu bewogen hat, für den Vormund die Haftungsprivilegierung der *diligentia quam in suis* einzuführen, unter der Voraussetzung, dass dieser den Mündel auf längere Dauer in seinen Haushalt aufgenommen hat, § 1793 Abs. 1, S. 3 BGB. Die *ratio* dieser Vorschrift besteht in dem verstärkten „personalen Bezug" zwischen Vormund und Mündel.[758] Insofern ist unverständlich, warum im Rahmen des § 1908 i Abs. 1, S. 1 BGB nicht auf § 1793 Abs. 1, S. 3 BGB verwiesen wurde. Es kann nur damit erklärt werden, dass eine derartige Verweisung schlichtweg vergessen wurde.[759]

---

756 Vgl. Staudinger/ Hübner, § 1359, Rn. 10.
Dieses Argument wird neben anderen auch herangezogen, wenn es um die Bejahung einer analogen Anwendung des § 1359 BGB im Rahmen einer nichtehelichen Lebensgemeinschaft geht (vgl. Diederichsen, FamRZ 1988, 889, 891 m.w.N.).

757 Vgl. Diederichsen, KF 1983, 141, 142.

758 Vgl. BT-Drucks. 13/ 7158 S. 21.

759 Vgl. dazu unter 3. Teil, 2. Kapitel, B II 1 b.

cc) Die Wirtschafts- und Haftungsgemeinschaft

Ehegatten sowie Eltern und Kinder leben in einer Wirtschafts-, Schicksals- und infolgedessen Haftungsgemeinschaft.[760] Die Mittel, welche für den Ersatz eines Schadens aufgebracht werden müssten, stünden nicht mehr für andere gemeinsame Vermögensdispositionen zur Verfügung, so dass der Schaden des einen Ehegatten mittelbar auch einen Schaden seines Partners darstellt.[761] Der Grundgedanke der Schicksals- und Haftungsgemeinschaft verlangt, dass der Schädiger – zumindest mittelbar – auch dann an der Schadenstragung beteiligt ist, wenn der Geschädigte keinen Schadensersatzanspruch gegen ihn hat.[762] Er setzt deshalb eine – zumindest mittelbare – unterhaltsrechtliche Verbundenheit zwischen dem Schädiger und dem Geschädigten voraus.[763]

Dieses Argument ist auf die Betreuung auch lediglich bedingt anwendbar. Es gilt das zum Argument der erhöhten Schadenswahrscheinlichkeit Gesagte entsprechend: Die unterhaltsrechtliche Verbundenheit besteht grundsätzlich nicht zwischen dem Betreuer und Betreuten. Ausnahmsweise dann, wenn von dem Betreuer ein unterhaltsberechtigter Angehöriger betreut wird, greift das Argument der Schicksals- und Haftungsgemeinschaft für die Anwendung der *diligentia quam in suis* Platz.[764, 765]

b) Kein beredtes Schweigen des Gesetzgebers bei der fehlenden Verweisung auf § 1664 Abs. 1 BGB oder § 1359 oder § 1793 Abs. 1, S. 3 BGB im Betreuungsrecht

Innerhalb des Betreuungsrechts, insbesondere im Rahmen des § 1908 i BGB, wird nicht auf eine Norm verwiesen, die eine Haftungsprivilegierung vorsieht. Es ist zu klären, ob der Gesetzgeber bewusst und aus bestimmten nachvollziehbaren Gründen von einer Verweisung – beispielsweise auf § 1664 Abs. 1 BGB – für Betreuer innerhalb des § 1908 i BGB Abstand genommen hat und damit „beredt geschwiegen"[766] hat. Die Gesetzgebungsmaterialien treffen keine Aussage

760 Vgl. Diederichsen, KF 1983, 141, 142.
761 Vgl. Deutsch, Fahrlässigkeit, S. 374.
762 Vgl. Knolle, S. 126 m.w.N.
763 Vgl. Knolle, S. 127.
764 Der häufigste Anwendungsfall ist hierbei das Kind, das seine Eltern betreut. Zur Unterhaltspflicht gegenüber pflegebedürftigen Volljährigen vgl. Hänlein, S. 1 ff.
765 Die Überlegung, dass bei einem Familienangehörigen als Betreuer möglicherweise der Betreuer den Betreuten einmal beerben wird, begründet keine Wirtschaftsgemeinschaft (vgl. auch BT-Drucks. 11/4528, S. 128 zur Gefahr von Interessenskonflikten bei der Übernahme der Betreuung durch einen Erbberechtigten).
766 Vgl. Larenz, Methodenlehre, S. 370 f.

darüber, dass dem Betreuer kein Haftungsprivileg zugestanden werden sollte. Sie äußern sich auch nicht im Hinblick auf die fehlende Verweisung innerhalb des § 1908 i Abs. 1, S. 1 BGB auf § 1793 Abs. 1, S. 3 BGB.

Während vor der Reform durch das Betreuungsgesetz die Regelungen der Vormundschaft über Minderjährige nach §§ 1897 S. 1, 1915 Abs. 1 BGB a.F. grundsätzlich über eine pauschale Verweisung auf die Vormundschaft über Volljährige und die Gebrechlichkeitspflegschaft anzuwenden waren, wurde eine solche pauschale Verweisung im Zuge der Reform durch das Betreuungsgesetz nicht mehr als sinnvoll erachtet.[767] Eine Reihe von Bestimmungen aus dem Vormundschaftsrecht über Minderjährige komme wegen ihres Regelungsgehalts für eine Anwendung auf Erwachsene nicht in Betracht.[768] Zahlreiche Regelungen würden außerdem durch Sonderregelungen in den §§ 1896 BGB ff. verdrängt.[769] Angewendet auf das Betreuungsrecht bedeuten diese Vorgaben folgendes: Das Kriterium des Regelungsgehalts „Alter des Fürsorgebedürftigen" (Minderjähriger – Erwachsener) ist zum einen entscheidend. Ein Haftungsprivileg ist jedoch nicht typisch für den Vormund eines Minderjährigen und untypisch für den Betreuer eines Volljährigen. Selbst die *ratio* der §§ 1793 Abs. 1, S. 3, 1664 Abs. 1 BGB, die Familiengemeinschaft sei eine Haftungs[770]- oder Schicksalsgemeinschaft[771], lässt keine gewollte Minderjährigenbezogenheit dieser Regelung erkennen. Einzig und lediglich aus der Voraussetzung des § 1793 Abs. 1, S. 3 BGB einer Haushaltsgemeinschaft lässt sich nicht auf die fehlende Berechtigung einer Haftungsprivilegierung schließen.

Das weitere Kriterium, zahlreiche Sonderregelungen der §§ 1896 BGB ff. würden die Normen der Vormundschaft verdrängen, bestätigt sich nicht im Betreuungsrecht: Innerhalb der §§ 1896 BGB ff. ist kein Haftungsprivileg für den Betreuer vorgesehen, welches die Norm des § 1793 Abs. 1, S. 3 BGB des Vormundschaftsrechts verdrängen könnte. Insofern sind keine Gründe dafür ersichtlich, dass der Gesetzgeber mit der derzeitigen Regelung „beredt geschwiegen" hat.

c) *Die Förderung der Attraktivität des Betreueramtes durch die Förderung der Ehrenamtlichkeit*

Ehrenamtliches Engagement ist von gesetzgeberischen Wertungsentscheidungen abhängig. Der Gesetzgeber kann durch konkrete Einzelmaßnahmen die

767 Vgl. BT-Drucks. 11/ 4528 S. 159.
768 Vgl. BT-Drucks. 11/4528 S. 159.
769 Vgl. BT-Drucks. 11/4528 S. 159.
770 Vgl. Palandt/ Diederichsen, § 1664, Rn. 1.
771 Vgl. Soergel/ Strätz, § 1664, Rn. 2.

Rahmenbedingungen für ehrenamtliche Arbeit günstig gestalten. Eine Förderung des ehrenamtlichen Engagements kann auf vielerlei Arten geschehen, beispielsweise kann die organisatorische und technische Infrastruktur durch staatliche Zuschüsse verbessert werden, die steuerliche Stellung ehrenamtlicher Mitarbeiter kann verbessert werden, durch eine gezielte Öffentlichkeitsarbeit können mehr Menschen für ein ehrenamtliches Engagement gewonnen werden, und – was im Rahmen der vorliegenden Arbeit besonders interessiert – können ehrenamtliche Mitarbeiter vor den aus ihrer Tätigkeit erwachsenden Risiken geschützt werden.[772] Dazu gehört zum einen ein ausreichender Versicherungsschutz. Eine solche Absicherung erfolgt weitgehend; die Versicherungswirtschaft hat sich auf solche Erfordernisse eingestellt.[773] Jedoch betrifft dies nicht die – für den Betreuer – ungünstige materiellrechtliche Haftungssituation, die methodisch vor der Frage eines Versicherungsschutzes gestellt werden muss. Der Schutz vor Haftungsrisiken muss aus Gründen des rechtsdogmatischen Verständnisses vorher ansetzen, d.h. bei der materiell-rechtlichen Rechtslage. Dies wäre bei einer Geltung der *diligentia quam in suis* für den ehrenamtlichen Betreuer gewährleistet.

Die Geltung der *diligentia quam in suis* für ehrenamtliche Betreuer würde das Betreueramt außerdem deshalb attraktiver gestalten, weil damit die Furcht der Betreuer vor einer möglichen Haftung bei der Übernahme und Führung einer Betreuung[774] gemindert würde. Der Wunsch des Gesetzgebers, das Betreueramt attraktiv zu gestalten und zudem die Übernahme der ehrenamtlichen Betreuungen zu fördern,[775] würde mit der Anwendung des Haftungsprivilegs der *diligentia quam in suis* ein Stück weit Realität werden.

Die Geltung der *diligentia quam in suis* würde zudem dem Haftungsprinzip *cuius commodum, eius periculum* entsprechen. Einen Vorteil aus der Führung einer Betreuung zieht in erster Linie der Betreute selber, dessen Aufgaben, die er nicht selbst wahrnehmen kann, von dem Betreuer wahrgenommen werden. Der ehrenamtliche Betreuer, der sich uneigennützig für diese Aufgabe zur Verfügung stellt und damit eine wichtige gesellschaftliche Aufgabe wahrnimmt, ist hingegen den zahlreichen Haftungsrisiken ausgesetzt, und das innerhalb eines von Inkonsistenzen gezeichneten Rechts. Insofern ist es billig und entspricht dem Haftungsprinzip *cuius commodum, eius periculum*, wenn der Betreute als derjenige, der den Vorteil aus der Tätigkeit des Betreuers zieht, insofern den damit verbundenen Nachteil trägt, als dass ihm gegen den unentgeltlich und uneigennützig handelnden ehrenamtlichen Betreuer dann kein Schadensersatzanspruch

772 Vgl. zu alledem Alff u.a., S. 51 ff.
773 Vgl. Deinert/ Schreibauer, BtPrax 1993, 185 ff.
774 Vgl. Klie, S. 29; Bienwald, FamRZ 1987, 533, 534.
775 Vgl. BT-Drucks. 11/ 4528 S. 50 sowie unter 1. Teil, 1. Kapitel, B II 3.

bei einer Schädigung zusteht, sofern der ehrenamtliche Betreuer die eigenübliche Sorgfalt hat walten lassen.

Dazu kommt, dass der Gesetzgeber die ehrenamtliche Betreuung als vorrangig im Vergleich mit einer Berufsbetreuung eingesetzt hat, und zwar in der Kenntnis, dass die haftungsrechtliche Situation des Berufsbetreuers vorteilhafter als die des ehrenamtlichen Betreuers ist.

d) Der Vergleich mit der Haftungssituation anderer an der Betreuung beteiligter Personen

Auch der Vergleich mit der Haftungssituation anderer an der Betreuung beteiligter Personen legt nahe, dem ehrenamtlichen Betreuer das Haftungsprivileg der *diligentia quam in suis* zuzugestehen.

Im Rahmen der Haftung des Vormundschaftsrichters gegenüber dem Betreuten[776] wurde deutlich, dass dem Vormundschaftsrichter zahlreiche Haftungsprivilegien zustehen.

Auch die Haftung des gerichtlichen Sachverständigen gegenüber dem Betreuten gemäß § 839 a Abs. 1 BGB ergibt nichts anderes: Mit dem „Zweiten Gesetz zur Änderung schadensersatzrechtlicher Vorschriften" vom 19.7.2002,[777] welches am 1.8.2002 in Kraft getreten ist, wurde die Haftungsregelung gerichtlicher Sachverständiger geändert. Nunmehr hat ein solcher Sachverständiger für jeden durch ein falsches Gutachten verursachten Schaden einzustehen, sofern ihm lediglich Vorsatz oder grobe Fahrlässigkeit vorzuwerfen ist. Gegenüber der bisherigen gesetzlichen Konzeption bedeutet das für die Fälle des § 823 Abs. 1 BGB (etwa bei einem psychologischen Gutachten bezüglich der Anordnung einer Sicherheitsverwahrung) eine Haftungsprivilegierung.[778]

Der Vergleich dieser beiden Personengruppen mit der Situation des ehrenamtlichen Betreuers macht dessen nachteilige Position deutlich. Der ehrenamtliche Betreuer hat durch die Wahrnehmung seines Amtes die wenigsten Vorteile verglichen mit dem Vormundschaftrichter sowie mit dem gerichtlichen Sachverständigen, die immerhin für ihre Tätigkeit bezahlt werden.

e) Der Vergleich mit der Begünstigung von Familienangehörigen

Das BGB enthält an verschiedenen Stellen Aussagen darüber, dass Familienangehörige eine bevorzugte Stellung gegenüber beliebigen Dritten genießen.

776 Siehe oben unter 2. Teil, 4. Kapitel, A I 1.
777 BGBl. 2002 I, S. 2674 ff.
778 Vgl. Dauner-Lieb, § 839 a, Rn. 1 ff.

Ehegatten als Betreuer steht das Haftungsprivileg der *diligentia quam in suis* gemäß § 1359 BGB zu.[779] Dass Familienangehörige als Betreuer privilegierungswürdig im Vergleich mit allen übrigen Betreuern sind, ist letztlich auch aus Vorschriften im Betreuungsrecht ersichtlich. § 1908 i Abs. 2, S. 2 BGB begünstigt durch seine Verweisung auf § 1857 a BGB die Stellung solcher Betreuer, die Familienangehörige betreuen: § 1857 a BGB ist auf Angehörige als Betreuer sinngemäß anzuwenden, soweit das Vormundschaftsgericht nicht etwas anderes vorschreibt und verweist auf §§ 1852 Abs. 2, 1853 und 1854 BGB, in denen einige Befreiungen hinsichtlich Genehmigungen, Hinterlegung, Sperrvermerken sowie von der Rechnungslegung vorgesehen sind.

Die Diskussion um die Einführung einer gesetzlichen Vertretungsmacht, welche rund um die Vorschläge der Bund-Länder-Kommission geführt wurde[780], verdeutlicht außerdem diese Privilegierung der Familienangehörigen, insbesondere der Ehepartner.[781]

Es soll nicht verkannt werden, dass Volljährige mit fortschreitendem Alter vielfach starke Bindungen zu Personen entwickeln, mit denen sie nicht verwandt und nicht verschwägert sind, während verwandtschaftliche und andere Bindungen sich lockern.[782] Solchen Personen soll eine Haftungserleichterung nicht verweigert werden. Deshalb darf die Geltung der *diligentia quam in suis* nicht auf Familienangehörige beschränkt werden, sondern muss alle ehrenamtlich Tätigen umfassen, wie den Freund oder Nachbarn des Betreuten.

f) Der Vergleich mit Rechtsverhältnissen, in denen eine Haftungserleichterung eingreift

Es ist bezeichnend, dass bei den meisten fremdnützigen Rechtsverhältnissen entweder nur für grobe Fahrlässigkeit gehaftet wird[783] oder aber das Haftungsprivileg der *diligentia quam in suis* eingreift[784]. Das Rechtsinstitut der Betreuung

---

779 Das Haftungsprivileg der *diligentia quam in suis* gilt gemäß § 4 LPartG auch für die Lebenspartner einer Lebenspartnerschaft.
Zur Zubilligung der Haftungsprivilegierung der *diligentia quam in suis* für Partner einer nichtehelichen Lebensgemeinschaft vgl. Diederichsen, FamRZ 1988, 889, 891; vgl. auch Knolle, S. 137 ff.

780 Vgl. dazu den Abschlussbericht der Bund-Länder-Arbeitsgruppe „Betreuungsrecht".

781 Zu dieser Problematik vgl. Probst/ Knittel, ZRP 2001, 55 ff.; Klie, BtPrax 2002, 91 ff. Vgl. auch BT-Drucks. 15/2494.

782 Vgl. BT-Drucks. 11/ 4528, S. 127.

783 Vgl. beispielsweise bei der Schenkung (§ 521 BGB) oder bei der Leihe (§ 599 BGB).

784 Vgl. beispielsweise bei der unentgeltlichen Verwahrung, § 690 BGB.

ist jedenfalls dann als fremdnützig anzusehen, wenn die Betreuung ehrenamtlich geführt wird. Denn der Nutzen bzw. Vorteil der Betreuung liegt wesentlich bei dem Betreuten, um dessen Angelegenheiten sich der Betreuer kümmert.[785] Eine solche Fremdnützigkeit nennt sich im Betreuungsrecht Ehrenamtlichkeit. Es erscheint nur billig, denjenigen, der diese Vorteile bietet, d.h. den Betreuer, der die Betreuung ehrenamtlich führt, von Nachteilen soweit als möglich freizustellen. Das ist mittels der Gewährung der Haftungsprivilegierung der *diligentia quam in suis* gut möglich und entspricht auch dem Haftungsprinzip *cuius commodum, eius periculum*[786].

Dies macht insbesondere der Vergleich mit einem weiteren Anwendungsfall der *diligentia quam in suis* deutlich. Die Haftung des unentgeltlichen Verwahrers gemäß § 690 BGB ist auf die eigenübliche Sorgfalt beschränkt. Begründet wird dies mit der Fremdnützigkeit und Unentgeltlichkeit der übernommenen Tätigkeit.[787] Würde dem Betreuer dasselbe Haftungsprivileg nicht auch zugestanden, würde ein eklatanter Wertungswiderspruch innerhalb des BGB zutage treten: Demjenigen, der einen Gegenstand verwahrt, würde ein Haftungsprivileg zugestanden und demjenigen, der einen Menschen betreut, würde dieses Haftungsprivileg versagt bleiben. Die Betreuung eines psychisch kranken oder körperlich, geistig oder seelisch behinderten Menschen (vgl. § 1896 Abs. 1 BGB) ist eine wesentlich schwierigere Aufgabe und erfordert ein höheres Maß an Altruismus als die bloße Verwahrung eines Gegenstands. Der Grund für die Haftungsprivilegierung des § 690 BGB liegt in der Fremdnützigkeit der unentgeltlichen Verwahrung.[788] Eine größere Fremdnützigkeit als die ehrenamtliche, also in der Regel unentgeltlich geführte Betreuung eines psychisch kranken oder körperlich, geistig oder seelisch behinderten Menschen, ist kaum vorstellbar, insbesondere unter Betrachtung der diversen Haftungsrisiken, denen sich der Betreuer aussetzt. Insofern müsste die Haftungsprivilegierung erst recht für denjenigen gelten, der sich der schwierigeren Aufgabe der Betreuung widmet.[789] Die unterschiedlichen Haftungsmaßstäbe als eine „historische Zufälligkeit"[790] anzusehen und es dabei zu belassen, würde der wichtigen Bedeutung des Rechtsinstituts der Betreuung im Verhältnis zum Rechtsverhältnis der Verwahrung nicht gerecht.

785 Zudem liegt der weitere Nutzen bzw. Vorteil der Übernahme einer Betreuung beim Staat, dessen vordringliche Aufgabe es ist, sich um die Bedürftigen innerhalb des Gemeinwesens zu kümmern und dem es deshalb zum Vorteil gereicht, wenn diese Aufgabe vom Betreuer wahrgenommen wird.

786 Vgl. unter 1. Teil, 2. Kapitel, B III 2.

787 Vgl. Heller, S. 74; Palandt/ Sprau, Einf v § 662, Rn. 4.

788 Vgl. Heller, S. 74.

789 Vgl. zur Argumentation auch Knolle, S. 46.

790 Wie bei dem Verhältnis der Verwahrung zum Auftrag, vgl. Knolle, S. 46.

g) Die Praxis der bisherigen Rechtsprechung

Schließlich spricht für die Geltung der *diligentia quam in suis*, dass die Rechtsprechung bisher nach deren Grundsätzen verfahren ist; sie entfernte sich mit der Subjektivierung des Fahrlässigkeitsbegriffs von dem objektiven Maßstab des § 276 Abs. 1 BGB und näherte sich dem subjektiven Maßstab des § 277 BGB an. Diese Vorgehensweise ist jedoch sehr zweifelhaft.[791] Außerdem stützte die Rechtsprechung ihre Vorgehensweise nicht auf den Terminus der Haftungsprivilegierung oder gar der *diligentia quam in suis*. Durch die Anerkennung der Geltung der *diligentia quam in suis* würde der bestehenden Praxis der Rechtsprechung eine rechtliche Grundlage gegeben.

2. Die gegen die Geltung der diligentia quam in suis sprechenden Argumente

a) Die Fragwürdigkeit einer derartigen Haftungserleichterung

Gegen die Haftungsprivilegierung des § 1664 Abs. 1 BGB werden von einigen Autoren Bedenken vorgebracht.[792] Insbesondere sei die Abhängigkeit eines Kindes von der Sorgfalt seiner Eltern größer als diejenige der Sorgfalt von Ehegatten, die diese gegenseitig walten lassen.[793] Dieses Bedenken lässt sich auf das Verhältnis des Betreuers zum Betreuten übertragen. Der Betreute ist in einem nicht geringen Maße abhängig von dem Betreuer und damit auch von seiner Sorgfalt.

Im Rahmen des § 1664 Abs. 1 BGB wird dieses Argument jedoch entkräftet.[794] Die Familiengemeinschaft zwischen Eltern und ihren Kindern ist eine Schicksals- und Haftungsgemeinschaft.[795] Die Eltern haben einen Schaden des Kindes sowieso im Rahmen ihrer Unterhaltspflicht auszugleichen.[796] Das familiäre Zusammenleben soll nicht durch das Bestehen gegenseitiger Schadensersatzansprüche beeinträchtigt werden.[797] Außerdem erbringen die Eltern über Jahre hinweg Aufwendungen zugunsten ihrer Kinder, die ihrer Art nach unentgeltliche Zuwendungen sind.[798]

---

791 Vgl. oben unter 3. Teil, 1. Kapitel.
792 Vgl. MüKo/ Hinz, § 1664, Rn. 2; Hoffmann, NJW 1967, 1207 ff.; Knolle, S. 36 m.w.N.
793 Vgl. MüKo/ Hinz, § 1664, Rn. 2.
794 Vgl. dazu Knolle, S. 38 ff.
795 Vgl. Diederichsen, KF 1983, 141, 142.
796 Vgl. Diederichsen, KF 1983, 141, 142.
797 Vgl. Diederichsen, KF 1983, 141, 142.
798 Vgl. Hoffmann, NJW 1967, 1207, 1210.

Die für die Haftungsprivilegierung sprechenden Gründe sind geeignet, die Bedenken auch im Betreuungsrecht auszuräumen. Der Betreute ist angewiesen auf die Betreuung. Derjenige, der diese ehrenamtlich führt, ist in Anerkennung und Würdigung der Tätigkeit, die er übernommen hat, rechtlicherseits zu unterstützen. Dies gilt auch unter Berücksichtigung des Umstandes, dass unter bestimmten Voraussetzungen die Pflicht zur Übernahme der Betreuung besteht.[799] Denn es ist anerkennenswert, wenn dieser Pflicht nachgekommen wird, insbesondere darum, da es leicht ist, sich ihr sanktionslos zu entziehen.[800]

b) Die zu erwartende geringe Sorgfalt des Betreuers[801]

Es ist nicht zu erwarten, dass die Zuerkennung der Haftungsprivilegierung der *diligentia quam in suis* dazu führt, dass sich Betreuer von vornherein weniger sorgfältig verhalten. Dies ist bei dem ehrenamtlichen Betreuer nicht zu erwarten, da dieser sich sonst gar nicht erst zur Übernahme des Betreueramtes bereit erklärt hätte. Dies gilt auch für Familienangehörige als Betreuer, bei denen das das ganze Leben bereits bestehende Verhältnis des Betreuers zum Betreuten (beispielsweise des Sohnes zum Vater) im Vordergrund steht und nicht die Eigenschaft, dass der Sohn auch Betreuer ist: Der Sohn wird sich weiterhin seinem Vater gegenüber genauso verhalten, wie er es sein ganzes bisheriges Leben getan hat.

Der Umstand der Zuerkennung der Haftungsprivilegierung wird nicht dazu führen, dass ein Betreuer mit einer geringeren Sorgfalt an seine Aufgabe herangeht, als wenn ihm dies Haftungsprivileg nicht zustehen würde. Vielmehr ist zu erwarten, dass die Haftungsprivilegierung dazu führt, dass der Betreuer mit einer weniger großen Furcht vor der Haftung an seine Arbeit herangeht, was als Konsequenz eine effektivere Betreuung – ganz im Sinne des Betreuten – erwarten lässt.

Außerdem ist in § 277 BGB die Grenze für den Haftungsmaßstab benannt: Die Haftung für ein grob fahrlässiges Verhalten bleibt bestehen. Auch vorsätzliches Verhalten ist als Haftungsmaßstab gemäß § 276 Abs. 3 BGB nicht abdingbar.

Schließlich muss ein Betreuer, bevor er bestellt wird, gemäß § 1897 Abs. 1, S. 1 BGB für geeignet befunden werden. Derjenige, der von vornherein einen unsorgfältig arbeitenden Eindruck erweckt, wird also gar nicht erst zum Betreuer bestellt.

799 Vgl. §§ 1897 Abs. 1, 4 und 5, 1898 Abs. 1 BGB.
800 Vgl. dazu Diederichsen, Deutsch-FS, S. 131, 140 f.
801 Zu diesem – nicht betreuungsspezifischen – Problemkreis vgl. Rother, S. 188 ff.

c) Die Ungleichbehandlung des ehrenamtlichen Betreuers mit einem Berufsbetreuer

Dass dem ehrenamtlichen Betreuer die Haftungsprivilegierung zusteht, nicht jedoch dem Berufsbetreuer, stellt zwar eine Ungleichbehandlung, nicht aber eine Schlechterbehandlung des letztgenannten Betreuertyps dar. Die wesentlichen Unterschiede zwischen den beiden Betreuertypen bestehen zum einen darin, dass die Berufsbetreuer ihre Tätigkeit vergütet bekommen, zum anderen darin, dass deren haftungsrechtliche Situation eine vorteilhaftere ist als diejenige des ehrenamtlichen Betreuers. Unter Berücksichtigung des Haftungsprinzips *cuius commodum, eius periculum* erscheint dies auch billig, da im Fall der Berufsbetreuer nicht nur der Betreute Nutznießer der Arbeit des Betreuers ist, sondern der Betreuer auch in Form der Vergütung nutznießt.

d) Die schlechtere Stellung des ehrenamtlich Betreuten gegenüber dem von einem Berufsbetreuer Betreuten

Mit dem vorgenannten Argument im Zusammenhang steht das folgende: Bedenklich erscheint bei der Geltung einer Haftungsprivilegierung für den ehrenamtlichen Betreuer die Konsequenz, dass der ehrenamtlich Betreute schlechter gestellt ist als derjenige, der von einem Berufsbetreuer betreut wird. Dem ehrenamtlich Betreuten steht gegenüber seinem Betreuer für den Fall, dass dieser unter Beachtung seiner eigenüblichen Sorgfalt den Betreuten geschädigt hat, kein Schadensersatzanspruch zu, im Gegensatz zu dem Betreuten, der von einem Berufsbetreuer betreut wird, dem ein solcher Schadensersatz unter Umständen zustünde.

Diese nachteilige Stellung des Betreuten ist jedoch gerechtfertigt aus dem Nutzen, den dieser aus der Betreuung zieht: Zum einen vergütet er den ehrenamtlichen Betreuer nicht für die Tätigkeiten, die dieser für ihn ausübt. Außerdem zieht er aus der Führung der Betreuung einen Vorteil, da die Aufgaben, die er selber nicht wahrnehmen kann, von dem Betreuer wahrgenommen werden. Zum anderen muss die Stellung des Betreuten zu derjenigen des Betreuers ins Verhältnis gesetzt werden: Die haftungsrechtliche Situation des ehrenamtlichen Betreuers ist unverhältnismäßig nachteilig im Vergleich zu derjenigen des Berufsbetreuers anzusehen.

Insofern ist es billig und entspricht dem Haftungsprinzip *cuius commodum, eius periculum*, wenn der Betreute als derjenige, der den Vorteil aus der Tätigkeit des Betreuers zieht, insofern den damit verbundenen Nachteil trägt, als dass ihm gegen den unentgeltlich und uneigennützig handelnden ehrenamtlichen

Betreuer dann kein Schadensersatzanspruch bei einer Schädigung zusteht, sofern der ehrenamtliche Betreuer die eigenübliche Sorgfalt hat walten lassen.

3. Zwischenergebnis

Die vorstehenden Argumente belegen, dass das Haftungsprivileg der *diligentia quam in suis* für den ehrenamtlichen Betreuer Geltung beanspruchen darf. Dies gilt jedoch nicht für den Berufsbetreuer, dessen haftungsrechtliche Situation sich vorteilhafter als diejenige des ehrenamtlichen Betreuers darstellt[802]. Zudem erhalten Berufsbetreuer für ihre Tätigkeit eine Vergütung. Diese beiden Gesichtspunkte führen – unter Berücksichtigung des Haftungsprinzips *cuius commodum, eius periculum* dazu, dass die Haftungsprivilegierung der *diligentia quam in suis* für Berufsbetreuer nicht geboten erscheint.

Die Bedenken gegen die Haftungsprivilegierung der *diligentia quam in suis* wiegen nicht schwer genug, um die Haftungsprivilegierung dem ehrenamtlichen Betreuer zu versagen.

III. Der Anwendungsbereich der diligentia quam in suis

Die Haftungsprivilegierung der *diligentia quam in suis* greift lediglich in den Fällen der Haftung des ehrenamtlichen Betreuers gegenüber dem Betreuten Platz. Gegenständlich bezieht sich die Haftungserleichterung auf die Pflichten des Betreuers dem Betreuten gegenüber. Sie bezieht sich auf alle betreuungsspezifischen Ansprüche des Betreuten gegen den ehrenamtlichen Betreuer, auch auf deliktische Ansprüche.[803] Die Haftung des ehrenamtlichen Betreuers Dritten gegenüber wird davon nicht berührt. Es besteht kein Anlass, einen an der Betreuung unbeteiligten Dritten haftungsrechtlich zu benachteiligen, nur weil dieser von einem ehrenamtlichen Betreuer geschädigt wurde.

IV. Die rechtstechnische Umsetzung

Nachdem die vorgenommene Untersuchung zu dem Ergebnis führt, dass das Haftungsprivileg der *diligentia quam in suis* für ehrenamtliche Betreuer geboten ist, schließt sich daran die Frage an, wie dieses Ergebnis rechtstechnisch umzusetzen ist.

---

802 Vgl. oben unter 2. Teil, 1. Kapitel, C I und II.

803 Vgl. zur Haftungsmilderung für deliktische Ansprüche einerseits Diederichsen, KF 1983, 141, 144; Gernhuber/ Coester-Waltjen, § 49 III 6 und andererseits Soergel/ Strätz, § 1664, Rn. 4.

1. Die Auslegung

Die Auslegung stellt kein geeignetes methodisches Instrument zur Ausdehnung der Haftungsprivilegierung der *diligentia quam in suis* auf den ehrenamtlichen Betreuer dar. So verfuhr die Rechtsprechung bisher: sie entfernt sich mit der Subjektivierung des Fahrlässigkeitsbegriffs von dem objektiven Maßstab des § 276 Abs. 1 BGB und nähert sich dem subjektiven Maßstab des § 277 BGB an. Diese Vorgehensweise ist jedoch zweifelhaft.[804] Außerdem bezog der BGH bereits insofern Stellung zu der Problematik, als er entschied, eine erweiterte Auslegung der §§ 1359, 1664 Abs. 1 BGB verböte sich.[805] Dies folge schon aus dem eindeutigen Wortlaut der Vorschriften, die ausschließlich Ehegatten bzw. Kinder erfassen[806] sowie aufgrund der systematischen Stellung der Vorschriften.[807]

2. Die analoge Anwendung des § 1664 Abs. 1 BGB

Die Vorschriften der §§ 1359, 1664 Abs. 1 sowie § 1793 Abs. 1, S. 3 BGB enthalten ein allgemeines Rechtsprinzip, welches auf Schädigungen des ehrenamtlichen Betreuers gegenüber dem Betreuten Anwendung finden muss.[808] Methodisch handelt es sich dabei um einen Fall der Rechtsanalogie,[809] inhaltlich um eine Analogie zu § 1664 Abs. 1 BGB. Die Analogie zu § 1664 Abs. BGB liegt in diesem Fall näher als diejenige zu § 1359 BGB. Betreute stehen aufgrund ihrer Hilfebedürftigkeit eher Kindern nahe, die hilfebedürftig und auf ihre Eltern angewiesen sind, als Ehegatten.

Letztlich wird durch diese Methode der ohnehin schon bestehenden Praxis der Rechtsprechung, die mit der zweifelhaften Methode der Auslegung des § 276 Abs. 1 BGB arbeitet, eine rechtliche Grundlage gegeben.

3. Die Gesetzesänderung

Obwohl nach der heutigen Rechtslage – wie soeben nachgewiesen – die *diligentia quam in suis* für ehrenamtliche Betreuer über die analoge Anwendung des § 1663 Abs. 1 BGB Geltung hat, empfiehlt es sich, aus Gründen der Rechtssicherheit eine Verweisungsbestimmung auf § 1664 Abs. 1 BGB im Betreuungs-

804 Vgl. oben unter 3. Teil, 1. Kapitel.
805 Vgl. BGH, NJW 1996, 53, 54.
806 Vgl. auch Knolle, S. 103.
807 Vgl. Knolle, S. 103.
Siehe auch oben unter 2 a.
808 Siehe unter 3. Teil, 2. Kapitel, B II 3. Vgl. auch Diederichsen, KF 1983, 141, 142.
809 Vgl. dazu Diederichsen, KF 1983, 141, 142; Beitzke/ Lüderitz, Rn. 787.

recht aufzunehmen. Dazu bietet sich § 1908 i BGB an, der eine Vielzahl von Verweisungen enthält. Als neuen Satz zwischen den jetzigen Sätzen 1 und 2 im 1. Absatz des § 1908 i Abs. 1 BGB bietet sich folgende Formulierung an: „Für ehrenamtliche Betreuer gilt § 1664 Abs. 1 entsprechend.“[810] Den Bezug auf § 1664 Abs. 1 BGB, und nicht etwa auf § 1359 BGB gebietet die vergleichbare Situation im Vormundschaftsrecht, in dem die Vorschrift des § 1793 Abs. 1, S. 3 BGB derjenigen des § 1664 Abs. 1 BGB zu entsprechender Geltung verhilft.

3. Kapitel: Die Auswirkungen der Geltung der *diligentia quam in suis* für ehrenamtliche Betreuer

A. Die Attraktivität des Betreueramtes

Die Geltung der *diligentia quam in suis* für ehrenamtliche Betreuer im Rahmen der Haftung gegenüber dem Betreuten würde das Betreueramt attraktiver gestalten. Die Furcht vor einer möglichen Haftung bei der Übernahme und Führung einer Betreuung ist bei den Betreuern stark ausgeprägt.[811] Diese Furcht ist, wie zuvor nachgewiesen wurde, begründet und lähmt den Betreuer in seiner Entscheidungsfreudigkeit[812], was letztlich zu Lasten einer effektiven Betreuung d.h. zu Lasten des Betreuten, geht. Unter Berücksichtigung der gegenwärtig bestehenden Haftungssituation der Betreuer nimmt es nicht wunder, dass die meisten Menschen gar nicht und niemand gerne Betreuer werden will.[813] Durch die angeregte Haftungsprivilegierung würde das Amt des Betreuers attraktiv werden. Das deckt sich auch mit den Zielen des Betreuungsgesetzes.[814]

Diese neue Attraktivität des Betreueramtes drückt sich möglicherweise gesellschaftlich insoweit aus, als dass sich eine größere Anzahl an Personen als bisher dazu bereit erklären, sich als Betreuer zu engagieren. Insofern böte die Haftungsprivilegierung für ehrenamtliche Betreuer eine zusätzliche Förderung des „bürgerschaftlichen Engagements“.[815]

---

810 Die Verweisung auf § 1664 Abs. 1 BGB ist im Betreuungsrecht sachnäher als die Verweisung auf § 1359 BGB. Betreute stehen aufgrund ihrer Hilfebedürftigkeit eher Kindern nahe, die auch hilfebedürftig und auf ihre Eltern angewiesen sind als Ehegatten.

811 Vgl. Klie, S. 29; Bienwald, FamRZ 1987, 533, 534.

812 Vgl. Bienwald, FamRZ 1987, 533, 534.

813 Vgl. dazu Diederichsen, Deutsch-FS, S. 131, 137.

814 Vgl. BT-Drucks. 11/ 4528, S. 50.

815 Vgl. dazu Igl u.a., S. 40 ff., 238 ff.

B. Die finanzielle Entlastung der Staatskasse

Dadurch, dass die ehrenamtliche Übernahme einer Betreuung gefördert wird, wäre zu erwarten, dass sich das Verhältnis der ehrenamtlichen Betreuer zu den Berufsbetreuern noch mehr auf die Seite der ehrenamtlichen Betreuer verschiebt. Insofern würde die betreuungsrechtliche Situation der Staatskasse, die heutzutage unbezahlbar zu werden droht,[816] entlastet. Die Staatskasse würde möglicherweise nicht mehr in einem solchen Umfang wie bisher „von der Betreuervergütung geplündert werden"[817].

C. Die Auswirkungen im Versicherungswesen

Auf das Versicherungswesen hätte die Geltung der *diligentia quam in suis* für ehrenamtliche Betreuer im Rahmen der Haftung gegenüber dem Betreuten auch Auswirkungen: Der ehrenamtliche Betreuer bedürfte seltener einer Versicherung für Schäden, die er dem Betreuten zufügt. Wenn der ehrenamtliche Betreuer sich im Rahmen der Betreuertätigkeit so verhält, wie er in eigenen Angelegenheiten verfährt, bleibt er von einer Haftung für einen Schaden des Betreuten insoweit verschont, als er nicht grob fahrlässig oder vorsätzlich haftet. Insofern würde der Versicherungsschutz für ehrenamtliche Betreuer obsolet, da die Versicherungsbedingungen oftmals die Haftung für grobe Fahrlässigkeit und Vorsatz seitens der versicherten Person von vornherein ausschließen.

816 Vgl. Pardey, ZRP 2003, 14.
817 So Coeppicus, BtPrax 2003, 164.

Zusammenfassung der Ergebnisse

Das geltende Betreuungsrecht, dessen Einführung als eine der wichtigsten und tiefgreifendsten Reformen unseres Rechtssystems im 20. Jahrhundert gefeiert wurde, wird zu Recht vielfach kritisiert. Die vorliegende Arbeit untersucht die Möglichkeiten, das Haftungsrisiko des ehrenamtlichen Betreuers einzugrenzen, dessen Haftungssituation in dem von Inkonsistenzen und unbilligen Ergebnissen gezeichneten Betreuungsrecht eine denkbar schlechte ist.

Vorbereitend dazu wurden die Prinzipien des Betreuungsrechts und die Prinzipien des Haftungsrechts herausgearbeitet. Das Autonomieprinzip, das Prinzip der persönlichen Betreuung, das Prinzip der Ehrenamtlichkeit sowie das Prinzip der Erforderlichkeit kennzeichnen das Betreuungsrecht.[818] Außerdem wird ein System zivilrechtlicher Haftungsprinzipien entwickelt, welches das Verständnis für neue Erscheinungsformen des Rechts, wie auch das Betreuungsrecht, fördert. Dabei gilt der Grundsatz *casum sentit dominus*, der besagt, dass der Schaden grundsätzlich auf demjenigen Vermögen haften bleibt, welches er zunächst aufgrund der einmal vorhandenen Vermögensverteilung und des Naturverlaufs betroffen hat. Die Haftung einer anderen als die geschädigte Person greift – dogmatisch ausnahmsweise – lediglich dann Platz, wenn diese andere Person einen Grund der Zurechnung gesetzt hat. Ein solcher Zurechnungsgrund ist in dreierlei Bereichen zu erkennen: Es handelt sich um das Verschuldensprinzip, das Vertrauens- und das Garantieprinzip sowie das Prinzip *cuius commodum, eius periculum*. Letztgenanntes besagt, dass derjenige, der aus einer Tätigkeit einen Vorteil zieht, auch den damit verbundenen Nachteil tragen muss. Genuss und Haftung werden in der Weise in Verbindung gebracht, dass die Wahrung bestimmter Interessen gegen eine entsprechende Ersatzpflicht gestattet wird.[819]

Die vorliegende Arbeit kommt zu dem Ergebnis, dass es bei der Untersuchung der haftungsrechtlichen Situation des Betreuers geboten ist, eine Unterteilung der Betreuertypen in einerseits den ehrenamtlichen Betreuer und andererseits den Berufsbetreuer vorzunehmen.[820]

818 Siehe dazu 1. Teil, 1. Kapitel, B.
819 Siehe dazu 1. Teil, 2. Kapitel, B.
820 Siehe dazu 1. Teil, 1. Kapitel, C I sowie 2. Teil, 1. Kapitel, C.

Der ehrenamtliche Betreuer ist entweder selbständig und unabhängig von einer Organisation tätig[821] oder er ist in einen organisatorischen Rahmen eingebunden, wobei der Betreuungsverein einer der wichtigsten ist, in dem ehrenamtliche Arbeit ausgeübt wird. Im letztgenannten Fall ist der ehrenamtliche Betreuer auch dann als Vereinsbetreuer im Sinne des § 1897 Abs. 2 BGB anzusehen, wenn er ehrenamtlich helfendes Mitglied des Betreuungsvereins ist und als solches Betreuungen führt.[822]

Der Typus des Berufsbetreuers umfasst zum einen die in § 1897 Abs. 2 BGB erwähnten beruflich beschäftigten Vereins- und Behördenbetreuer, zum anderen auch private Berufsbetreuer.[823]

Die Unterscheidung der Betreuers in diese beiden Betreuertypen ist deshalb geboten, weil ein haftungsspezifischer Unterschied in der Haftung von einerseits dem Berufsbetreuer und andererseits dem ehrenamtlichen Betreuer besteht. Eine ausdrückliche Haftungsbestimmung für die beiden Betreuertypen „ehrenamtlicher Betreuer" und „Berufsbetreuer" enthält das Gesetz nicht. Die Untersuchung der haftungsrechtlichen Situationen des ehrenamtlichen Betreuers und des Berufsbetreuers hat ergeben, dass diejenige des ehrenamtlichen Betreuers unverhältnismäßig schlechter im Vergleich zu derjenigen des Berufsbetreuers ist:[824]

Im Fall der Haftung des Behördenbetreuers als Berufsbetreuer greift für ihn die Staatshaftung mittels der Zurechnungsnorm des Art. 34 S. 1 GG ein. Art. 34 S. 1 GG wird so zur übergreifenden Norm, d.h. zu einer Zurechnungsnorm für die Haftung aus dem behördenbetreuerlichen Bereich. Insofern stellen sämtliche Schadensersatzansprüche des Betreuten gegen den Behördenbetreuer (wie beispielsweise gemäß §§ 1833 Abs. 1, S. 1, 1908 i Abs. 1, S. 1 BGB) einen haftungsrechtlichen „Unterbau" unter Art. 34 S. 1 GG dar, der demjenigen des § 839 Abs. 1 BGB vergleichbar ist. Art. 34 S. 2 GG normiert einen Rückgriff des Staates gegen den schädigenden Behördenbetreuer lediglich unter der Voraussetzung eines vorsätzlichen oder grob fahrlässigen Verhaltens. Aus Sicht des Behördenbetreuers stellt sich diese Konstellation denkbar günstig dar, da er im Falle einer fahrlässigen Schädigung des Betreuten den Schaden nicht zu tragen hat.[825]

Im Fall der Haftung des Vereinsbetreuers als Berufsbetreuer tritt zusätzlich zu der persönlichen Haftung des Betreuers die Haftung des Betreuungsvereins

---

821 Beispielsweise ein solcher, der einen Familienangehörigen oder einen Nachbarn betreut.
822 Siehe dazu 1. Teil, 1. Kapitel, C I 1 a.
823 Siehe dazu 1. Teil, 1. Kapitel, C I 2.
824 Siehe dazu 2. Teil, 1. Kapitel, C III.
825 Siehe dazu 2. Teil, 1. Kapitel, C I 1 a cc.

analog §§ 1791 a Abs. 3, S. 2, 1908 i Abs. 1, S. 1, 30, 31 BGB ein. Der Vereinsbetreuer haftet dem Betreuten gegenüber gemeinsam mit dem Betreuungsverein als Gesamtschuldner. Für den Vereinsbetreuer ist diese Situation insofern vorteilhaft, als ihm, sofern er persönlich für die Haftung in Anspruch genommen wird, ein Regressanspruch gegenüber dem Verein zusteht.[826]

Der ehrenamtliche Betreuer – sei er ehrenamtlicher Betreuer, der selbständig und unabhängig von einer Organisation tätig ist oder sei er Vereinsbetreuer – haftet persönlich nach den allgemeinen Grundsätzen. Für seine Haftung greift weder der Staat, noch der Verein, noch gar der Betreute ein. Seine haftungsrechtliche Situation stellt sich – verglichen mit derjenigen des Berufsbetreuers – nachteilig dar.[827]

Dieses Ergebnis ruft Unbehagen hervor: Der ehrenamtliche Betreuer ist unentgeltlich und uneigennützig tätig und haftet persönlich, während der Berufsbetreuer, der für seine Tätigkeit vergütet wird, seine Haftung auf den Staat (bei einem Behördenbetreuer) oder den Betreuungsverein (bei einem Vereinsbetreuer) „weiterlenken" kann. Darin liegt insbesondere unter Zugrundelegung des Haftungsprinzips *cuius commodum, eius periculum* ein Widerspruch. Während der ehrenamtliche Betreuer – im Gegensatz zu dem vergüteten Berufsbetreuer – keinen Vorteil aus seiner Tätigkeit zieht, muss er trotzdem den damit verbundenen Nachteil, d.h. die alleinige persönliche Haftung, tragen. Nach der derzeitigen Rechtslage ist jedoch ausgeschlossen, dass dem ehrenamtlichen Betreuer die Haftung abgenommen wird.[828]

Merkwürdig mutet dabei auch die aus dieser Situation folgende Konsequenz an: In dem Fall, in dem ein Behördenbetreuer, für den die Staatshaftung eingreift, zum ehrenamtlichen Betreuer dadurch würde, dass seine Beschäftigung im öffentlichen Dienst in der Betreuungsbehörde endet, er die Betreuung aber fortführt, würde lediglich seine Bestallung umgeschrieben, seine Kompetenzen blieben die gleichen, aber er würde von dem Zeitpunkt an persönlich haften, und es würde nicht die Staatshaftung für ihn eingreifen.

Die Untersuchung der haftungsrechtlichen Situation des Betreuers hat zu einem weiteren unbefriedigenden Ergebnis geführt: Das Risiko des Betreuers, endgültig den Schaden des Betreuten zu tragen, minimiert sich nicht dadurch, dass andere an der Betreuung beteiligte Personen, namentlich der Vormundschaftsrichter oder der Betreute selber, für einen bei dem Betreuten eingetretenen Schaden zusammen mit dem Betreuer verantwortlich sind. Gegenstand dafür waren zwei typische Fallkonstellationen: zum einen ist ein Schaden des

826 Siehe dazu 2. Teil, 1. Kapitel, C I 2.
827 Siehe dazu 2. Teil, 1. Kapitel, C II und III.
828 Siehe dazu 2. Teil, 1. Kapitel, C III.

Betreuten sowohl vom Vormundschaftsrichter, als auch vom Betreuer zu verantworten; zum zweiten ist ein Schaden des Betreuten sowohl von ihm selbst, als auch vom Betreuer zu verantworten. Es wurde deutlich, dass in diesen Situationen der Betreuer oftmals alleine endgültig den Schaden des Betreuten zu tragen hat. Diese haftungsrechtliche Situation des Betreuers ist eine unangemessen schlechte. Dies ergibt sich unter Zugrundelegung des Haftungsprinzips *cuius commodum, eius periculum*: Der Betreuer – insbesondere der ehrenamtliche Betreuer – hat durch die Wahrnehmung seines Amtes die wenigsten Vorteile – im Vergleich zu dem Betreuten selbst und auch dem Vormundschaftsrichter, die davon profitieren, dass der Betreuer das Betreueramt wahrnimmt.[829]

Die Furcht vor einer möglichen Haftung bei der Übernahme und Führung einer Betreuung ist bei den Betreuern stark ausgeprägt. Es hat sich gezeigt, dass diese Furcht begründet und verständlich ist, wenn die gegenwärtig bestehende Haftungssituation für den Betreuer betrachtet wird. Danach muss sich die Vorstellung aufdrängen, es gäbe kaum eine haftungsträchtigere Tätigkeit als die der Betreuung.[830] Der Betreuer steht in einem ständigen Spannungsfeld zwischen Nichtausschöpfung der ihm verliehenen Kompetenzen und dem ungerechtfertigten Eingriff in das Selbstbestimmungsrecht des Betreuten. Das ihm vom Gesetzgeber an die Hand gegebene Regelwerk ist für ihn wenig hilfreich; es besteht zum großen Teil aus unbestimmten Rechtsbegriffen, die seine Pflichten umschreiben.

Es hat sich gezeigt, dass sich das Haftungsrisiko für den Betreuer aus verschiedenen Komponenten zusammensetzt. Dabei spielen die Haftungsprinzipien und die Haftungstatbestände eine entscheidende Rolle.[831] Außerdem ist der konkrete Aufgabenkreis, der dem Betreuer zugewiesen ist sowie der Schwierigkeitsgrad der zu erledingenden Angelegenheit des Betreuten von Bedeutung.[832] Der Betreuer vermag das Haftungsrisiko jedoch nur bis zu einem geringen Grad selbst zu beeinflussen.

Die Untersuchung, ob der Haftungsmaßstab des Betreuers eingegrenzt werden kann, hat ergeben, dass dies für den ehrenamtlichen Betreuer geboten ist.[833] Die Subjektivierung des Fahrlässigkeitsbegriffs bietet sich dafür nicht an, da eine derartige Auslegung des § 276 Abs. 1 BGB rechtsdogmatisch zweifelhaft ist.[834] Die Eingrenzung des Haftungsmaßstabs für den ehrenamtlichen Betreuer ist jedoch mittels der Haftungsprivilegierung der *diligentia quam in suis* möglich und

829 Siehe dazu 2. Teil, 4. Kapitel, A II 1.
830 Vgl. dazu Diederichsen, Deutsch-FS, S. 131, 136.
831 Siehe dazu 1. Teil, 2. Kapitel, B I.
832 Siehe dazu 2. Teil, 4. Kapitel, B.
833 Siehe dazu 3. Teil, 2. Kapitel, B II 3.
834 Siehe dazu 3. Teil, 1. Kapitel.

geboten.[835] Danach haftet der ehrenamtliche Betreuer dem Betreuten im Fall der Schadenszufügung nicht, wenn er diejenige Sorgfalt aufgewendet hat, die er in seinen eigenen Angelegenheiten zu beobachten pflegt. Rechtstechnisch handelt es sich dabei um einen Fall der Analogie zu § 1664 Abs. 1 BGB.[836] Aus Gründen der Rechtssicherheit empfiehlt es sich, eine Verweisungsbestimmung auf § 1664 Abs. 1 BGB im Betreuungsrecht aufzunehmen. Dazu bietet sich als neu einzufügender Satz zwischen den jetzigen Sätzen 1 und 2 im 1. Absatz des § 1908 i Abs. 1 BGB folgende Formulierung an: „Für ehrenamtliche Betreuer gilt § 1664 Abs. 1 entsprechend."[837]

Die Haftungsprivilegierung der *diligentia quam in suis* für den ehrenamtlichen Betreuer bietet eine Möglichkeit, Inkonsistenzen des Betreuungsgesetzes zumindest teilweise aufzulösen, unbillige Ergebnisse zu vermeiden[838] und die Attraktivität des Betreueramtes zu steigern.

835 Siehe dazu 3. Teil, 2. Kapitel, B II 3.
836 Siehe dazu 3. Teil, 2. Kapitel, B IV 2.
837 Siehe dazu 3. Teil, 2. Kapitel, B IV 3.
838 Deutlich wird dies insbesondere in dem Fall, in dem die Haftung der Eltern als Betreuer für ihr volljähriges behindertes Kind auf die eigenübliche Sorgfalt beschränkt wird.

Literaturverzeichnis

Alff, Julia/ Martini, Hans/ Braun, Hans: Ehrenamtlichkeit im sozialen Bereich, Recklinghausen 1985

Arnold, Egon: Gedanken zu einer Reform der Entmündigung, FamRZ 1971, 289 ff.

Ballerstedt, Kurt: Zur Haftung aus culpa in contrahendo bei Geschäftsabschluß durch Stellvertreter, AcP 151, 501 ff.

Baltzer, Johannes: Rückgriffsbeschränkung durch Verschuldenserstreckung? – Zum Tatbestand des § 640 RVO – Zugleich ein Beitrag zum allgemeinen Schadensersatzrecht, SGb 1987, 529 ff.

Bauer, Axel: Zwangsbefugnisse des Betreuers im Aufgabenkreis „Wohnungsangelegenheiten"?, FamRZ 1994, 1562 ff.

Bauer, Axel/ Klie, Thomas: Heidelberger Kommentar zum Betreuungs- und Unterbringungsrecht (HK-BUR): Gesetzessammlung zum Betreuungsrecht, 2. Auflage, Heidelberg 2003

Bauer, Axel/ Knieper, Judith: Haftung des Betreuers wegen Verletzung der Aufsichtspflicht über einen drittschädigenden Betreuten?, BtPrax 1998, 123 ff. und 168 ff.

Beck, Michael: Die mögliche Haftung des Betreuers bei einer Unterbringung des Betroffenen, BtPrax 2001, 195 ff.

Beher, Karin/ Liebig, Reinhard/ Rauschenbach, Thomas: Strukturwandel des Ehrenamts, Gemeinwohlorientierung im Modernisierungsprozeß, Weinheim 2000

Beitzke, Günther (Begr.)/ Lüderitz, Alexander: Familienrecht, 27. Auflage, München 1999

Bienenfeld, Rudolf: Die Haftung ohne Verschulden: Typenlehre und System der außergeschäftlichen Obligationen im deutschen, österreichischen und schweizerischen Recht, Berlin 1933

Bienwald, Werner: Zu Notwendigkeit und Umfang einer Reform des Vormundschafts- und Pflegschaftsrechts, FamRZ 1987, 533 ff.

Bienwald, Werner: Zum „Diskussions-Teilentwurf eines Gesetzes über die Betreuung Volljähriger (Betreuungsgesetz – BtG)", FamRZ 1988, 902 ff.

Bienwald, Werner: Hat das Betreuungsgesetz eine Zukunft?, BtPrax 1993, 79 ff.

Bienwald, Werner: Das Spannungsverhältnis zwischen Verwaltungsarbeit und Sozialpädagogik in der Betreuung, BtPrax 1996, 198 ff.

Bienwald, Werner: Betreuungsrecht: Gesetz zur Reform des Rechts der Vormundschaft und Pflegschaft für Volljährige (Betreuungsgesetz – BtG) und Gesetz über die Wahrnehmung behördlicher Aufgaben bei der Betreuung Volljähriger (Betreuungsbehördengesetz – BtBG), Kommentar, 3. Auflage, Bielefeld 1999

Bienwald, Werner: Was ist und was will das Betreuungsrecht? – zur Arbeit diakonischer Betreuungsvereine, KuR 2000, 23 ff.

Bienwald, Werner: Zur (landesrechtlich geregelten) Bestattungspflicht des Betreuers, BtPrax 2000, 107 ff.

Bienwald, Werner: Anmerkung zum Beschluss des BayObLG vom 25.10.2000, FamRZ 2001, 307 f.

Bienwald, Werner: Anmerkung zum Urteil des OLG Hamm vom 9.1.2001, FamRZ 2001, 863 f.

Bienwald, Werner: Die betreute Republik – Zur übergroßen Zahl von Betreuungs„fällen", BtPrax 2002, 3 ff.

Bienwald, Werner: Delegation von Betreueraufgaben und Einsatz von Hilfskräften, BtPrax 2003, 158 ff.

Bienwald, Werner: Die Verpflichtung des Betreuers aus § 1901 Abs. 4 BGB, Rpfleger 2003, 229 ff.

Brox, Hans/ Walker, Wolf-Dietrich: Allgemeines Schuldrecht, 29. Auflage, München 2003

Bruder, Jens: Empfiehlt es sich, das Entmündigungsrecht, das Recht der Vormundschaft und Pflegschaft sowie das Unterbringungsrecht neu zu ordnen?, Gutachten C (Medizinisches Teilgutachten) für den 57. Deutschen Juristentag, München 1988

Brüggemeier, Gert: Deliktsrecht: ein Hand- und Lehrbuch, Baden-Baden 1986

Bund-Länder-Arbeitsgruppe „Betreuungsrecht": Abschlussbericht der Bund-Länder-Arbeitsgruppe „Betreuungsrecht", zur 74. Konferenz der Justizministerinnen und -minister vom 11. bis 13. Juni 2003 in Glücksburg, Recklinghausen 2003

Bydlinski, Franz: Juristische Methodenlehre und Rechtsbegriff, 2. Auflage, Wien 1991

v. Caemmerer, Ernst: Wandlungen des Deliktsrechts, Festschrift zum hundertjährigen Bestehen des deutschen Juristentages, Band 2, Karlsruhe 1960, S. 49 ff.

v. Campenhausen, Axel Frhr.: Staatskirchenrecht, 3. Auflage, München 1996

Canaris, Claus-Wilhelm: Die Vertrauenshaftung im deutschen Privatrecht, München 1971

Canaris, Claus-Wilhelm: Systemdenken und Systembegriff in der Jurisprudenz: entwickelt am Beispiel des deutschen Privatrechts, 2. Auflage, Berlin 1983

Coeppicus, Rolf: Die Betreuung mit dem Aufgabenkreis der Aufenthaltsbestimmung, das Selbstbestimmungsrecht der Betroffenen und ihr Wohl, FamRZ 1992, 741 ff.

Coeppicus, Rolf: Handhabung und Reform des Betreuungsgesetzes, Bielefeld 1995, teilw., zugl., Göttingen, Univ., Diss., 1995

Coeppicus, Rolf: Spruchrichterprivileg bei Anordnung einer Betreuung?, NJW 1996, 1947 ff.

Coeppicus, Rolf: Zur ersten Reform des Betreuungsgesetzes, Rpfleger 1996, 425 ff.

Coeppicus, Rolf: Faszinierende Zahlen im Betreuungsrecht, Rpfleger 2000, 50 ff.

Coeppicus, Rolf: 5.460 DM jährlich für Betreuerfahrten zu den Eltern, BtPrax 2003, 164 ff.

Coester, Michael: Von anonymer Verwaltung zu persönlicher Betreuung, Jura 1991, 1 ff.

Creifelds, Carl (Begr.)/ Weber, Klaus (Hrsg.): Rechtswörterbuch, 17. Auflage, München 2002

Damrau, Jürgen/ Stolle, Claudia: Wann unterfällt der Vormund der gesetzlichen Unfallversicherung?, Rpfleger 1994, 289 ff.

Damrau, Jürgen/ Zimmermann, Walter: Betreuungsrecht. Kommentar zum materiellen und formellen Recht, 3. Auflage, Stuttgart 2001

Dauner-Lieb, Barbara/ Heidel, Thomas/ Lepa, Manfred/ Ring, Gerhard: Schuldrecht, Erläuterungen der Neuregelungen zum Verjährungsrecht, Schadensersatzrecht und Mietrecht, Anwaltskommentar, Köln 2002

Deinert, Horst: Unfallversicherungsschutz für den Betreuer, Vormund und Pfleger, BtPrax 1996, 42 ff.

Deinert, Horst/ Lütgens, Kay: Die Vergütung des Betreuers: ein Leitfaden auch für Vormünder und Pfleger auch zu den neuen Vergütungs- und Aufwendungsregelungen, 3. Auflage, Köln 2002

Deinert, Horst/ Schreibauer, Marcus: Haftung und Haftungsübernahme im Betreuungsverhältnis, BtPrax 1993, 185 ff.

Deinert, Horst/ Schreibauer, Marcus: Die Haftung bei einer Schadensverursachung durch den Amtsvormund, Amtspfleger und Behördenbetreuer, DAVorm 1993, 1143 ff.

Dernburg, Heinrich: Das Vormundschaftsrecht der preußischen Monarchie nach der Vormundschaftsordnung vom 5. Juli 1875, 2. Auflage, Berlin 1876

Dettmer, Lutz/ Klocke, Manfred: Handbuch Ehrenamtliche. Versicherungsschutz Ehrenamtlicher in Kirche, Caritas und Diakonie, herausgegeben von der ECCLESIA Versicherungsdienst GmbH, Detmold 2001

Deutsch, Erwin: Zurechnung und Haftung im zivilen Deliktsrecht, Festschrift für Richard M. Honig zum 80. Geburtstag am 3.1.1970, hrsg. von von der Juristischen Fakultät der Georg-August-Universität Göttingen, Göttingen 1970, S. 33 ff.

Deutsch, Erwin: Das allgemeine „Lebensrisiko" als negativer Zurechnungsgrund, VersR 1993, 1041 ff.

Deutsch, Erwin: Fahrlässigkeit und erforderliche Sorgfalt, 2. Auflage, Köln 1995

Deutsch, Erwin: Allgemeines Haftungsrecht, 2. Auflage, Köln 1996

Deutscher Juristentag: Beschluss des 57. Deutschen Juristentages 1988, NJW 1988, 2998 ff.

Deutscher Verein für öffentliche und private Fürsorge: Stellungnahme zum Entwurf eines Betreuungsgesetzes, NDV 1989, 361 ff.

Dieckmann, Albrecht: Empfiehlt es sich, das Entmündigungsrecht, das Recht der Vormundschaft und der Pflegschaft über Erwachsene sowie das Unterbringungsrecht neu zu ordnen?, JZ 1988, 789 ff.

Dieckmann, Jochen: Strukturreform des Betreuungsrechts, ZRP 2002, 425 ff.

Diederichsen, Uwe: „Schadensersatz wegen Nichterfüllung" und Ersatz von Mangelfolgeschäden, AcP 165, 150 ff.

Diederichsen, Uwe: Haftungsfreistellungen zwischen Familienmitgliedern, KF 1983, 141 ff.

Diederichsen, Uwe: Begrenzung richterlicher Rechtsfortbildung im Schadensersatzrecht, KF 1985, 4 ff.

Diederichsen, Uwe: Rechtsprobleme der nichtehelichen Lebensgemeinschaft, FamRZ 1988, 889 ff.

Diederichsen, Uwe: Zur Reform des Vormundschafts- und Entmündigungsrechts in der Bundesrepublik Deutschland, Festschrift für Max Keller zum 65. Geburtstag, herausgegeben von Peter Forstmoser, Hans Giger, Anton Heini, Walter R. Schluep, Zürich 1989, S. 3 ff.

Diederichsen, Uwe: Juristische Voraussetzungen, Psychiatrische Begutachtung: ein praktisches Handbuch für Ärzte und Juristen, hrsg. von Ulrich Venzlaff und Klaus Foerster, 2. Auflage, Stuttgart 1994

Diederichsen, Uwe: Zivilrechtliche Haftungsverhältnisse im Betreuungsrecht, Festschrift für Erwin Deutsch zum 70. Geburtstag, herausgegeben von Hans-Jürgen Ahrens, Christian von Bar, Gerfried Fischer, Andreas Spickhoff, Jochen Taupitz, München 1999, S. 131 ff.

Diederichsen, Uwe/ Wagner, Gerhard: Die Anfängerübung im Bürgerlichen Recht, 2. Auflage, München 1994

Diercks, Thomas: Die persönliche Betreuung, Baden-Baden 1997, zugl.: Düsseldorf, Univ., Diss., 1996

DIV: Gutachten vom 15.9.1992, Mündelsichere Anlage nach § 1807 I Nr. 5 BGB, DAVorm 1992, 1212

Dodegge, Georg: Die Entwicklung des Betreuungsrechts bis Anfang Juni 1998, NJW 1998, 2710 ff.

Döhring, Bärbel: Zu Hause leben oder im Altenheim, Frankfurt am Main 1991

Dröge, Michael: Die Zwangsbetreuung, Hamburg 1997, zugl.: Göttingen, Univ., Diss. 1996

Drucker, Siegfried: Die Haftung des Vormundschaftsrichters gemäß § 1848 BGB, Mainz 1912, zugl.: Heidelberg, Univ., Diss., 1912

Enquête-Kommission „Zukunft des Bürgerschaftlichen Engagements" des Deutschen BT (Hrsg.): Bürgerschaftliches Engagement in Parteien und Bewegungen, Opladen 2003

Epple, Dieter: Einfluß der Betreuungsverfügung auf das Verfahren, die Führung und Überwachung der Betreuung, BtPrax 1993, 156 ff.

Erhardt, Helmut E.: Probleme einer Reform des Entmündigungs- und Vormundschaftsrechts, Festschrift für Hermann Stutte zum 70. Geburtstag am 1.8.1979, herausgegeben von Helmut Remschmidt und Horst Schüler-Springorum, Köln, Berlin, Bonn, München 1979, S. 15 ff.

Erman, Walter (Begr.)/ Westermann, Harm Peter (Hrsg.): Bürgerliches Gesetzbuch, Handkommentar, Band II, 10. Auflage Münster, Köln 2000

Ermert, Karl (Hrsg.): Ehrenamt in Kultur- und Arbeitsgesellschaft, Wolfenbüttel 2000

Eska, Axel: Schuld und Haftung. Eine rechtshistorische Untersuchung, Potsdam, Univ., Diss., 1998

Esser, Josef: Lehrbuch des Schuldrechts, 1. Auflage, Karlsruhe 1949

Esser, Josef: Die Zweispurigkeit unseres Haftpflichtrechts, JZ 1953, 129 ff.

Esser, Josef: Schuldrecht: ein Lehrbuch, Teil I: Allgemeiner Teil, 3. Auflage, Karlsruhe 1968

Esser, Josef: Grundlagen und Entwicklung der Gefährdungshaftung: Beiträge zur Reform des Haftpflichtrechts und zu seiner Wiedereinordnung in die Gedanken des allgemeinen Privatrechts, 2. Auflage, München 1969

Esser, Josef: Grundsatz und Norm in der richterlichen Fortbildung des Privatrechts: rechtsvergleichende Beiträge zur Rechtsquellen- und Interpretationslehre, 4. Auflage, Tübingen 1990

Esser, Josef (Begr.)/ Schmidt, Eike/ Weyers, Hans-Leo: Schuldrecht: ein Lehrbuch, Band I: Allgemeiner Teil, Teilband 1: Entstehung, Inhalt und Beendigung von Schuldverhältnissen, 8. Auflage, Heidelberg 1995

Esser, Josef (Begr.)/ Schmidt, Eike/ Weyers, Hans-Leo: Schuldrecht: ein Lehrbuch, Band I: Allgemeiner Teil, Teilband 2: Durchführungshindernisse und

Vertragshaftung, Schadensausgleich und Mehrseitigkeit beim Schuldverhältnis, 8. Auflage, Heidelberg 2000

F. A. Brockhaus GmbH (Hrsg.): Brockhaus-Enzyklopädie in 24 Bänden, 17. Band, Pes.-Rac., 19. Auflage, Mannheim 1992

Feil, Gregor: Der Minderjährigen-Vormund als Grundrechtsinhaber, RdJ 1966, 204 ff.

Fiala, Johannes/Nerb, Phil (Hrsg.): Geldanlagen für Mündel und Betreute. Rechtliche und finanzmathematische Grundlagen für Vormünder und Betreuer, Köln 2003

Fikentscher, Wolfgang: Schuldrecht, 9. Auflage, Berlin 1997

Fratzky, Yorck: Kann der Betreuer die Wohnung des Betreuten gegen seinen Willen betreten?, BtPrax 2000, 239 ff.

Frohne, Friedrich: Die Haftung des Vormundes, Mühlhausen i. Thür. 1913, zugl.: Greifswald, Univ., Diss., 1913

Gastinger, Sigmund: Freiheitsschutz und Haftungsrecht in der stationären und ambulanten Altenhilfe, Freiburg i. Br. 1988

Georgiades, Apostolos: Die Anspruchskonkurrenz im Zivilrecht und Zivilprozessrecht, München 1968

Gernhuber, Joachim: Die Haftung für Hilfspersonen innerhalb des mitwirkenden Verschuldens, AcP 152, 69 ff.

Gernhuber, Joachim/ Coester-Waltjen, Dagmar: Lehrbuch des Familienrechts, 4. Auflage, München 1994

Giese, Dieter: Reform des Vormundschaftsrechts und soziale Dienste, RsDE 1988, 25 ff.

Gmür, Rudolf/ Roth, Andreas: Grundriss der deutschen Rechtsgeschichte, 10. Auflage, München 2003

Grimm, Jacob/ Grimm, Wilhelm: Deutsches Wörterbuch, Band 1: A – Biermolke, Nachdruck der Erstausgabe Leipzig 1854, München 1984

Große-Boymann, Tamara: Die Haftung des Amtsvormunds, Münster, Univ., Diss., 1994

Haff, Karl: Institutionen des deutschen Privatrechts, Band II: Familienrecht, 2. Auflage, Stuttgart 1947

Hänlein, Andreas: Die Heranziehung Unterhaltspflichtiger bei langwährender Pflegebedürftigkeit Volljähriger nach BSHG und BGB, Bielefeld 1992, zugl.: Freiburg i.Br., Univ., Diss. 1991

Harm, Uwe: Die „Angelegenheiten" einer volljährigen Person im Sinne des Betreuungsgesetzes, Rpfleger 1998, 89 ff.

Heller, Norbert: Der Haftungsmaßstab der „diligentia quam in suis", Würzburg, Univ., Diss., 1989

Hellmann, Ulrich: Unfallversicherungsschutz während des Spaziergangs mit Betreutem, RdLH 2000, 86

Hellmann, Ulrich: Schadensersatz und Schmerzensgeld für rechtswidrige Unterbringung, RdL 2001, 180 ff.

Hoffmann, Hans-Joachim: Die Fragwürdigkeit der Haftung für diligentia quam in suis, NJW 1967, 1207 ff.

Holzhauer, Heinz: Empfiehlt es sich, das Entmündigungsrecht, das Recht der Vormundschaft und Pflegschaft sowie das Unterbringungsrecht neu zu ordnen?, Gutachten B (Juristisches Teilgutachten) für den 57. Deutschen Juristentag, München 1988

Holzhauer, Heinz: Verfassungsrechtliche Beurteilung des Entwurfs eines Betreuungsgesetzes, ZRP 1989, 451 ff.

Honecker, Martin/ Dahlhaus, Horst/ Hübner, Jörg (Hrsg.): Evangelisches Soziallexikon, Neuausgabe, Stuttgart 2001

Hübner, Jürgen: Schadenszurechnung nach Risikosphären, Hamburg, Univ., Diss., 1972

Igl, Gerhard/ Jachmann, Monika/ Eichenhofer, Eberhard: Ehrenamt und bürgerschaftliches Engagement im Recht – ein Ratgeber, Opladen 2002

Jansen, Nils: Tagespolitik, Wertungswandel und Rechtsdogmatik, JZ 2002, 964 ff.

Jansen, Nils: Die Struktur des Haftungsrechts. Geschichte, Theorie und Dogmatik außervertraglicher Ansprüche auf Schadensersatz, Tübingen 2003

Jaschinski, Joachim: Der Vereinsbetreuer – freier Mitarbeiter oder Arbeitnehmer des Betreuungsvereins?, NJW 1996, 1521 ff.

Jauernig, Othmar (Hrsg.): Bürgerliches Gesetzbuch, 11. Auflage, München 2004

Jürgens, Andreas: Der Betreuer zwischen rechtlicher Vertretung und persönlicher Betreuung, BtPrax 1998, 129 ff.

Jürgens, Andreas/ Kröger, Detlef/ Marschner, Rolf/ Winterstein, Peter: Betreuungsrecht kompakt. Systematische Darstellung des gesamten Betreuungsrechts, 5. Auflage 2002

Klie, Thomas: Recht auf Verwirrtheit?, Vormundschaftsgerichtstag 1988, Ulrich Schumacher, Hans-Erich Jürgens, Ulrike Mahnkopf (Hrsg.), Materialien und Ergebnisse des 1. Vormundschaftsgerichtstages vom 26.-29.10.1988 in Bad Bevensen, München 1989

Klie, Thomas: Gesetzliches Vertretungsrecht für Angehörige, BtPrax 2002, 91 ff.

Klotz, Klaus-Ulrich: Die rechtstatsächliche und rechtspolitische Bedeutung der Vorschriften über die Anlage von Mündelgeld, Berlin 1966

Klüsener, Bernd: Leitgedanken zur Reform des Vormundschafts- und Pflegschaftsrechts, Rpfleger 1989, 217 ff.

Klüsener, Bernd/ Rausch, Hans: Praktische Probleme bei der Umsetzung des neuen Betreuungsrechts, NJW 1993, 617 ff.

Knieper, Judith: Geschäfte von Geschäftsunfähigen, Baden-Baden 1999, zugl.: Frankfurt am Main, Univ., Diss., 1999

Knittel, Bernhard: Betreuungsrecht: Textsammlung, 2. Auflage, Köln 1999

Knolle, Eike Gerhard: Das Haftungsprivileg der eigenüblichen Sorgfalt im Familienrecht: Weiterentwicklung der §§ 1359, 1664 BGB aufgrund der rechtlichen und sozialen Veränderungen von Ehe und Kindschaft, Berlin 1999, zugl.: Freiburg i.Br., Univ., Diss., 1999

Köhler, Helmut: BGB, Allgemeiner Teil: ein Studienbuch, 27. Auflage, München 2003

Kollmer, Norbert: Personensorge im Betreuungsrecht, Probleme im Spannungsfeld zwischen Eigen- und Fremdbestimmung, Rpfleger 1995, 45 ff.

König, Georg: Die preußische Vormundschaftsordnung vom 5. Juli 1875, Hannover 1875

Krüger, Hildegard: Übt das Jugendamt als Amtsvormund öffentliche Gewalt aus?, JZ 1955, 634 f.

Kussel, Barbara: Handelsblatt Nr. 205 vom 22.10.1999, S. i 10

Labuhn, Günther/ Veldtrup, Dirk/ Labuhn, Achim: Vormundschaftsgerichtliche Genehmigung, 2. Auflage, München 1995

Larenz, Karl: Die Schadenshaftung nach dem Wasserhaushaltsgesetz im System der zivilrechtlichen Haftungsgründe, VersR 1963, 593 ff.

Larenz, Karl: Die Prinzipien der Schadenszurechnung, JuS 1965, 373 ff.

Larenz, Karl: Richtiges Recht: Grundzüge einer Rechtsethik, München 1979

Larenz, Karl: Methodenlehre der Rechtswissenschaft, 6. Auflage, Berlin 1991

Leutheusser-Schnarrenberger, Sabine: Das Betreuungsgesetz – eine rechtsstaatliche Weichenstellung, BtPrax 1992, 3 ff.

Lindacher, Walter F.: Hilfen für den Amtsvormund bei der Ermittlung von Ansprüchen auf Renten, Kinderzuschüsse, Kinderzulage, Kinderzuschlägen, Kindergeld und Ausbildungszulagen, FamRZ 1964, 116 ff.

Lindemann, Volker: Die Bedeutung der Ehrenamtlichkeit bei der Umsetzung des Betreuungsrechts, DAVorm 1996, 159 ff.

Lipp, Volker: Freiheit und Fürsorge: Der Mensch als Rechtsperson: zu Funktion und Stellung der rechtlichen Betreuung im Privatrecht, Tübingen 2000

Lipp, Volker: Patientenautonomie und Sterbehilfe, BtPrax 2002, 47 ff.

Lüer, Hans-Jochem: Die Begrenzung der Haftung bei fahrlässig begangenen unerlaubten Handlungen. Eine rechtsvergleichende Studie zu deutschem, englischem und amerikanischem Zivilrecht, Karlsruhe 1969, zugl., Köln, Univ., Diss., 1969

Mädrich, Matthias: Das allgemeine Lebensrisiko. Ein Beitrag zu der Lehre von der Haftungsbegrenzung im Schadensrecht, Berlin1980

v. Mangoldt, Hermann/ Klein, Friedrich/ Starck, Christian: Das Bonner Grundgesetz: Kommentar, Band 3: Art. 79 – 146, 4. Auflage, München 2001

Marburger, Peter: Schadenszurechnung und Schadensschätzung, München 1979

Martin, Anja: Die Betreuung mit dem Aufgabenkreis Gesundheitssorge, Frankfurt am Main 2002, zugl.: Regensburg, Univ., Diss., 2002

Mauel, Joachim: Die Sorgfalt in eigenen Angelegenheiten, Ursprung, Zweck und Grenzen des Haftungsprivilegs, Köln, Univ., Diss., 1985

Maunz, Theodor/ Dürig, Günter: Grundgesetz-Kommentar, Band III: Art. 20 a – 53, München 2002

Maurer: Das privatrechtliche Unterbringungsrecht und Art. 104 GG, FamRZ 1960, 468 ff.

Meder, Stephan: Risiko als Kriterium der Schadensverteilung, JZ 1993, 539 ff.

Medicus, Dieter: Unmittelbarer und mittelbarer Schaden, Heidelberg, Karlsruhe 1977

Medicus, Dieter: Allgemeiner Teil des BGB: ein Lehrbuch, 8. Auflage, Heidelberg 2002

Meier, Sybille M.: Zur Haftung des Berufsbetreuers, BtPrax 1999, 57 ff.

Merkel, Rudolf: Die Kollision rechtmäßiger Interessen und die Schadensersatzpflicht bei rechtmäßigen Handlungen: im Hinblick auf den Entwurf eines Bürgerlichen Gesetzbuches für das Deutsche Reich in zweiter Lesung, Straßburg 1895

Merten, Detlef: Zum Spruchrichterprivileg des § 839 Abs. 2 BGB, Festschrift für Wilhelm Wengler zu seinem 65. Geburtstag, Band 2, Kollisionsrecht und Rechtsvergleichung, herausgegeben von Josef Tittel und den Mitarbeitern des Instituts für internationales und ausländisches Recht an der Freien Universität Berlin, Berlin 1973, S. 519 ff.

Merten, Detlef: Sozialrecht, Sozialpolitik, Handbuch des Verfassungsrechts der Bundesrepublik Deutschland, hrsg. von Ernst Benda, Werner Maihofer, Hans-Jochen Vogel unter Mitwirkung von Konrad Hesse und Wolfgang Heyde, 2. Auflage, Berlin, New York 1994, S. 961 ff.

Meyer (Begr.): Meyers Konversations-Lexikon, Eine Encyclopädie des allgemeinen Wissens, 13. Band: Phlegon – Rubinstein, 4. Auflage, Leipzig 1889

Mitglieder des Bundesgerichtshofes (Hrsg.): Das Bürgerliche Gesetzbuch: mit besonderer Berücksichtigung der Rechtsprechung des Reichsgerichts und des Bundesgerichtshofes, Kommentar (RGRK), Band IV, 4. Teil, §§ 1741 – 1921, 12. Auflage, Berlin, New York 1999

Mugdan, Benno (Hrsg.): Die gesammelten Materialien zum Bürgerlichen Gesetzbuch für das Deutsche Reich, I. Band: Einführungsgesetz und Allgemeiner Teil, Berlin 1899

Mugdan, Benno (Hrsg.): Die gesammelten Materialien zum Bürgerlichen Gesetzbuch für das Deutsche Reich, IV. Band: Familienrecht, Berlin 1899

Neumann, Volker: Freiheitssicherung und Fürsorge im Unterbringungsrecht, NJW 1982, 2588 ff.

Oberloskamp, Helga (Hrsg.): Vormundschaft, Pflegschaft und Beistandschaft für Minderjährige, 2. Auflage, München 1998

Palandt, Otto (Begr.): Bürgerliches Gesetzbuch, 47. Auflage, München 1988

Palandt, Otto (Begr.): Bürgerliches Gesetzbuch, 54. Auflage, München 1995

Palandt, Otto (Begr.): Bürgerliches Gesetzbuch, 63. Auflage, München 2004

Pankoke-Schenk, Monika: Vormundschaft und Pflegschaft über Volljährige – die Reformbedürftigkeit des geltenden Rechts und die geplanten Neuregelungen aus der Sicht freigemeinnütziger Vormundschafts-/ Pflegschaftsarbeit, NDV 1989, 49 ff.

Pardey, Karl-Dieter: Vermeidung von Diskriminierung durch Verzicht auf Begriffsbildung, Rpfleger 1987, 402 f.

Pardey, Karl-Dieter: Verfassungsrechtliche Rahmenbedingungen einer gesetzlichen Neuregelung der bürgerlich-rechtlichen Betreuung Volljähriger, Göttingen, Univ., Diss., 1988

Pardey, Karl-Dieter: Staatshaftung für Vormünder, Pfleger, Betreuer?, FamRZ 1989, 1030 ff.

Pardey, Karl-Dieter: Datenschutzdefizite im Betreuungsverfahren, Vormundschaftsgerichtstag 1990, Vormundschaftsgerichtstag e.V. (Hrsg.), Materialien und Ergebnisse des 2. Vormundschaftsgerichtstages vom 31.10.-3.11.1990 in Bad Bevensen, München 1991

Pardey, Karl-Dieter: Reform des Betreuungsrechts durch Verfahrensreform?, ZRP 2003, 14 ff.

Peters, Bernd: Die Betreuung Volljähriger: Die Reform des zivilrechtlichen Fürsorgerechts für Volljährige aus der Sicht des Betreuers, Bayreuth 1992

Probst, Martin/ Knittel, Bernhard: Gesetzliche Vertretung durch Angehörige – Alternative zur Betreuung?, ZRP 2001, 55 ff.

Pufhan, Barbara: Grenzgänger zwischen Justiz und dem „wirklichen" Leben, BtPrax 1992, 60 ff.

Raack, Wolfgang/ Thar, Jürgen: Betreuungsrecht. Ein Leitfaden für Betroffene, Angehörige, Richter, Rechtspfleger, Betreuer, Rechtsanwälte, Ärzte, ambulante Hilfskräfte, Altenpflege- und Krankenhauspersonal, Köln 1995

Rebmann, Kurt (Hrsg.)/ Säcker, Franz Jürgen (Hrsg. und Red.)/ Rixecker, Roland (Hrsg.): Münchener Kommentar zum Bürgerlichen Gesetzbuch, Band 1, Allgemeiner Teil, §§ 1 – 240, AGB-Gesetz, 4. Auflage, München 2001

Rebmann, Kurt/ Säcker, Franz Jürgen/ Rixecker, Roland (Hrsg.)/ Krüger, Wolfgang (Red.): Münchener Kommentar zum Bürgerlichen Gesetzbuch, Band 2, Schuldrecht Allgemeiner Teil, §§ 241 – 432, FernAbsG, 4. Auflage, München 2001

Rebmann, Kurt/ Säcker, Franz Jürgen/ Rixecker, Roland (Hrsg.)/ Ulmer, Peter (Red.): Münchener Kommentar zum Bürgerlichen Gesetzbuch, Band 5, Schuldrecht Besonderer Teil III, §§ 705-853, Partnerschaftsgesellschaftsgesetz, Produkthaftungsgesetz, 3. Auflage, München 1997

Rebmann, Kurt/ Säcker, Franz Jürgen/ Rixecker, Roland (Hrsg.)/ Schwab, Dieter (Red.): Münchener Kommentar zum Bürgerlichen Gesetzbuch, Band 8, Familienrecht II, §§ 1589 – 1921, SGB VIII. 4. Auflage, München 2002

Reinecke, Horst: Objektive Verantwortung im zivilen Deliktsrecht, Düsseldorf 1960

Remé, Thomas M.: Die Aufgaben des Schmerzensgeldes im Persönlichkeitsschutz, Frankfurt am Main, Berlin 1962

Riedl, Albert Gerhard: Die Vormundschaft zwischen Privatrecht und öffentlicher Fürsorge unter besonderer Berücksichtigung der Berufsvormundschaften, München 1988, zugl.: München, Univ., Diss., 1988

Rolshoven, Hubertus: Versicherung und Haftung bei ehrenamtlicher Altenarbeit, Berlin 1979

Rother, Werner: Haftungsbeschränkung im Schadensrecht, München 1965

Rudorff, Adolph August Friedrich: Das Recht der Vormundschaft aus den gemeinen in Deutschland geltenden Rechten entwickelt, Erster Band, Berlin 1832

Ruffing, Heide: Das Betreuungsrecht – Auswirkungen auf die Bankpraxis, Münster, Hamburg, London 2000, zugl.: Münster (Westf.), Univ., Diss., 2000

Rümelin, Max: Die Gründe der Schadenszurechnung und die Stellung des deutschen bürgerlichen Gesetzbuchs zur objektiven Schadensersatzpflicht, Freiburg i. Br. und Leipzig 1896

Saage, Erwin: Der Anwendungsbereich des Bundesgesetzes über das gerichtliche Verfahren bei Freiheitsentziehungen, JR 1956, 282 ff.

von Sachsen-Gessaphe, Karl August: Der Betreuer als gesetzlicher Vertreter für eingeschränkt Selbstbestimmungsfähige, Tübingen 1999

Sandmann, Bernd: Die Haftung von Arbeitnehmern, Geschäftsführern und leitenden Angestellten: zugleich ein Beitrag zu den Grundprinzipien der Haftung und Haftungsprivilegierung, Tübingen 2001

Schilberg, Arno: Das Ehrenamt in der evangelischen Kirche – Rahmenbedingungen und rechtliche Aspekte, KuR 2003, 49 ff.

Schlüter, Wilfried: BGB – Familienrecht, 10. Auflage, Heidelberg 2003

Schmidt, Torsten: Die Entmündigung von den Anfängen des BGB bis zu ihrer Ablösung durch das Institut der Betreuung, Frankfurt am Main u.a. 1998, zugl.: Kiel, Univ., Diss., 1998

Schreiber, Klaus: Die Haftung des Vormundes im Spannungsfeld von öffentlichem Recht und Privatrecht, AcP 178 (1978), 533 ff.

Schulz, Michael: Haftung der Anstellungskörperschaften für Behördenbetreuer?, BtPrax 1995, 25 ff.

Schumacher, Christa: Freiheitsentziehende Maßnahmen mit mechanischen Mitteln bei der Betreuung gebrechlicher Menschen: Recht und Praxis der Fixierung, Köln 1997

Schwab, Dieter: Strukturfragen des geplanten Betreuungsrechts, Festschrift zum 65. Geburtstag von Paul Mikat, herausgegeben von Dieter Schwab, Dieter Giesen, Joseph Listl, Hans-Wolfgang Strätz, Berlin 1989, S. 881 ff.

Schwab, Dieter: Das neue Betreuungsrecht – Bericht über die verabschiedete Fassung des Betreuungsgesetzes (BtG), FamRZ 1990, 681 ff.

Schwab, Dieter: Probleme des materiellen Betreuungsrechts, FamRZ 1992, 493 ff.

Schwab, Dieter: Familienrecht, 12. Auflage, München 2003

Schwarting, Herwin: Die Schadenstragung als Quasi-Versicherer. Zum Eindringen von Versicherung und Versicherungsgedanken in das Haftungsrecht, Karlsruhe 1986, zugl.: Mannheim, Univ., Diss., 1985

Sieckmann, Jan-Reinard: Regelmodelle und Prinzipienmodelle des Rechtssystems, Baden-Baden 1990, zugl.: Göttingen, Univ., Diss., 1987/88

Soergel, Hans Theodor (Begr.)/ Siebert, Wolfgang (Hrsg.)/ Baur, Jürgen F. (Hrsg.)/ Abraham, Hans-Jürgen (Hrsg.)/ Mertens, Hans-Joachim (Red.): Bürgerliches Gesetzbuch mit Einführungsgesetz und Nebengesetzen, Band 2, Schuldrecht I (§§ 241 – 432), 12. Auflage, Stuttgart 1990

Soergel, Hans Theodor (Begr.)/ Siebert, Wolfgang (Hrsg.)/ Lange, Hermann (Red.): Bürgerliches Gesetzbuch, IV. Band, Familienrecht §§ 1297 bis 1921, Ehegesetz, Stuttgart 1963

Soergel, Hans Theodor (Begr.)/ Siebert, Wolfgang (Hrsg.)/ Lange, Hermann (Red.): Bürgerliches Gesetzbuch mit Einführungsgesetz und Nebengesetzen, Band 8, Familienrecht II (§§ 1589 – 1921, EheG, HausratsVO), 12. Auflage, Stuttgart 1987

Soergel, Hans Theodor (Begr.)/ Siebert, Wolfgang (Hrsg.)/ Baur, Jürgen F. (Hrsg.)/ Hohloch, Gerhard (Red.): Bürgerliches Gesetzbuch mit Einführungsgesetz und Nebengesetzen, Band 20, Familienrecht 4, §§ 1741 – 1921, 13. Auflage, Stuttgart 2000

Sohm, Rudolph: Institutionen. Geschichte und System des Römischen Privatrechts, 16. Auflage, München und Leipzig 1919

Sonnenfeld, Susanne: Selbst- und Fremdbestimmung des Aufenthaltes Volljähriger, FamRZ 1995, 393 ff.

Spanl, Reinhold: Ergänzungsbetreuung und Gegenbetreuung, neue Begriffe des Betreuungsrechts, Rpfleger 1992, 142 ff.

Spranger, Matthias: Zur Haftung des Betreuers nach dem Tode des Betreuten, BtPrax 1999, 174 ff.

von Staudinger, Julius (Begr.)/ Martinek, Michael (Red.): J. von Staudingers Kommentar zum Bürgerlichen Gesetzbuch mit Einführungsgesetz und Nebengesetzen, Zweites Buch, Recht der Schuldverhältnisse, §§ 249 – 254, 13. Auflage, Berlin 1998

von Staudinger, Julius (Begr.)/ Reuter, Dieter (Red.): J. von Staudingers Kommentar zum Bürgerlichen Gesetzbuch mit Einführungsgesetz und Nebengesetzen, Zweites Buch, Recht der Schuldverhältnisse, §§ 652 – 704, 13. Auflage, Berlin 1995

von Staudinger, Julius (Begr.)/ Hübner, Heinz (Red.): J. von Staudingers Kommentar zum Bürgerlichen Gesetzbuch mit Einführungsgesetz und Nebengesetzen, Viertes Buch, Familienrecht, Einleitung zu §§ 1297 ff., §§ 1297 – 1302, nichteheliche Lebensgemeinschaft (Anhang zu §§ 1297 ff.), §§ 1303-1362, 13. Auflage, Berlin 2000

von Staudinger, Julius (Begr.)/ Beitzke, Günther (Hrsg.): J. von Staudingers Kommentar zum Bürgerlichen Gesetzbuch mit Einführungsgesetz und Nebengesetzen, Viertes Buch, Familienrecht, §§ 1773 – 1895, Anhang zu §§ 1773 – 1895 (KJHG), 13. Auflage, Berlin 1999

von Staudinger, Julius (Begr.)/ Engler, Helmut (Red.): J. von Staudingers Kommentar zum Bürgerlichen Gesetzbuch mit Einführungsgesetz und Nebengesetzen, Viertes Buch, Familienrecht, §§ 1896 – 1921, 13. Auflage, Berlin 1999

Stiehr, Karin: Versicherungsschutz im sozialen Ehrenamt, Stuttgart 1999

Stöcker, Hans A.: Empfiehlt es sich, das Rechtsinstitut der Entmündigung ersatzlos abzuschaffen?, DAVorm 1982, 719 ff.

Stoll, Hans: Haftungsfolgen im bürgerlichen Recht: eine Darstellung auf rechtsvergleichender Grundlage, Heidelberg 1993

Stolz, K.: Betreuung ist gut, Vorsorge ist besser (?), BtPrax 1997, 221 ff.

von Tarnóczy, Friedrich: Die Haftung des Vormundes bei Anlegung von Mündelgeld, München 1911, zugl.: Heidelberg, Univ., Diss., 1911 von Tuhr, Andreas: Der Allgemeine Teil des deutschen bürgerlichen Rechts, Bd. 1, München 1910

Udke, Gerwin: Unfallversicherungsschutz für Betreuer, BuW 2000, 342 f.

Unger, Heinrich: Die Haftung aus unerlaubten Handlungen der Übergangszeit zum Bürgerlichen Gesetzbuch, Leipzig 1925, zugl.: Greifswald, Univ., Diss., 1925

Veit, Barbara: Betreuungsverhältnisse zwischen gesetzlicher und rechtsgeschäftlicher Vertretung, FamRZ 1996, 1309 ff.

Voigt, Thomas E.: Die Pflichten des Betreuers, Hamburg, Univ., Diss., 1994

Wagenitz, Thomas/ Engers, Martin: Betreuung – rechtliche Betreuung – sozial(rechtlich)e Betreuung – über ein Rechtsgebiet im Wandel, FamRZ 1998, 1273 ff.

Walther, Guy: Möglichkeiten und grenzen der Mitteilungspflichten nach § 1908 k BGB, BtPrax 2000, 6 ff.

Weber, Thomas: Der Einfluß des Betreuungsgesetzes auf die freiheitsentziehende Unterbringung, Berlin 1995, zugl.: Tübingen, Univ., Diss., 1995

Wesche, Otto: Neuregelung des Betreuungsrechts, Gedanken eines Rechtspflegers zu Änderungen des Vormundschafts-, Pflegschafts- und Entmündigungsrechts, Rpfleger 1988, 227 ff.

Weyers, Hans-Leo: Unfallschäden: Praxis und Ziele von haftpflicht- und Vorsorgesystemen, Frankfurt am Main 1971

Wienand, Manfred: Kernprobleme des Betreuungsrechts, FuR 1990, 36 ff.

Wiese, Günther: Der Ersatz des immateriellen Schadens, Tübingen 1964

Wilburg, Walter: Die Elemente des Schadensrechts, Marburg a.d. Lahn 1941

Wolf, Dieter: Die Haftung des Einzelvormunds mit Berücksichtigung der Pfleger- und Betreuerhaftung, Bonn, Univ., Diss. 1997

Zenz, Gisela/ Kulenkampff, Caspar: Vormundschaft und Pflegschaft für Volljährige: eine Untersuchung zur Praxis und Kritik des geltenden Rechts, Köln 1987

Zimmermann, Walter: Die Vergütung des Berufsbetreuers, FPR 2002, 431 ff.

Zur Erläuterung der verwendeten Abkürzungen wird auf folgendes Werk hingewiesen:

Kirchner, Hildebert/ Butz, Cornelie: Abkürzungsverzeichnis der Rechtssprache, 5. Auflage, Berlin 2003

Schriften zum Staatskirchenrecht

Herausgegeben von Axel Frhr. von Campenhausen und Christoph Link

Band 1 Christoph Link: Staat und Kirche in der neueren deutschen Geschichte. Fünf Abhandlungen. 2000.

Band 2 Andreas Franitza: Der Allgemeine Hannoversche Klosterfonds und die Klosterkammer Hannover. Untersuchung zur rechtsgeschichtlichen Entwicklung. 2000.

Band 3 Reinald Willenberg: Rundfunk unter kirchlicher Trägerschaft. 2001.

Band 4 Martin Fischer: Kirchliche Beiträge im Fernsehen. Darstellung eines abgestuften Mitgestaltungsmodells kirchlicher Beteiligung im Fernsehen. 2001.

Band 5 Bernd Albrecht von Garmissen: Landwirtschaftliches Grundvermögen in kirchlicher Hand. Dargestellt am Beispiel der Evangelischen Kirche in Deutschland und unter besonderer Berücksichtigung der Evangelisch-Lutherischen Landeskirche Hannovers. 2001.

Band 6 Berend Lindner: Entstehung und Untergang von Körperschaften des öffentlichen Rechts. Unter besonderer Berücksichtigung der Religions- und Weltanschauungsgemeinschaften. 2002.

Band 7 Gesa Dirksen: Das deutsche Staatskirchenrecht - Freiheitsordnung oder Fehlentwicklung? 2003.

Band 8 Im Dienste der Sache. Liber amicorum für Joachim Gaertner. Herausgegeben von Ricarda Dill, Stephan Reimers, Christoph Thiele. 2003.

Band 9 Arnd Diringer: Scientology. Verbotsmöglichkeit einer verfassungsfeindlichen Bekenntnisgemeinschaft. 2003.

Band 10 Konstantin v. Notz: Lebensführungspflichten im evangelischen Kirchenrecht. 2003.

Band 11 Matthias Schwara: Die Heiliggeistkirche in Heidelberg im Wandel der Zeiten. Ein Beitrag zur Rechtsgeschichte Südwestdeutschlands. 2003.

Band 12 Axel Frhr. von Campenhausen (Hrsg.): Deutsches Staatskirchenrecht zwischen Grundgesetz und EU-Gemeinschaftsrecht. Symposion im Kirchenamt der Evangelischen Kirche in Deutschland am 25. und 26. April 2002 in Hannover. 2003.

Band 13 Thomas Bauer: Die GmbH als Rechtsform karitativer Einrichtungen der Kirche. 2003.

Band 14 Anne-Ruth Glawatz: Die Zuordnung privatrechtlich organisierter Diakonie zur evangelischen Kirche. Unter besonderer Berücksichtigung von unternehmerischen Umstrukturierungen in der Diakonie. 2003.

Band 15 Detlef Kehlen: Europäische Antidiskriminierung und kirchliches Selbstbestimmungsrecht. Zur Auslegung von Art. 13 EG und Art. 4 der Richtlinie 2000/78/EG. 2003.

Band 16 Andreas Grube: Der Sonntag und die kirchlichen Feiertage zwischen Gefährdung und Bewährung. Aspekte der feiertagsrechtlichen Entwicklung im 19. und 20. Jahrhundert. 2003.

Band 17 Burghard Winkel: Kirche und Vergaberecht. Der vergaberechtliche Status der evangelischen Landeskirchen in Deutschland. 2004.

Band 18 Suzanne Mann: Das Kopftuch der muslimischen Lehramtsanwärterin als Eignungsmangel im Beamtenrecht. 2004.

Band 19 Markus Ogorek: Geltung und Fortbestand der Verfassungsgarantie staatlichen Religionsunterrichts in den neuen Bundesländern. Ein Beitrag zur Lehre vom sogenannten Verfassungswandel. 2004.

Band 20 Steffen Rupp: Verwaltungsmodernisierung in der Kirche. Eine Untersuchung am Beispiel des Neuen Steuerungsmodells der Evangelischen Landeskirche in Baden. 2004.

Band 21 Gunter Barwig: Die Geltung der Grundrechte im kirchlichen Bereich. Eine Untersuchung zur Grundrechtsfähigkeit und Grundrechtsbindung der Religionsgemeinschaften. 2004.

Band 22 Andreas Kasper: Sozialsponsoring. Eine rechtliche Bewertung unter besonderer Berücksichtigung des Sponsorings kirchlicher Werke und Einrichtungen. 2004.

Band 23 Martin Rauhaus: Das kirchenrechtliche Gemeindeprinzip und seine Auswirkungen auf die kirchliche Verfassungsgestaltung. Dargestellt am Beispiel der Verfassung der evangelisch-reformierten Kirche. 2005.

Band 24 Heidi Reichegger: Die Auswirkungen der Richtlinie 2000/78/EG auf das kirchliche Arbeitsrecht unter Berücksichtigung von Gemeinschaftsgrundrechten als Auslegungsmaxime. 2005.

Band 25 Matthias Triebel: Das europäische Religionsrecht am Beispiel der arbeitsrechtlichen Anti-Diskriminierungsrichtlinie 2000/78/EG. 2005.

Band 26 René Seidel: Die Anerkennung der privaten Ersatzschule und ihre Auswirkungen auf das Privatschulverhältnis. 2005.

Band 27 Uta Kleine: Die Eingrenzung des Haftungsrisikos für den ehrenamtlichen Betreuer. 2005.

www.peterlang.de

FSC
www.fsc.org
MIX
Papier | Fördert
gute Waldnutzung
FSC® C083411

Kolibri 360 GmbH
Ferdinand-Jühlke-Straße 7
99095 Erfurt, Deutschland
produktsicherheit@kolibri360.de

Druck:
CPI Druckdienstleistungen GmbH
im Auftrag der
Kolibri 360 GmbH
Ferdinand-Jühlke-Str. 7
99095 Erfurt